JONAS VERLAG

Mit freundlicher Unterstützung von:
Förderkreis Hans Staden, Homberg/Efze
Kreisausschuss des Schwalm-Eder-Kreises
Magistrat der Stadt Eschwege
Vereinigung ehemaliger August-Vilmar- und Bundespräsident-Theodor-Heuss-Schüler e.V., Homberg/Efze

Bibliografische Informationen der Deutschen Nationalbibliothek

Die Deutsche Nationalbibliothek verzeichnet diese Publikation in der
Deutschen Nationalbibliografie; detaillierte bibliografische Daten
sind im Internet unter http://dnb.d-nb.de abrufbar.

© 2011 Jonas Verlag
für Kunst und Literatur GmbH
Weidenhäuser Str. 88
D – 35037 Marburg
www.jonas-verlag.de

Gestaltung: Kathrin Brömse

Druck: Werbedruck Schreckhase

ISBN 978-3-89445-453-1

Johannes Grötecke, Thomas Schattner

„Der Freiheit jüngstes Kind"

„1968" in der Provinz
Spurensuche in Nordhessen

Jonas Verlag

INHALT

VORWORT 7
EINLEITUNG 9
SCHÜLERBEWEGUNG
   Der 68er Schülerprotest und die Rolle der Schülerzeitungen 11
   Melsungen
      Der Konflikt um den 17. Juni 1961 15
      Monika Funken, Annette Kähler und die Anfänge der „neuen Frauenbewegung" 19
   Eschwege
      Der Konflikt um die Schülerzeitung „Laterne" 1963/64 25
   Homberg/Efze
      Das Homberger Gymnasium der 50er und 60er Jahre aus der Sicht von Zeitzeugen 32
      Die Schülerzeitung „Schulecho" von 1966 bis 1968 36
      16. Februar 1968: „Pornoeinbruch in die Schule" – Die Homberger Gegenschule 40
      15. Oktober 1968: Die „Sexrevolutionäre" von Homberg in Treysa vor Gericht 46
      18. März 1969: Provokation ist alles – die Homberger „Schulrebellen" Bernhardt
      und Bott in Marburg vor Gericht 49
      Dieter Bott, Mitbegründer der Homberger Gegenschule – ein Porträt 52
      16./17. Februar 1970: Keine Ruhe an der THS 58
   Fritzlar
      Interview mit dem ehemaligen KHS-Schüler und heutigen
      68er-Forscher Dr. Wolfgang Kraushaar 60
   Kassel
      14. Oktober 1965: Bernd F. Lunkewitz wird der „Ausbrecherkönig" von Kassel:
      „Er brach ein und er brach aus" 68
      16. September 1969: Kassel bekommt „seinen" Rudi Dutschke: Bernd F. Lunkewitz 70
      „The Twins": Kasseler Zwillinge erobern die Welt 74

APO
Melsungen
Juni 1969 bis 1971: Die APO agitiert gegen die Geschwister-Scholl-Schule,
die Firma B. Braun und für ein selbstverwaltetes Jugendhaus 79
Die „Heimkampagne" der APO
Protagonisten des „deutschen Herbstes" in Nordhessen 83
Wabern, Juli 1969: Astrid Proll im Karlshof 84
Remsfeld-Rengshausen, August 1969: Baader, Ensslin, Proll: Eskalation im Beiserhaus 90
Guxhagen, Herbst 1969: Ulrike Meinhof recherchiert im
Mädchenerziehungsheim Fuldatal 103
Wabern, Ende 1969, Anfang 1970: Rupert von Plottnitz verteidigt
drei Fürsorgezöglinge in Kassel vor Gericht 109
SDS und RCDS
Interview mit Dr. Wulf Schönbohm, dem konservativen Ex-68er 113

RAF
Kassel
15. Januar 1971: Astrid Proll und zwei Banküberfälle auf Filialen der Stadtsparkasse 119
Oberaula
2. April 1972: Ulrike Meinhof und die gesamte Führung der RAF „besorgen" sich
die Zünder für ihre „Mai-Offensive" 1972 125
Schwalmstadt
Februar 1973 bis November 1974: Andreas Baader in der JVA – ein Interview
mit dem Filmemacher Klaus Stern 127
Mogadischu
16. Oktober 1977: Jürgen Vietor übernimmt die Verantwortung für die entführte
Lufthansa-Maschine „Landshut" 136

LITERARISCHER RÜCKBLICK: FRIEDRICH C. DELIUS UND PETER O. CHOTJEWITZ
Nordhessische Schriftsteller über die 60er und 70er Jahre 139

68ER-AKTIVISTEN IM GESPRÄCH – EINIGE EINDRÜCKE 143

ZUSAMMENGEFASST: ERGEBNISSE UND THESEN 145

ANHANG
Die 60er Jahre und ihre Auswirkungen auf die 70er Jahre in der
Bundesrepublik Deutschland 149

VORWORT

Dieses Buch wird abseits der Bestenlisten und des etablierten Literaturbetriebes erscheinen. Und dennoch handelt es sich um ein wichtiges Werk. Es ist geschrieben von zwei Lehrern, also Vertretern eines besonders anstrengenden Berufes, mit besonderen Interessen für Politik und Geschichte sowie für die ihnen anvertraute Klientel, die mit dem Schulalltag oft die schlimme Vorstellung von Desinteresse und Langeweile verbindet. Wie kann man dieser Gefahr begegnen? Die Antwort auf diese Frage ist von zentraler Bedeutung.

Geschichte wird nicht von „großen" Männern gemacht. Die Alexander, Caesar, Napoleon und de Gaulle sind Ausfluss sozialer Bewegungen und werden, bei all ihren individuellen Eigenheiten und Vorzügen, getragen von politischen Strömungen ihrer Zeit. Und die beginnen irgendwo vor Ort. Hier setzen die beiden Autoren an. Sie kämpfen darum, dies ist in der Tat ein Kampf, ihren Schülerinnen und Schülern Geschichte und Politik *nahe* zu bringen. Daher ihr Griff zur Regional-Geschichte. Die 68er Bewegung fand eben nicht nur in Berlin, Frankfurt/M. und, vielleicht noch Homberg am nächsten, in Marburg statt. Das Aufbrechen der Verkrustungen der „Wirtschaftswunder"-Bundesrepublik mit ihrer höchst unzulänglich erfolgten Ent-Nazifizierung und ihrer allzu rasch rückgängig gemachten Entmilitarisierung erlebte seine Ursprünge eben zum Teil auch in den Kleinstädten Nordhessens.

Eine beachtliche Zahl von Menschen, Frauen wie Männern übrigens, die später in der Öffentlichkeit präsent sind, haben die Autoren in Fritzlar, Guxhagen, Homberg, Melsungen, Oberaula, Schwalmstadt, Wabern und natürlich dem Oberzentrum Kassel auf ihren individuellen Lebenswegen ausfindig gemacht. Und sie fordern ihre Leserinnen und Leser auf, die Spurensuche fortzusetzen. Bei dieser Spurensuche spielt das Medium Schülerzeitung, in der Forschung noch arg stiefmütterlich behandelt, eine große Rolle. Viele der Leserinnen und Leser dieses Bändchens – und es sind ihm viele zu wünschen! – werden sich erinnern an den persönlichkeitsbildenden Prozess des Geschriebenen, Gedruckten, des Manifesten eben.

Wenn Schülerinnen und Schüler auf der Suche nach Spuren sozialer Bewegungen ihre Region kennenlernen, werden sie sich vielleicht stärker und rascher als Subjekte der Geschichte begreifen. Dem Kantschen Imperativ von der Aufklärung als „der Ausgang des Menschen aus seiner selbstverschuldeten Unmündigkeit" wird dann auf das Schönste Rechnung getragen.

Johannes M. Becker, Marburg, im August 2011

EINLEITUNG

„‚Kleinstadt 1968' – ‚1968 in der Provinz?' War da überhaupt was? Ja, da war etwas. Mancherorts sogar ein richtiger kleiner Aufstand von Teilen der Kleinstadtjugend. 1968 fand auch in den echten (ländlichen) Kleinstädten statt und nicht nur [...] als Studentenbewegung." Dieses Zitat aus der Zeitschrift „Pro-Regio-Online" bringt das Anliegen dieses Buches gut auf den Punkt. Das Jahr 1968 hat viele Spuren in der „nordhessischen Provinz" hinterlassen: Zum einen als Schülerbewegung, was sich etwa in Konflikten rund um Schülerzeitungen und so genannten Gegenschulen niederschlägt (vgl. Kapitel Schülerbewegung). Zum anderen in Form der APO, der außerparlamentarischen Opposition, hier umrissen vor allem mit dem Schlagwort der so genannten „Heimkampagne" (vgl. Kapitel APO). Schließlich in Form der RAF, der Rote Armee Fraktion (vgl. Kapitel RAF).

Dieses Buch versteht sich als Spurensuche in vielen Orten Nordhessens, etwa in Eschwege, Guxhagen, Homberg/Efze, Kassel, Melsungen, Schwalmstadt und Wabern. Daher bietet es eher einen Überblick, eine Orientierung, statt sich auf einzelne Städte oder Vorfälle zu konzentrieren. Man kann also vor Ort sicherlich noch weiter „graben" und Neues finden. Die Leser dieses Buches sind daher aufgerufen, einzelne Themen zu vertiefen und die Spurensuche fortzusetzen.

Dies ist eine regionalgeschichtliche Studie. Sie sucht aber auch den Bezug zum Überregionalen, indem sie wiederholt die Ereignisse und Personen vor Ort in größere Zusammenhänge einordnet. Gerade diese Verbindung ist reizvoll und notwendig, denn so wird deutlich, wie sich die „große Geschichte", also etwa das Jahr 1968, niederschlägt in der Region – aber auch, wie „kleine Menschen vom flachen Lande" die „große Geschichte" mit bestimmen, etwa durch ihre erfolgreiche Mitarbeit in bedeutenden Studentenorganisationen. Zudem stellt sich auch die Frage, warum sich das Jahr 1968 in Nordhessen so vielfältig niedergeschlagen hat.

Wolfgang Kraushaar ist einer dieser Nordhessen, der zu einem bedeutenden 68er-Forscher in Deutschland aufgestiegen ist. Er bezeichnet 1968 als „Chiffre", als Symbol, als Oberbegriff für ein ganzes Zeitalter. Natürlich hat dieses Jahr eine Vorgeschichte, und es wirkte nach. Daher beginnt dieses Buch auch mit Konflikten Anfang der 60er Jahre, denn sie sind Vorboten der großen Brüche und Auseinandersetzungen, die dann Ende der 60er Jahre und in den 70ern kulminieren.

Das Jahr 1968 und der Terror der RAF sollen hier nicht mythologisiert werden. Dieses Buch beabsichtigt vielmehr eine möglichst sachliche, auf Quellen gestützte Darstellung. Zudem stellt es wichtige Zeitzeugen und deren Sichtweisen auf die Geschehnisse vor. Möge sich der Leser sein eigenes Urteil bilden.

„‚1968 in der Provinz?' War da überhaupt was? Ja, da war etwas." Die Autoren stimmen diesem Zitat mit großer Überzeugung zu. Da ist vieles zum Staunen, zum Lachen, zum Kopfschütteln, zum Diskutieren. Obwohl einige lokal begrenzte Arbeiten bereits vorliegen, hat die Forschung die Themen „1968 in der Provinz" und „Schülerbewegung" bislang zu wenig ins Visier genommen. Das Buch versteht sich als Regionalstudie, die vielleicht helfen kann, das Bild von „1968 in der Provinz" etwas zu vervollständigen. Es richtet sich aber auch an den historisch interessierten Laien, hat deswegen auf einen großen Anmerkungsapparat verzichtet und bietet jenen, die ihr Wissen über das Jahr 1968 allgemein vertiefen möchten, im Anhang einen Überblick.

Gerne stellen sich die Autoren den Nachfragen und der Diskussion.

Quellenverzeichnis
veröffentlicht:
Wolfgang Kraushaar, *1968 als Mythos, Chiffre und Zäsur*, Hamburg 2000
Pro-Regio-Online, Zeitschrift für den ländlichen Raum, Heft Nr. 5 (2008)

SCHÜLERBEWEGUNG

Der 68er Schülerprotest und die Rolle der Schülerzeitungen

Schülerprotest „Kaum einer über dreißig traut heutzutage einem über zehn", brachten es die Buchautoren Haug und Maessen 1969 auf den Punkt. Ursache dafür sei, dass „die Jugend das ihr zugemutete Erbe der Väter ausschlägt und vom rechten Wege und dem geraden Pfade der Tugend abgeht". Daher seien Geduld und Toleranz der Vätergeneration jetzt umgeschlagen in den „Versuch brutaler Disziplinierung mit dem Gummiknüppel und [...] einem als Dreschflegel gebrauchten Richtschwert".

Die Zeit der APO war auch Ausdruck eines forcierten Generationenkonfliktes. Bis heute prägt vor allem die Studentenrevolte die Darstellung in den Medien und in der Forschung. Kaum zu Wort kommt dagegen die gleichzeitige Schülerbewegung, die vor allem eine „Protestbewegung der Gymnasiasten bzw. Oberschüler" war, wie es Schildt formuliert. Diese Nichtbeachtung liege auch daran, dass die Schüler „nicht der wortführende Teil der Revolte von '68" gewesen seien, sondern nur „ihr Nachwuchs", der erst später öffentlich von sich reden gemacht habe.

Bereits frühzeitig gab es Kritik an den Zuständen in den Schulen, etwa am Kasernenhofton und Frontalunterricht der Lehrer und an der Untertanenmentalität der Schüler. Sie signalisierten einen „erheblichen Demokratisierungsbedarf" (Schildt). Gleichwohl überraschte der plötzliche Protest an den Schulen die Gesellschaft genauso wie der an den Universitäten.

Innerhalb der aufbegehrenden Studentenschaft gab es verschiedene Ansichten darüber, welche Bevölkerungsgruppen man für die eigenen politischen Ziele gewinnen könne. Solche „revolutionären Subjekte" sah man etwa in der Arbeiterschaft, dem „Proletariat" (vgl. Kapitel APO/Melsungen), in bildungsfernen Schichten in der Provinz oder in vernachlässigten Jugendgruppen. Diese Gruppen wollte man mit Aktionen wie „Student aufs Land" oder mit der „Heimkampagne" (vgl. Kapitel APO/Heimkampagne) erreichen. Einem anderen Ansatz zufolge waren die Schüler ein geeignetes Potential für den gesellschaftlichen Aufstand. Der SDS-Bundesvorstand versuchte daher frühzeitig, einzelne Schülergruppen in einem Dachverband zusammenzufassen, weil er in den Schulen autoritäre Institutionen witterte, deren Aufgabe es sei, die Jugendlichen durch Manipulation und Unterdrückung in die ausbeuterische Gesellschaft des Kapitalismus einzufügen und so die Aufteilung der Gesellschaft in Herrschende und Beherrschte zu reproduzieren.

Vor allem in den Hochschulorten entstanden Gruppen sozialistischer Schüler, die sich 1967 in Frankfurt/M. zum „AUSS", dem „Aktionszentrum Unabhängiger und Sozialistischer Schüler", zusammengeschlossen. Daneben gab es andere Vereinigungen wie die Unabhängige Schülervertretung und den Liberalen Schülerbund, die aber in der Auseinandersetzung kaum eine Rolle spielten. Auf die Schülermitverwaltung (SMV) schaute man eher herab, galt sie doch als Ausdruck nur scheinbarer Mitbestimmung und anpasserischer Akzeptanz der bestehenden Verhältnisse. Die SMV wurde daher auch mit abfälligen Begriffen wie „pseudodemokratisches Feigenblatt", „Schülermilchtütenverteilung" und „Spielzeug der Schulbehörde" belegt. Das AUSS forderte dagegen radikal die Demokratisierung der Schule und mehr Mitbestimmung in allen Schulbereichen, etwa bei Lehrplänen (Reform der Sexualkunde, mehr sozialistische Inhalte), Unterrichtsfächern (mehr Akzentuierung der Soziologie) und Notengebung. Später wurde gar die Abschaffung von Zensuren verlangt, weil sie Ausdruck eines unmenschlichen „Leistungsterrors" seien.

Die Erschießung Benno Ohnesorgs in Berlin geschah nur zwei Wochen nach Gründung der AUSS. Dieser Vorfall politisierte die Schülerbewegung enorm und veranlasste zur Teilnahme an Demonstrationen. Von Herbst 1967 bis ins erste Halbjahr 1969 steigerten sich die Aktivitäten der Schülerbewegung beträchtlich, wobei dies in den Städten mehr geschah als auf dem Land. Ihrem Selbstverständnis nach war sie jetzt fester Bestandteil der APO. Neben den genannten innerschulischen Konfliktfeldern wurden nun verstärkt auch allgemeine politische Themen wie die Notstandsgesetzgebung, der Vietnamkrieg und die Rolle des Springer-Verlages diskutiert. Gleichzeitig gab es Befürchtungen, Teile der Schülerbewegung könnten sich von den dezidiert politischen, sozialrevolutionären Protesten abwenden und in einen allgemein-unpolitischen, kulturellen Lebensstil der Popkultur abgleiten, der sich allein durch Kleidung und Musik definiere. Aktionsformen waren etwa Schulstreiks, alternative Schulen (vgl. Kapitel Schülerbewegung / Homberg / Efze), Teach-ins und Flugblattaktionen. Umfragen zufolge sympathisierten damals 30% der Oberschüler und Studenten mit dem Marxismus oder Kommunismus, und über zwei Drittel begrüßten Demonstrationen linker Gruppen. Es begann aber auch schon die Zersplitterung des Schülerprotestes in antiautoritäre, sozialistische und trotzkistische Gruppen. 1970 zerfiel neben dem SDS dann auch das AUSS.

> Die Protestbewegung der späten sechziger Jahre [...] hatte das politische und kulturelle Leben der Bundesrepublik ein paar Jahre lang gründlich durcheinandergebracht

resümiert Heider. „Politiker und Pädagogen bemühen sich seither unermüdlich um die Entschärfung der Gegensätze zwischen den Generationen", etwa durch Reformen der SMV, durch die Gesamtschulbewegung oder die Einführung der reformierten gymnasialen Oberstufe. Die politisierten Schüler sahen darin freilich nur eine erneute Verschleierung der tatsächlichen Machtverhältnisse, einen vergeblichen Versuch, „das spätkapitalistische System der BRD" (Haug/Maessen) am Leben zu erhalten. Denn es bleibe weiterhin beim Heranziehen unkritischer, unpolitischer Technokraten und „angepaßter Karriereritter", so heißt es in einem Grundsatzreferat des AUSS. Die Reformen würden daher das wahre Ziel einer freien, demokratischen und sozialistischen Gesellschaft erschweren.

Schülerzeitungen Wie die Beispiele Melsungen, Eschwege und Homberg zeigen werden, spielten die Schülerzeitungen eine wichtige Rolle innerhalb der Zeit von APO und Schülerbewegung. Sie sind „eine wunderbare, wenn auch bisher wenig genutzte Quelle für zeitgeschichtliche Forschung", wie Hans-Peter Bartels feststellt. Schülerzeitungen entspringen der Initiative von Schülern und sind in erster Linie auch für Schüler gedacht, im Gegensatz zu Schulzeitungen, die etwa von der Schulleitung herausgegeben werden. Schülerzeitungen wurden oft mit Hilfe der US-amerikanischen Besatzungsmacht ganz im Sinne der reeducation gegründet und waren in Landesverbänden organisiert, etwa der „Jungen Presse Hessen". Diese kümmerte sich zentral um Anzeigen, die lebensnotwendig waren für die Finanzierung der Zeitungen, und organisierte jährlich ein bis zwei Treffen. Dabei ging es um handwerklich-technische Anregungen zur Herstellung von Schülerzeitungen wie auch um inhaltliche Fragen. So gab es etwa Seminare beim Chefredakteur des Hessischen Rundfunks oder bei Hörfunkmoderator Hanns Verres. Die Politik begleitete diese Arbeit wohlwollend: Der Kultusminister und häufig auch ein weiterer Landesminister nahmen an den Landestreffen der „Jungen Presse" teil. Zudem wurden Preise für die besten Schülerzeitungen auf Landesebene verliehen, so 1960 und 1963 für den Melsunger „Geistesblitz" und 1959 bis 1963 für das Homberger „Schulecho".

Die vielleicht wichtigste Aufgabe der „Jungen Presse Hessen" bestand darin, als eine Art Netzwerk „den Redaktionen vor Ort den Rücken zu stärken. Sie sollten ermutigt und ermuntert werden, sich mit ihren Schulen und Städten auseinanderzusetzen", sagt Herbert Preissler, der 1964 deren stellvertretender Landesvorsitzender war. Das war um so wichtiger, weil das anfangs recht partnerschaftliche Verhältnis der Schülerzeitungen zur Politik seit Anfang der 60er Jahre zunehmenden Belastungen ausgesetzt war, weil „der Grundkonsens mit der Welt der Erwachsenen brüchiger" wurde, wie Christian Ritzi es ausdrückt. Dies zeigte sich in den Schülerzeitungen durch „oppositionelle Stimmen zu den beherrschenden politischen Fragen" sowie die „offensive Verteidigung der neuen Jugendkultur" mit Popmusik, freizügiger Mode und Sexualität sowie dem Drogenkonsum. Die Beispiele der Eschweger „Laterne" und des Homberger „Schulechos" sind zwar profunder Beleg dafür – wie zum Beispiel auch die „Bienenkorb-Gazette", der „Beobachter" oder die „Rote Schülerpresse" aus Frankfurt/M. –, verführen aber zu dem Trugschluss, bei den Schülerzeitungen habe es sich „durchgängig um Revolutionspostillen" gehandelt. Richtig ist nach Ritzi aber, dass die meisten Blätter „überwiegend eher brav und bieder" daherkamen, zumeist schulinterne Themen wie Klassenfahrten, Kultur- und Sportfeste aufgriffen und insgesamt – mit Ausnahme des Themas deutsche Einheit – sehr unpolitisch waren. Damit folgten sie Altkanzler Adenauer, der 1955 den Schülerzeitungen beschied:

> Von der aktuellen Tagespolitik solltet Ihr in der Schülerschrift die Finger lassen. Es genügt, meine ich, wenn sich darüber Männer und Frauen mit einiger Lebenserfahrung auseinandersetzen.

Dieses Grundverständnis war immer wieder Anlass heftiger Diskussionen innerhalb der Schülerredaktionen. Hartmut Holzapfel, 1964–65 Landesvorsitzender der „Jungen Presse Hessen", bezeichnet denn die Schülerpresse auch als „Stachel im Fleische der Schule": Sie habe sich als „Gegenwelt" empfunden zur doch recht reglementierten, institutionell eingebundenen und als eher „konservativ" empfundenen Schülermitverwaltung. Die „Junge Presse Hessen" sei deshalb nicht gleich „revolutionär" gewesen, gleichwohl „kulturell links", denn in ihr hätten sich Jugendliche versammelt, „die sich für Politik und Diskussion interessierten, ihren eigenen Kopf" hatten und über den schulischen Tellerrand hinausblicken wollten. Der vielleicht wichtigste Erfolg war der 1964 von Hessens Kultusminister Prof. Dr. Ernst Schütte unterschriebene Erlass, der den Schülerzeitungen Pressefreiheit gewährte (vgl. Kapitel Schülerbewegung/Eschwege).

Die Nordhessen waren seit Anfang der 60er Jahre tonangebend in der „Jungen Presse", etwa in Person des späteren Schriftstellers Michael Rutschky, der 1963 zum Landesvorsitzenden gewählt wurde. „Wer in Nordhessen ausbrechen wollte, war froh, wenn er jemand fand, der noch mitmacht", sagt Holzapfel. Das sei ein wichtiger Unterschied zu Südhessen gewesen, wo die Schüler solcher Netzwerke gar nicht bedurften, weil sie selbstbewusster waren und viele Mitstreiter in der Rhein-Main-Region hatten. Bundesweit stieg die Zahl der – in der „Bundesarbeitsgemeinschaft Junge Presse" organisierten – Schülerzeitungen von 231 (1954) kontinuierlich auf 1.111 (1968), die in Hessen im gleichen Zeitraum von 38 auf 142.

Die damals herausragende Bedeutung von Schülerzeitungen können heutige Redaktionen nie mehr erreichen, weil die Bedingungen ganz anders sind, urteilen die ehemaligen Redakteure. Aufgrund eines begrenzten Angebotes an Büchern und Zeitungen hätten Schülerzeitungen damals als Kommunikationsplattform für Themen, die in der Provinz nicht auf der Tagesordnung standen, eine überragende Bedeutung, ja ein „Alleinstellungsmerkmal" (Holzapfel) gehabt. Heute gebe es unendlich viele Informationsquellen, nicht zuletzt das Internet, das aber auch dazu verführe, oberflächlicher und leichtgläubiger zu lesen als damals. Allerdings teilen heutige wie damalige Schülerzeitungen den Anspruch, „ideale Trainingsfelder der Demokratie" zu sein, die „Nachwuchsdemokraten" heranziehen (Bartels): Hier lernt man, zu Wort zu kommen, journalistisch sauber zu recherchieren, die eigene (schulische) Umwelt zu beeinflussen, über – fast – alles reden zu dürfen und durch gemeinsames Arbeiten das Selbstvertrauen zu stärken.

Quellenverzeichnis
unveröffentlicht:
Interviews mit Hartmut Holzapfel und Herbert Preissler, 3.7.2010 und 2.7.2010

veröffentlicht:
Hans-Peter Bartels, „Vortrag zur Eröffnung der Ausstellung ‚Zu Wort kommen – 1968 im Spiegel von Schülerzeitungen'", in: *www.bbf.dipf.de/foerderkreis/ 2009/mb_2009_01.pdf*
Hans-Jürgen Haug, Hubert Maessen, *Was wollen die Schüler? Politik im Klassenzimmer*, Frankfurt/M. 1969
Ulrike Heider, *Schülerprotest in der Bundesrepublik Deutschland*, Frankfurt/M. 1984
Hessische Nachrichten, 22.12.1960, 21.12.1962, 9.2.1963, 16.4.1963, 27.12.1963, 19.2.1964, 6.3.1964, 25.5.1964
Christian Ritzi, „Begrüßung zur Eröffnung der Ausstellung ‚Zu Wort kommen. 1968 im Spiegel von Schülerzeitungen'", in: *www.bbf.dipf.de/foerderkreis/ 2009/mb_2009_01.pdf*
Axel Schildt, „Nachwuchs für die Rebellion – die Schülerbewegung der späten 60er Jahre", in: Jürgen Reulecke (Hg.), *Generationalität und Lebensgeschichte im 20. Jahrhundert*, München 2003, S. 229–251

Melsungen

Der Konflikt um den 17. Juni 1961

In der Geschwister-Scholl-Schule fand bereits 1961 ein erster heftiger Konflikt statt. Einige der dabei beteiligten Schüler kehrten ab 1969 für mehrere Jahre als Studenten zurück nach Nordhessen, um „die Revolution aufs Land" zu bringen. Dabei attackierten sie die Kleinstadt mit mehreren Projekten und suchten auch die Auseinandersetzung mit der mächtigen Firma B. Braun (vgl. Kapitel APO/Melsungen). Der Protest erreichte in Melsungen also eine größere Resonanz und geschah über einen längeren Zeitraum als in anderen nordhessischen Kommunen.

Am 17.6.1961 wurde im Festsaal des alten Casino des Arbeiteraufstandes in der DDR von 1953 gedacht. Prof. Dr. Willi Brundert von der Finanzschule in Rotenburg, der spätere Oberbürgermeister von Frankfurt/M., hielt vor dem Lehrerkollegium und den Schülern der Ober- und Mittelstufe der Geschwister-Scholl-Schule einen Vortrag über seine Erfahrungen als ehemaliger politischer Häftling, der aus der DDR fliehen konnte. Bis zu diesem Punkt verlief alles wie immer: Solche Schulfeiern fanden jedes Jahr an praktisch allen nordhessischen Schulen statt. Sie waren gewissermaßen ein Ritual, das aber auch viele alltägliche Erfahrungen Einheimischer mit der wachsenden Spaltung Deutschlands aufgriff. Nordhessen lag damals direkt an der Grenze zur DDR, der Antikommunismus war bei den allermeisten Menschen und über alle Parteigrenzen hinweg selbstverständliche Staatsdoktrin.

Als am Schluss der Veranstaltung die Nationalhymne gesungen werden sollte, passierte jedoch etwas Unerwartetes. Michael Bauer, ein ehemaliger Schüler des Gymnasiums, hat das so verfolgt:

> Alle im Saal stehen nach einer Aufforderung [...] zügig auf, nur eine Schülerin und ein Schüler in den hinteren Reihen des Saales bleiben sitzen. Einige ihrer Freunde, Klassenkameraden, Mitstreiter der Schülerzeitung sowie der Schülermitverwaltung bleiben zunächst sitzen, stehen dann wieder auf, andere stehen auf, setzen sich wieder hin, stehen wieder auf, schauen zu ihren Lehrern weiter vorne im Saal [...] Mona Steffen, die frischgebackene Chefredakteurin des ‚Geistesblitz',

Das Führerscheinfoto von Michael Bauer

dreht sich nicht herum [...] Michael Rutschky, der Schulsprecher, dreht sich mit blassem, rundlichem Gesicht herum [...] und blickt trotzig und zunehmend traurig um sich [...] Alle im Saal stehen und bewegen die Lippen, zwei im Saal sind sitzengeblieben und singen nicht mit [...] Es ist klar, dass jetzt fürchterliche Sanktionen folgen werden.

Über Gründe dieser Verweigerungshaltung kann man nur spekulieren. Zum einen war das Deutschlandlied von den Nazis missbraucht worden. Die Worte „Deutschland, Deutschland über alles" und „von der Maas bis an die Memel, von der Etsch bis an den Belt" erinnerten fatal an die Vernichtungsfeldzüge im Zweiten Weltkrieg, noch dazu wurde die Hymne zusammen mit dem „Horst-Wessel-Lied" gesungen. Daher war seit 1952, festgelegt durch einen Briefwechsel zwischen Bundeskanzler Adenauer und -präsident Heuß, das öffentliche Singen der ersten Strophe verboten. Trotzdem hatten bei der Fußball-WM 1954 Unverbesserliche lauthals eben diese Strophe gesungen, weswegen sich mehrere europäische Sender entsetzt aus der Liveübertragung ausblendeten.

Zum anderen erzählten viele der Melsunger Lehrer im Unterricht gerne von ihren Kriegserlebnissen. Über ihre innere Einstellung zum Nationalsozialismus wusste man dagegen wenig. Der Geschichtsunterricht „hörte vorher auf. Was damals wirklich passiert ist an Verbrechen, wie die politischen Strukturen ausgesehen haben, das wurde nicht thematisiert", so Herbert Preissler, ein ehemaliger Melsunger Schüler. Andere, wie der von den US-Amerikanern abgesetzte Mathematik-Lehrer Henne, zu Nazizeiten Mitglied der Schulleitung in Melsungen, waren

Herbert Preissler heiratete 1964 im Alter von 20 Jahren

später an die Scholl-Schule zurückgekehrt und beanspruchten weiter ihren alten Einfluss, so nahmen das die Schüler wahr. Auch die 1959 beschlossene Benennung des Gymnasiums in Geschwister-Scholl-Schule fand im Kollegium durchaus Widerspruch, denn die NS-Widerstandskämpfer wurden als „Vaterlandsverräter" beschimpft, statt als heldenhafte Vorbilder herausgehoben zu werden.

Vielleicht führte schließlich auch die Haltung der Schüler zur deutschen Einheit zu dem Unbehagen, die Hymne mitzusingen. Viele Artikel in der Schülerzeitung „Geistesblitz" befassten sich mit dem Teil östlich des „Eisernen Vorhangs", etwa mit osteuropäischer Geschichte und den „verlorenen deutschen Ostgebieten", mit der Atombombe, dem

SCHÜLERBEWEGUNG — Melsungen

Titelblatt der Schülerzeitung „Geistesblitz", Ausgabe vom Juni 1961

Michael Bauer heute

1. Mai, dem Leben und der Jugend in der DDR sowie mit Fahrten an die „Zonengrenze". Eine Sondernummer widmete sich eigens dem Thema „Berlin". Diese Texte mahnten zur Nachdenklichkeit, die Schüler äußerten ihre Sprachlosigkeit, Betroffenheit, Verwirrung angesichts der innerdeutschen Spannungen. Gründe dafür fanden sie in den diktatorischen Verhältnissen in der DDR, aber auch im Verhalten der Bundesrepublik, etwa der Diskussion um eine atomare Bewaffnung der Bundeswehr. Daher wollten sie sich nicht in den dumpfen, weil einseitigen und vereinfachenden Antikommunismus einspannen lassen. So war dies wohl ein weiterer Grund, die Veranstaltung am 17.6.61 auf diese Weise zu „boykottieren".

Acht Wochen später erfuhr diese Feier eine ungeahnte Zuspitzung: Die DDR errichtete die Mauer, die ab jetzt endgültig Deutsche von Deutschen trennte. Die Mauer war auch auf dem Titelbild der nächsten Ausgabe des „Geistesblitzes" zu sehen. Das Bild wirkte wie ein Symbol, wie ein Menetekel auch für die Melsunger Schule, denn mit den Strafen für den Vorfall vom 17.6. zogen die Lehrer nun auch Mauern zwischen sich und ihren Schülern. Zuerst ist Walter Hoffmann zu nennen. Er war ein junger, pädagogischen Veränderungen gegenüber aufgeschlossener Lehrer, der den „Geistesblitz" als Vertrauenslehrer betreute und jahrelang kritische, engagierte Schüler in Arbeitsgemeinschaften um sich scharte, förderte und wiederholt vor der Schulleitung in

Herbert Preissler heute

fen als Chefredakteurin und Michael Rutschky als Schulsprecher zurücktreten. Sie „bekamen den ganzen Zorn des Milieus" ab, sagt Herbert Preissler. Steffen wurde nicht in die nächste Jahrgangsstufe versetzt und verließ kurz darauf enttäuscht die Schule, Preissler blieb ebenfalls sitzen und musste das Amt des neuen Chefredakteurs vom „Geistesblitz" mit einem konservativen Gegenpart teilen – „weil wir ja als linksradikal oder kommunistisch galten", erinnert er sich. „Wir haben uns überfahren lassen, ich fühlte mich wie vergewaltigt. Es war wie ein Rückschlag, ein einschneidendes Erlebnis in meinem Leben", ergänzt Bauer rückblickend.

Der Konflikt schien also oberflächlich gelöst. Aber es blieben Wunden zurück, die einige Jahre später aufbrechen sollten (vgl. Kapitel APO/Melsungen).

Schutz nahm. Ausgerechnet er rechnete im September 1961 im „Geistesblitz" ab:

> Mut haben die beiden Schüler aufgebracht. Aber [...] Mut allein ist noch gar nicht viel [...] Es kommt darauf an, was wir mit unserem Mut anfangen [...] Es gilt sorgfältig abzuwägen, wie protestiert werden soll. Jeder hat Anspruch auf eine faire Berücksichtigung seines Standpunktes [...] Die Haltung der Mehrheit muß zunächst respektiert werden, auch die bei nahezu allen Völkern der Erde selbstverständliche Pflicht, die Nationalhymne zu singen.

Schulleiter Gerhard Laakmann ergänzte, die beiden Jugendlichen hätten den schulfremden Gast brüskiert, den antikommunistischen Konsens aufgekündigt und das Ansehen der Schule beschädigt. Daher mussten Mona Stef-

Quellenverzeichnis
unveröffentlicht:
Michael Bauer, *Scham, Wut und ein Hoch auf die Milchwirtschaft*, Frankfurt/M. 2010
Interviews mit Michael Bauer und Herbert Preissler, 19.6.2010 und 2.7.2010

Monika Funken, Annette Kähler und die Anfänge der „neuen Frauenbewegung"

Die Tatsache, dass zwei Schüler während des Festaktes in Melsungen zum 17. Juni beim Singen der Nationalhymne sitzen geblieben waren, führte zu „einem ungeheuren, unvorhersehbaren Aufstand", sagt eine der Beteiligten, nämlich Monika Funken, geb. Steffen. Noch während der Feier hätten Berufsschüler sie malträtiert, ein wütender Lehrer habe ihre Bluse zerrissen. Aus Angst vor weiteren Verfolgungen floh sie nach der Feier durch den hinteren Bereich des alten Casino und auf einem Milchwagen nach Hause. Später wurde die in Altmorschen lebende Enkelin des Gipsfabrikbesitzers George nicht in die Jahrgangsstufe 13 versetzt, was ihr Klassenlehrer mit der Aufforderung verband, die Schule zu verlassen. Sie wurde als „Kommunistin" beschimpft, von Mitschülern kritisch beäugt, von den eigenen Eltern rausgeschmissen.

> Ich war isoliert. Es war bedrohlich. Keiner führte ein Gespräch mit mir. So ging man damals mit Schülern eben um, da wurde nichts gefragt.

Aus den Worten Funkens werden die zugefügten seelischen Verletzungen deutlich.

Das Sitzenbleiben während der Feier sei ein spontaner Entschluss gewesen, gedacht als moralische Verpflichtung, ein Zeichen zu setzen, aus pubertärem Idealismus heraus, die möglichen Folgen nicht bedenkend. Damit habe sie dagegen protestieren wollen, dass ein Lohnstreik der Bauarbeiter in der DDR im Sinne des Kalten Krieges propagandistisch aufgeblasen wurde zu einem „Heldengedenktag". Verstärkend wirkte die Tatsache, dass auch noch ein „Auftrieb" aller Melsunger Schüler veranstaltet wurde, die die Nationalhymne zu singen haben. „Wenn man aber die dritte Strophe singt oder hört, kann man die erste nicht vergessen", sagt Funken. Religiös überhöht seien auch die Reden gewesen, statt direkt einzugehen auf die Grenznähe und konkreten Folgen der Teilung für die Betroffenen. Als „Käseglocke" bezeichnet sie das Leben damals in Nordhessen und meint damit, dass das „Zonenrandgebiet" kurz nach Kriegsende schon wieder zu einem neuen potentiellen Kriegsschauplatz im Ost-West-Konflikt aufgerüstet wurde. Hinzu kam die Erkenntnis, dass viele Erwachsene ihre Zeit und Verantwortung im verbrecherischen Nationalsozialismus verschwiegen. „Man lebte doch unter Mördern", sagt Funken. All dies habe sie als empfindsame Pubertierende sehr beeindruckt und belas-

Die junge Monika Funken (geborene Steffen), während ihrer Zeit als Redakteurin des „Geistesblitzes"

tet. Das galt auch für die Tatsache, dass viele Lehrer Kinder vom Land als gymnasial untauglich abstempelten: „Du kannst doch nur Wurst fressen, aber kein Latein lernen."

Diese nordhessische „Käseglocke" verließ sie also unfreiwillig, von den Erwachsenen erzwungen, in Richtung Odenwaldschule. Das reformpädagogische Landerziehungsheim hatte „ein offenes Ohr für gestrandete Fälle wie mich" und bestach durch eine starke Schüler-Selbstverwaltung, die Verbindung von theoretischem mit praktischem Lernen sowie das Zusammenleben in altersgemischten Wohngruppen. Dennoch sei sie ein halbes Jahr lang erst mal „deflated" (ernüchtert, entleert) gewesen, habe viel Unterrichtsstoff nachholen und ein ganzes Schuljahr wiederholen müssen. Gleichwohl ging sie recht bald in der Schulzeitung „OSO-Hefte" wieder ihren lyrischen und schriftstellerischen Vorlieben nach. 1965 machte sie ihr Abitur.

Sie ging zum Soziologiestudium nach Frankfurt/M. Dort tat sie das, was man ihr auch in Melsungen nicht hatte austreiben können: „Ich nehme kein Blatt vor den Mund, sage Dinge frei heraus." Es gehe ihr dabei immer um die Sache, nicht ums Fortkommen oder die berufliche Karriere. Bis heute attestieren Weggefährten Monika Funken zudem Intelligenz, Mut und Überzeugungskraft. In Frankfurt schätzte und würdigte man diese Wesenszüge: Monika Steffen wurde 1969 als erste Frau überhaupt in den Bundesvorstand des Sozialistischen Deutschen Studentenbundes gewählt, zusammen mit vier Männern. Und sie war Mitbegründerin des ersten „Frankfurter Weiberra-

Die junge Annette Bauer (heute verheiratete Kähler) bei einem teach-in an der Frankfurter Goethe-Universität

tes". Dort traf sie auf Annette Bauer (später verheiratete Kähler), die ebenfalls aus Nordhessen stammte und Schülerin an der Theodor-Heuss-Schule in Homberg/Efze gewesen war (vgl. Kapitel Schülerbewegung/Homberg/Efze).

Dieser „Weiberrat" schrieb bundesdeutsche Geschichte, vor allem durch zwei Aktionen. Die eine erläutert Funken:

> In Frankfurt war im Juli 1968 eine SDS-Delegiertenkonferenz. Helke Sander als Vertreterin des Berliner ‚Aktionsrates zur Befreiung der Frau' las ein Pamphlet vor: Die Mütter bekämen zwar die Kinder, hätten aber sonst nichts zu sagen, sie seien also nur für die Reproduktion der Gesellschaft zuständig. Ich saß hinten neben der hochschwangeren Sigrid Rüger. Neben ihr stand ein Sack Tomaten, die sie sich wegen der Vitamine gekauft hatte. Sie hörte der Berlinerin zu, sagte ‚Ja, völlig richtig. Diese alten Säcke.' und warf mit Tomaten nach Hans-Jürgen Krahl, einem der führenden SDS-Männer.

Das sei doch eine banale Geschichte. Dennoch führt sie bis heute zu vielen Diskussionen, wohl auch, weil sie sich damals nicht gegen das Establishment, sondern gegen einen führenden Kopf des SDS selbst richtete.

Die zweite Aktion war ein Flugblatt. Kähler und Funken erinnern sich:

> In einer SDS-Sitzung in Frankfurt fuhr einer der Männer einer Genossin über den Mund. Das brachte das Fass zum Überlaufen. Da sind eine ganze Reihe Frauen rausgelaufen in die Küche des Kolb-Studentenwohnheims. Dort beschlossen wir, unsere Beschwerden zu sammeln und dann gemeinsam vorzubringen. Als ironische Kollektivaktion kam dann dieses Flugblatt heraus.

Es trug den Schriftzug „Befreit die sozialistischen Eminenzen von ihren bürgerlichen Schwänzen", führte die Namen einiger führender machohafter SDS-Männer auf, zeigte einige Penisse sowie eine nackte Frau mit einem Beil in der Hand.

> Das haben wir nachts im Soziologischen Institut auf einer Wachs-Matrizenmaschine vervielfältigt und bei der SDS-Delegiertenkonferenz in Hannover im November 1968 oben von der Tribüne geworfen. Dort brach ein ziemlicher Tumult aus. Es gab Männer, die wirklich Angst hatten und ihre Hände schützend vor sich hielten. Das hat uns mächtig amüsiert, aber auch erschrocken. Denn es war doch nur als Provokation gedacht, um zur Besinnung zu kommen. Die Idee dazu hatten wir den niederländischen Provos, einer anarchistischen Protestbewegung, angelehnt.

Hintergrund dieser Aktionen waren vielfältige Erfahrungen von Benachteiligung der Frauen: Generell wurde ihnen die Kinderbetreuung und der häusliche Bereich als Betätigungsfeld zugewiesen. Wenn überhaupt berufstätig, waren Frauen oft viel schlechter ausgebildet und wurden jämmerlich bezahlt. In Bereichen wie Justiz und Ingenieurswesen waren sie deutlich unterrepräsentiert, in anderen „typischen Frauenberufen" wie Erziehung und Pflegeberufen hingegen überstark vertreten. Zwar kämpften die SDS-Männer allgemein für die Befreiung der Arbeiter gegen die Kapitalisten, in der speziellen Unterdrückung der Frau sahen aber viele einen eher unwichtigen Nebenschauplatz.

Der Begriff „Weiberrat" sei ein ironisches Etikett gewesen, der an Schwatz- und Waschweiber erinnern sollte, sagt Funken.

> Wenn eine Frau im SDS den Mund aufmachte, wurden die Herren schnell ungeduldig. Am liebsten wären die Burschen mit uns ins Bett gestie-

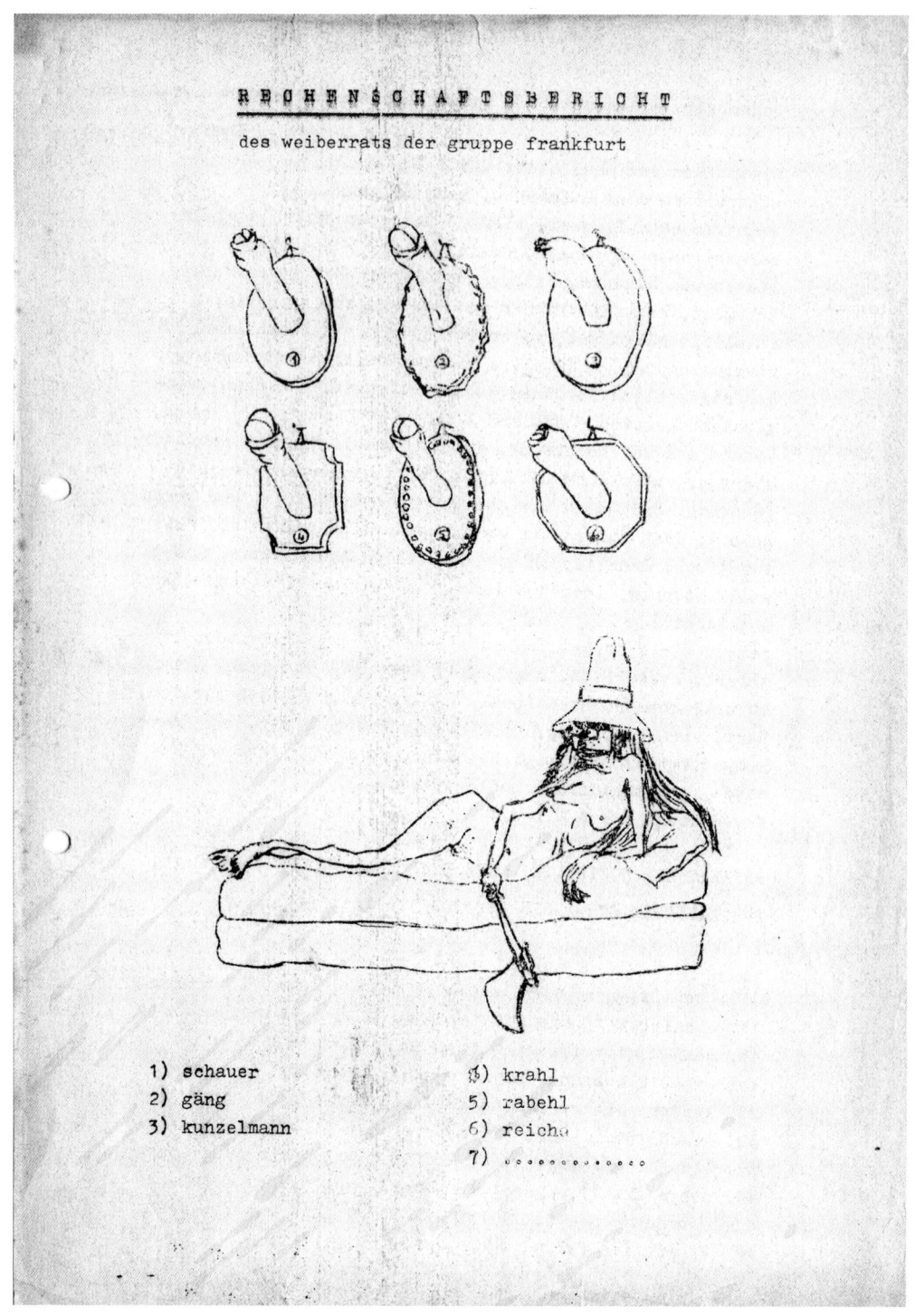

Flugblatt des „Frankfurter Weiberrates"

gen, aber als selbständige Wesen akzeptierten sie uns nicht,

sagt Kähler. Und ergänzt:

> Wir waren aber nicht generell gegen Männer, sondern wollten einfach gleich behandelt und respektiert werden. Die Männer im SDS sollten unsere Redebeiträge und den Wunsch nach Ämtern ernst nehmen.

Damit unterscheiden sie sich bis heute vom Feminismus, den sie vehement ablehnen. Der sei ein ideologisches Konstrukt, der den Geschlechtsunterschied zum wichtigsten Kriterium mache und Männer sehr skeptisch beäuge. Statt gemeinsam mit Männern für das Recht auf Gleichheit zu kämpfen, werde das Matriarchat als neue Herrschaftsform gefordert. Die Frau würde auf ihre rein biologische Funktion reduziert, ihre Weiblichkeit stilisiert durch Diskussionen um das Stillen, die Mutterrolle oder die Abtreibung („Mein Bauch gehört mir", „Ich habe abgetrieben"). Solche Diskussionen seien aber reine Privatsache und lenkten ab von der Notwendigkeit eines – von gleichberechtigten Geschlechtern geführten – Kampfes gegen Hochschulprobleme. Daher seien feste Frauenquoten, etwa in Parteien, heute ebenso falsch wie die sog. „Gender"-Diskussion.

Dass man mit einer solchen Geisteshaltung auch Konfrontationen durchstehen und Niederlagen einstecken muss, haben beide Frauen am eigenen Leibe erfahren. Funken erläutert das am Beispiel des Niedergangs des SDS. Lange Jahre sei er eine klar gegliederte, engagierte Organisation gewesen, in der auch viele Frauen waren, weil sie „egalitär" behandelt wurden. Den massenhaften Zustrom an Studenten 1967/68 habe man kaum noch kanali-

Annette Kähler heute

sieren können, zudem hätten einige durch ihre antiautoritäre Einstellung viele Strukturen zerstört. Gruppen wie die Kommune 1 in Berlin oder Studenten um Ensslin und Baader hätten sich an keine Beschlüsse mehr gehalten, den SDS für ihre eigenen Zwecke instrumentalisiert und zweckentfremdet. Vertreter kleinerer Universitäten seien ebenso wie Frauen zunehmend benachteiligt worden von den Männern aus den Großstädten. „Der ‚Weiberrat' war ein letztlich misslungener Versuch, die Organisation des SDS zu reformieren und zu retten", sagt Funken. 1970 löste er sich auf.

Aus der Sicht radikaler und orthodoxer Studenten wurden Funken und Kähler zu „Verrätern, Revisionisten", weil sie „Teil des Systems" wurden und dieses durch ihre Tätigkeit

Monika Funken heute

dem Deckel halten", formuliert Kähler. Fräulein Täger habe ihr diese Haltung vorgelebt: Während einer schulischen Veranstaltung in einer Kirche habe sie die Aufsicht – gegen Widerstände – verweigert, weil sie Atheistin sei. „Das war eine Frau mit Profil, die für ihre Glaubens- und Gewissensfreiheit kämpfte", bewundert sie die Zivilcourage der Lehrerin in Treysa. Dies kann also als ein weiteres Beispiel dafür gelten, dass es aus der nordhessischen „Käseglocke" auch Positives zu berichten gibt!

als wissenschaftliche Mitarbeiterin im Bundestag bzw. Anwältin unterstützten, statt es zu bekämpfen. Damit sind sie, wie die Zeitschrift „Focus" urteilte, Teil der „Mehrheit der 68er, die in der Gesellschaft angekommen" seien und „ein Auskommen an Hochschulen, als Schriftsteller, in Medien" gefunden hätten. Freilich sei ihnen der „Durchmarsch" in die Schaltzentralen der Politik und in Chefetagen verwehrt geblieben. „Ich habe einfach das gemacht, was ich zu dieser Zeit für richtig hielt und mich in solchen Organisationen engagiert, die das am besten durchsetzen konnten", meint Funken. Sie und Kähler stehen für eine offene Auseinandersetzung auf Augenhöhe. „Ich kann Leute nicht leiden, die stromlinienförmig sind, die alles, was sie denken, unter

Quellenverzeichnis
unveröffentlicht:
Interviews mit Monika Funken (geb. Steffen) und Annette Kähler (geb. Bauer), 30.7.2010 und 26.7.2010

veröffentlicht:
Johannes Grötecke, „Durchbrecht die Käseglocke und sucht Euren eigenen Weg", in: *Jahresbericht der Theodor-Heuss-Schule*, Jg. 2008/09, S. 74–75
Doris Köpf, „Was aus den 68ern geworden ist", in: *Focus*, Nr. 26/1996
Wolfgang Kraushaar, *Achtundsechzig. Eine Bilanz*, Berlin 2008
Gisela Notz, „Warum flogen die Tomaten? Frauenbewegung und Studentenbewegung", in: *Graswurzelrevolution*, Nr. 329/Mai 2008
Mona Steffen: „SDS, Weiberräte, Feminismus?", in: Wolfgang Kraushaar (Hg.), *Frankfurter Schule und Studentenbewegung*, Bd. 3, Hamburg 1998, S. 126–140
Monika Steffen, „Destruktion feministischer Legendenbildung. Weiberräte contra Feminismus – Anfänge der autonomen Frauenbewegung", in: *taz*, 17.10.1984

Eschwege

Der Konflikt um die Schülerzeitung „Laterne" 1963/64

„Es geschah in einer Zeit, in der man ahnte, dass die Weltrevolution bald ausbricht, sich aber ziemlich sicher war, dass sie nicht nach Eschwege kommt", sagt Hartmut Holzapfel, Jahrgang 1943. Am Ende kam sie dann doch auch nach Nordhessen: Beginnend als faustdicker Schulskandal, sich ausweitend auf die ganze Stadt und das Bundesland Hessen, einmündend in einen Erlass, der für die ganze Bundesrepublik Geschichte schrieb. „Ganz Eschwege war völlig durcheinander, alles war gespalten", so sieht es Holzapfel rückblickend. Er war damals Pennäler an der renommierten Friedrich-Wilhelm-Schule, später langjähriger SPD-Landtagsabgeordneter und Hessischer Kultusminister.

Doch wie konnte so etwas geschehen? Das Stadtambiente von Eschwege in den 50er und frühen 60er Jahren beschreibt Herr Holzapfel als sehr schön. Aber in den Augen Jugendlicher sei es dort „ganz schrecklich" gewesen. So hätten viele Eltern dem Konsum von Jazz und Comics widersprochen, weil das doch „Negermusik" bzw. minderwertige Literatur sei. Daher sei er erst recht Hörer des US-Radiosenders AFN geworden und bekennender Donaldist (er beschäftigte sich also intensiv mit dem Comic „Donald Duck"). Bücher und überregionale Zeitungen seien für Jugendliche teuer und nur schwierig zu erwerben gewesen.

Bei Recherchen im Archiv der Heimatzeitung hätten sie als Schüler erleben müssen, dass Ausgaben aus der NS-Zeit zensiert worden seien durch Herausschneiden der Namen beteiligter Täter – etwa derer, die auf dem Marktplatz ein Stacheldrahtgehege, den Eschweger „Pferch", aufgebaut hatten. Auf einem großen Schild befanden sich die drohenden Worte: „Wer beim Juden kauft, wird hier eingesperrt."

Es habe schon ausgereicht, mit der Zeitschrift „Der Spiegel" unter dem Arm über den Marktplatz zu gehen, um als politisch verdächtig zu gelten. Schon ein Kuss Jugendlicher in der Öffentlichkeit habe zu Schulkonferenzen mit der Drohung des Verweises geführt. Ohne viel Aufwand habe man die Stadt provozieren können. So hielt Alexander von Eschwege, ausgestattet mit der „Pickelhaube" seines Urgroßvaters, auf dem Obermarkt eine ironische

Hartmut Holzapfel während einer Tagung der „Jungen Presse Hessen" Mitte der 60er Jahre

Rede für die Notstandsgesetze. „Wenn das der Uropa wüsste", empörten sich die alten Eschweger über diesen Gymnasiasten, der später Filmregisseur wurde.

Viele Jugendliche fühlten sich eingeengt und abgeschnitten – auch geographisch: Die DDR machte 1961 die Grenzen endgültig dicht, die Sperranlagen verliefen jetzt weniger als zehn Kilometer von Eschwege entfernt. „Man hatte den Eindruck, man sei nun wirklich am Ende der Welt." Folglich hätten die Jugendlichen in Eschwege nach Nischen gesucht, so Hartmut Holzapfel. So sei im Sommer die Eisdiele, im Winter das „Wiener Cafe" der Treffpunkt in der Stadtmitte gewesen. Dann gab es noch schulische Arbeitsgemeinschaften wie Orchester, Philosophie oder Theater, die von fortschrittlichen, teils auch eigenwilligen Lehrern wie Dr. Müller-Fleißen aus dem Sudetenland, „Mutz" genannt, geleitet wurden. „Wer Eschwege verändern oder einfach nur raus wollte aus diesem Mief, der hatte wenig Alternativen", fasst Holzapfel zusammen.

Eine weitere solche Nische war die Schülerzeitung „Laterne", die 1961 neu gegründet wurde. In Eschwege gab es zwei Gymnasien, nach Geschlechtern getrennt: Neben der Friedrich-Wilhelmschule für Jungen gab es am anderen Ende der Stadt die Leuchtbergschule für Mädchen. Für Jugendliche nicht ganz uninteressant, bestand die Redaktion der Schülerzeitung aber aus Mädchen und Jungen, die die „Laterne" für beide Schulen gemeinsam herausgaben. Beim Landeswettbewerb der Schülerzeitungen wurde sie zwei Mal ausgezeichnet. Der ehemalige Chefredakteur Holzapfel erinnert sich:

> Wir waren ein politisch akzentuiertes, eher linkes Blättchen, das versuchte, Themen anzustoßen, die sonst in Eschwege nicht stattfanden, etwa die Schulreform. Alles verlief aber im Rahmen und wurde von der Schulleitung toleriert.

Bis zu jenem Vorfall im Jahre 1963/64, der alles veränderte.

Da Reisen damals noch etwas Besonderes waren, gab es an der Friedrich-Wilhelm-Schule die Tradition, dass Schüler bei Elternabenden von ihren Fahrten berichteten. Der Part des Schulsprechers Jörg Scholz sei es gewesen, über den kulturellen Teil einer Berlintour zu berichten, der auch den Besuch des Theaterstücks „Der Stellvertreter" von Rolf Hochhuth umfasste. Dieses 1963 uraufgeführte Stück war umstritten, weil es die Rolle von Papst Pius XII. während der Shoa kritisch beleuchtete. Hochhuth stammt übrigens auch aus Eschwege und hatte der Klasse eigens Karten besorgt. Nachdem er also die große Welt in Berlin kennen gelernt hatte, bemerkte der Schüler Scholz in seinem Manuskript für den Elternabend:

> Wenn man das einmal erlebt hat, fällt es einem schwer, sich Opern im kleinen Haus oder in der Provinz anzusehen. Die Unterschiede sind zu groß.

Diese Passage sollte auf Drängen des vorab informierten Schulleiters Dr. Erich Hildebrand gestrichen werden, weil sie „eine Beleidigung des Eschweger Kulturbundes sei", erinnert sich Holzapfel. Viele andere Sätze sollten ebenfalls der Zensur zum Opfer fallen. „Man kann das im Nachhinein nur komisch finden", meint Holzapfel. „Das Tollste" aber sei gewesen, dass Hildebrand verlangt habe, der Schüler solle den veränderten Text dann auch noch als seinen eigenen vorlesen. „Und das war selbst für einen kon-

Deckblatt der Schülerzeitung „Laterne" mit einer Karikatur des Schulleiters Dr. Hildebrand als Weihnachtsmann

servativen, gutwilligen Schüler des Jahres 1963 doch nicht mehr zumutbar", sagt Holzapfel. Moralisch tief getroffen, habe Scholz abgelehnt und trat vom Amt des Schulsprechers zurück.

Damit kam die Sache erst richtig ins Rollen. Denn die „Laterne" empfand es als ihre journalistische Pflicht, über den Vorfall zu berichten. Und wie sie das tat! Eine Karikatur mit dem an seinem Gestus deutlich erkennbaren Dr. Hildebrand als Weihnachtsmann zierte die Ausgabe 5 des Jahres 1963. Das auf Seite 2 gedruckte Gedicht „Misstrauensvotum" von Erich Kästner enthielt folgende Botschaft auch an den Schulleiter:

> Ihr mögt uns lieben oder hassen, ihr treibt dergleichen nur aus Pflicht. Wir sollten uns auf Euch verlassen? Ach, das lieber nicht!

Wenige Seiten später gab es ein Suchrätsel, das die Wilhelmschule zeigte, daneben stand die Frage: „Wo hält sich in diesem Gebäude die freie Meinungsäußerung versteckt?" Schließlich wurden der ursprüngliche Scholz-Text und die zensierte Kurzfassung zum Vergleich direkt daneben abgedruckt.

> Wir fanden dieses Heft witzig. Die Provokation war beabsichtigt, aber die Formen blieben doch gewahrt. Da war nichts Unanständiges,

sagt Holzapfel im Rückblick.

> Wir rechneten vielleicht mit einer Konferenz, wo man uns jungen Leuten zuredet, verbunden mit der Bitte des Schulleiters, ob er denn in der nächsten Ausgabe seine Perspektive darstellen könne. Aber das war wohl etwas naiv.

Die Schüler hatten die Rechnung ohne den

Schulleiter gemacht, und der reagierte prompt und heftig: Dr. Hildebrand argumentierte, der Schulfriede sei gestört und untersagte den Vertrieb der Ausgabe. Er bezog sich auf einen Passus der Schulordnung, wonach der Schulleiter alles zu genehmigen habe, was auf dem Schulgelände verteilt wird. Die Schülerschaft konterte und mit ihr Holzapfel, der mitten in diesem Konflikt 1964 Abitur machte, seinerzeit schon in der SPD organisiert war und um die Bedeutung politischer Kontakte wusste: Der Landrat vermittelte eine schriftliche Vereinbarung, die einerseits die Meinungs- und Pressefreiheit garantierte, andererseits nochmals auf die Wahrung des Schulfriedens drang – ein klassischer Kompromiss. Dr. Hildebrand wiederum interpretierte dies so, dass die Schüler ihm spätestens vier Tage vor Erscheinen einer Schülerzeitung drei Exemplare vorzulegen hätten, damit er die Einhaltung der Vereinbarung kontrollieren könne.

Dies interpretierten die Schüler wiederum als Zensur. „Ab diesem Punkt eskalierte der Konflikt", sagt Holzapfel. Und das gleich in mehrfacher Richtung: Die Zeitung wurde jetzt auch außerhalb der Schule verkauft, etwa in der Buchhandlung und vor der Hauptpost, in einem Kinderwagen mit eindeutigen Graffitis liegend. Somit wurde klar: Auch einem Schulleiter waren schon damals Grenzen gesetzt, er konnte die Verteilung der Zeitung nicht verhindern, da war nun eine Öffentlichkeit in der Stadt. „Er war im Grunde ein armer Mensch und hat die Welt nicht mehr verstanden", sagt Holzapfel über Dr. Hildebrand. Dieser sei ängstlich und völlig überfordert gewesen angesichts einer Situation, die seitens der Schulbürokratie nicht geregelt war, und der man besser mit pädagogischer Einfühlsamkeit statt mit Paragraphen und vorgesetzten Dienststellen begegnet wäre.

Aber alles wurde noch schlimmer: Im Sommer 1964 verbot Dr. Hildebrand den Vertrieb einer weiteren Ausgabe der „Laterne", die jedoch im Mädchengymnasium weiter erscheinen konnte, weil sich die dortige Leitung dem Verbot nicht anschloss. Heinz-Herbert Karry, stellvertretender Vorsitzender der oppositionellen FDP-Landtagsfraktion, informiert von den Eschweger Vorkommnissen, stellte im Parlament eine Kleine Anfrage und schrieb ganz im Sinne der Schüler einen Offenen Brief, in dem er auf die Pressefreiheit verwies. Das brachte wiederum den eigenen Eschweger Ortsverband vor Ort heftig in Wallung, der damit den Schulleiter brüskiert sah. Hinzu kam ein Zeitungsstreit: Während die örtliche „Werra-Rundschau" sich auf die Seite von Dr. Hildebrand schlug, unterstützte die „Hessische Allgemeine" eher die Schüler.

Ein Kinderwagen diente als Verkaufsstand für die „Laterne"

Schulleiter Dr. Erich Hildebrand

Am Ende stand sogar die Anfertigung eines Erlasses, der bundesweit Geschichte schreiben sollte. Holzapfel nennt ihn im Kern sogar eine „lex laterna". Der liberale, großzügige Kultusminister Hessens, Prof. Dr. Ernst Schütte, ein Mann mit offenem Herzen für die Jugend, sah sich angesichts der Vorgänge in Eschwege und andernorts genötigt, einen Erlass eigens für Schülerzeitungen zu unterzeichnen. Er tat dies mit den Worten: „Wenn die Menschen nicht von selbst vernünftig werden, muss man eben Erlasse machen", was ein eindeutiger Seitenhieb auch auf den Eschweger Schulleiter war. Damit wurde zum ersten Male in Deutschland eine Schülerzeitung unter das Presserecht gestellt, also eben nicht un-

Reaktion auf die Notstandsgesetze auf dem Deckblatt der Schülerzeitung „Laterne"

ter das Schulrecht. Ab jetzt galt also das Grundrecht auf Pressefreiheit auch auf dem Schulgelände, jedwede Zensur wurde ausgeschlossen.

Dieser Erlass sei „ein Instrument der Erziehung zur Selbstverantwortung", denn Freiheit könne „nicht schrankenlos gelten, sondern bedeutet Verantwortung und Bindung", befand das „Darmstädter Echo" am 14. Oktober 1964. Spätere „Laterne"-Ausgaben des Jahres 1968 zum Thema sexuelle Aufklärung stellten diese Selbstverantwortung und die Liberalität des Erlasses übrigens nochmals auf eine echte Geduldsprobe. Aber bis heute ist der Erlass in seinem Kern gültig und erlaubt, dass der Schulleiter allenfalls nach Erscheinen einer Schülerzeitung die Schulaufsichtsbehörde ersuchen darf, deren weiteren Vertrieb zu verbieten. Der Rest der Bundesrepublik sah damals voller Neid auf Hessen als dem „Paradies", weil dieser Erlass ein echtes „Geschenk, eine Sensation" gewesen sei, erinnert sich Holzapfel.

In einem Beitrag zu einem Geschichtswettbewerb 1999 bekundete eine Eschweger Klasse den damaligen Schülern ihren „Respekt", weil es „schon einiger Courage" bedürfe, „seine Rechte unter solchem Druck durchzusetzen." Allerdings schrieben sie Holzapfel und Co. auch ins Stammbuch: „Mit Protest kann man etwas erreichen, ja, aber man sollte sich vorher gut überlegen, wie man ihn am geschicktesten in die Öffentlichkeit trägt", sonst

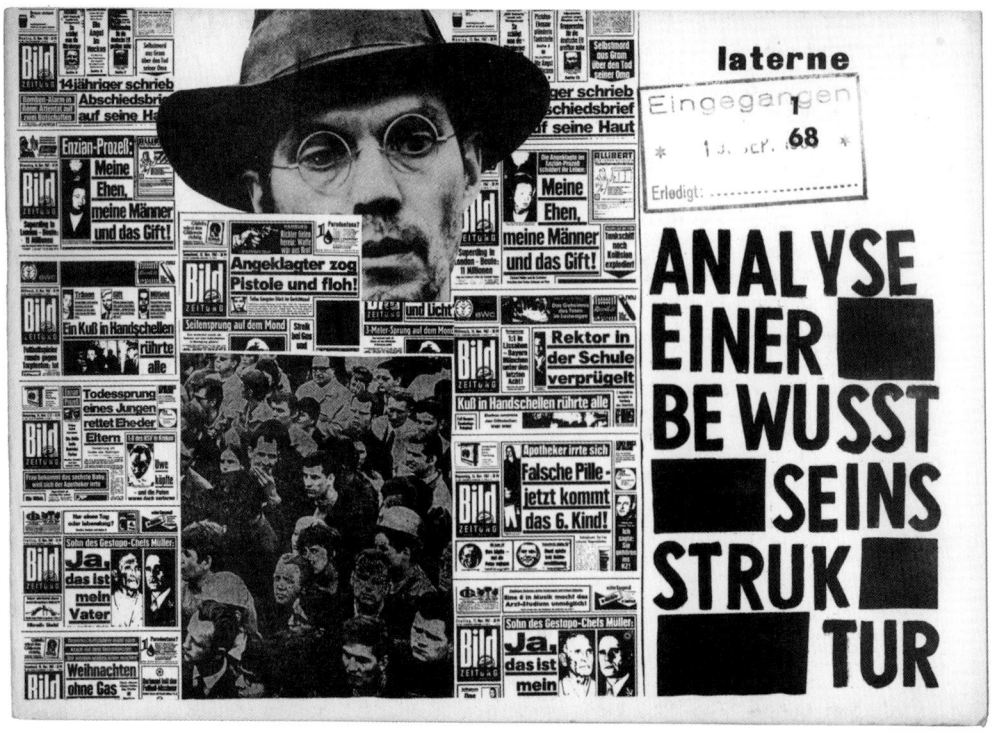

Deckblatt der Schülerzeitung „Laterne"

könne es zu „Kettenreaktionen führen", bei der einiges „aus dem Ruder läuft und dadurch einzelnen Jugendlichen die Zukunft verbaut" wird.

Man könnte es übrigens einen ironischen Wink der Geschichte nennen, dass Jörg Scholz, der mit seinem Berlinbericht angeblich auch katholische Eltern beleidigt hatte, später evangelischer Pastor wurde, und dass Hartmut Holzapfel, der in dem „Laterne"-Konflikt letztlich auch Prof. Schütte unterstand, später einer seiner Nachfolger als Hessischer Kultusminister werden sollte.

Hartmut Holzapfel heute

Quellenverzeichnis
unveröffentlicht:
Interview mit Hartmut Holzapfel, 3.7.2010

veröffentlicht:
Peter Brügge, „Ihr könntet uns Liebe erlauben", in: *Der Spiegel*, 8.4.1968
Der Fall „Laterne". Wettbewerbsbeitrag einer Schülergruppe der Friedrich-Wilhelm-Schule Eschwege zum Wettbewerb „Spuren suchen", Eschwege 1999
Schülerzeitung *Laterne*, Ausgaben Januar 1961 und Nr. 5/1963

Homberg/Efze

Das Homberger Gymnasium der 50er und 60er Jahre aus der Sicht von Zeitzeugen

Annette Kähler (geborene Bauer) sorgte als Studentin mit einer Aufsehen erregenden Aktion im Rahmen der Frauenbewegung bundesweit für Schlagzeilen. Und Volkhard Mosler stieg auf bis in den Bundesvorstand des Sozialistischen Deutschen Studentenbundes, der bei der Studentenrevolte 1968 federführend war. Was sie eint, ist ihre Schulzeit am Homberger Gymnasium.

Dabei deutete in ihrer Biographie zunächst wenig auf ihre spätere „Prominenz" hin. Beide beschreiben sich als gut integriert in ihren jeweiligen Heimatort, ablesbar an der Mitgliedschaft in Sportvereinen, an Freundschaften zu Nachbarskindern, an Abenteuerspielen in der Umgebung. Der Status beider Familien als Zugezogene, bei Moslers zudem als Katholiken im protestantisch geprägten Umfeld, stellte zunächst eine Hürde beim Einleben dar. Erleichtert wurde diese Integration neben dem allgemeinen Wirtschaftsaufschwung sicherlich auch durch den Beruf der Väter, der wichtig war für die Bevölkerung vor Ort: Dr. Bauer war Zahnarzt in Zimmersrode, Dr. Mosler Allgemeinmediziner in Borken. Dass beide nach der Grundschule aufs Gymnasium gingen, war typisch für die Zeit, denn diese Schulform beherbergte viele Schüler „aus gutem Hause", oft Akademiker.

Beide eint auch die eher mittelprächtige Einschätzung der Homberger Schule. Mosler erinnert sich an die überaus stressigen Aufnahmeprüfungen in dieser „stockkonservativen" Anstalt mit „autoritären Lehrern und viel Frontalunterricht". In der Borkener Grundschule sei es dagegen viel „familiärer, kleiner, heimeliger" zugegangen. Annette Kähler kann sich an relativ wenige Details erinnern, was ein Beleg dafür sein mag, dass Lehrer und Unterricht keinen allzu positiven Eindruck hinterließen. Außerdem kam sie erst 1964 zur Klasse 10 nach Homberg, nachdem sie vom Gymnasium in Treysa unter Leitung von Dr. Heinz Obermann regelrecht „geflohen" war. Ihrer Erinnerung nach war Treysa eine „Horrorschule", mit einer Reihe autoritärer oder strafversetzter Lehrer, die sie als „Schläger und Schlüsselwerfer" bezeichnet.

Beide Zeitzeugen berichten denn auch von abfallenden Leistungen und Unlust am normalen Unterricht. Die Homberger Schule wurde für sie eher der Ort kritischen Engagements und des Protestes. Während Annette Kähler, Jahrgang 1949, Teil einer bereits allgemeinen und weiter verbreiteten Linksentwicklung Mitte der 60er Jahre war (vgl. dazu Überblickstext im Anhang), beschreibt Volkhard Mosler, Jahrgang 1943, seinen „Politisierungsprozess nach links" Anfang der 60er noch als „Ausnahmephänomen gegen den allgemeinen Strom". Zunächst katholisch-konservativ geprägt – er war 1957 Mitglied in der Jungen Union Hombergs –, entwickelte sich Mosler ab Sommer 1960 politisch sukzessive weiter nach links, ablesbar etwa durch den Eintritt in die SPD 1961 oder durch die Teilnahme am Marsch der Borkener Bergleute zum 1. Mai

1962, bei dem er Flugblätter für den Ostermarsch verteilte. Bei dieser politischen Sozialisation habe sein Freund Dieter Bott eine ebenso wichtige Rolle gespielt wie sein Aufwachsen im sozialdemokratisch geprägten Arbeiterstädtchen Borken „als ländlichem Industriestädtchen in einer konservativ geprägten Gegend" (dazu vgl. auch Kapitel Schülerbewegung/Dieter Bott).

Bereits 1961 wurde Mosler zum Schulsprecher des Homberger Gymnasiums gewählt, weil er dort „politisch wirken" und die Schule „aufrollen" wollte. So habe er einen Film über das ehemalige Vernichtungslager Auschwitz an die Schule geholt (auch als Kritik am Geschichtsunterricht, der den Nationalsozialismus einfach unterschlagen habe) und eine kritische Ansprache zum 17. Juni gehalten. Darin warf er Adenauer vor, die deutsche Einheit zu opfern für die forcierte Integration nach Westeuropa. Angeregt durch die Kubakrise 1962, veröffentlichte er in der Schülerzeitung „Schulecho" kritische Artikel über den atomaren Rüstungswettlauf und die westdeutsche Kriegstreiberei:

> atomares verrecken für irgendein vaterland [...] der kommunismus droht, der himmel ist rot, -im osten- unsere gebiete. wir sind gespalten! wir wollen revangsche -pardon- freiheit erhalten.

Für solche Meinungsäußerungen gab es heftige Kritik seitens einiger Lehrer, die aber der Schulleiter Dr. Horst Clément abwies.

> Wir haben Glück gehabt, dass wir einen Rektor hatten, der im Großen und Ganzen unsere politischen Positionen mit abgedeckt hat. Er hatte wohl das Gefühl, da komme eine Generation hoch, die ihm zupass kommt, und die er gut findet im miefigen Homberg.

Kähler bestätigt die liberale Haltung Cléments, die ihm aber „einen enormen Druck" seitens vieler Lehrer, des Schulelternbeirats und der Homberger Bevölkerung eingebracht habe. Neben der pädagogischen Situation an der Schule war dieses konservative bis reaktionäre gesellschaftliche Klima in Homberg ein weiterer Grund für die Kritik der Jugendlichen: Die Stadt sei „ein braunes Pflaster" gewesen, ablesbar an Wahlerfolgen der NPD und offenen Sympathiebekundungen für Hitler. Das Tragen von Abzeichen gegen Atomwaffen, von schwarzer Kleidung, kurzen Röcken und langen Haaren habe schon ausgereicht für Verfolgungen: Erwachsene hätten ihr an der Bushaltestelle die Haare ausgerissen und sie als „Schreihals" und „Linke, Kommunistin" beschimpft. Beide Zeitzeugen beschreiben solche Vorfälle als Beginn einer Politisierung, einer Sensibilisierung gegen alle Formen der Unterdrückung und Ungleichbehandlung.

Unterstützt wurde diese Radikalisierung auch durch die Situation im Elternhaus: Kähler beschreibt es als bildungsbürgerlich, antifaschistisch, wissbegierig, aber auch ängstlich und überbehütend. Beide Zeitzeugen äußern, sexuelle Aufklärung habe es Zuhause kaum gegeben. Jazzmusik habe als „Negermusik" gegolten. Während der Pubertät hätten sie ihren Ort als langweilig, trist, weit abgelegen (etwa von Kassel) und als „tote Hose" empfunden. Fahrten zu Jazzkonzerten in Kassel (Mosler), Radiosendungen wie die „Schlagerbörse" mit Songs der Beatles und Rolling Stones, das Lesen von Zeitschriften wie „Bravo" oder „Stern", Seminare der „Naturfreundejugend", samstägliche Beat-Veranstaltungen in den Bürgerhäusern ringsum (Kähler) seien da

Dieter Bott (links) und Volkhard Mosler

willkommene Fluchten aus der „Einöde" (Kähler), der „Idiotie des Landlebens" (Mosler) gewesen.

> Es entstand eine Jugendkultur als Abkehr von der Traditionskultur der Erwachsenenwelt, der drögen Welt der Heimatfilme. Es war aber auch ein politischer Konflikt: ‚Wirtschaftswunder' und Antikommunismus ermöglichten es den Mördern des Naziregimes, nach kurzer Unterbrechung weiter die Spitzen der Macht in Politik und Wirtschaft zu besetzen

meint Mosler. Dieser Konflikt habe ihn radikalisiert, beispielhaft abzulesen an seinem Beitritt zu den Borkener Jusos („Meine Eltern wollten mich von Zuhause rausschmeißen") bis hin zu Debatten über die Verstrickung der Erwachsenen in die NS-Zeit („Wir haben doch nichts gewusst", „Wenn Du 1933 dabei gewesen wärst, Du hättest doch auch mit geschrieen ‚Heil Adolf!'"). Man habe den Kapitalismus stürzen und ihn durch den Sozialismus ersetzen wollen.

Weniger dramatisch formuliert es Kähler: Wenn sie ihre Aktionen damals auch als „unheimlich aufregend" empfand, sei all dies

> aus heutiger Sicht aber so was von harmlos, moderat, selten. Wir waren doch so wenige. Und es ging uns auch gar nicht so sehr um Sex, sondern um Freiheit und Emanzipation. Wir wollten doch Gutes: Soziale Verhältnisse, Frieden, Ökologie. Warum wollte man uns nicht zuhören? Wir fühlten uns unverstanden.

Erst das Unverständnis vieler Erwachsener auf diesen Hilferuf nach Anerkennung habe sie als Schülerin radikalisiert.

Nach Abitur und einigen Zwischenstationen führte der Weg beide zum Soziologiestudium nach Frankfurt/M., zu den intellektuellen Größen jener Zeit wie Adorno und Horkheimer. Kähler wie Mosler standen der „Sexrevolte" in Homberg kritisch-distanziert gegenüber. Kähler lehnte sie generell ab:

> Wir waren froh, nach dem Abitur endlich aus Homberg rauszukommen. Auch später hat uns nichts mehr zurückgezogen.

Mosler meint, zwar sei die Revolte „eine legitime und notwendige Form des Protestes" gewesen. Aber er beäugte skeptisch die „persönlich verletzende Art der Kritik an Dr. Clément" und fragte sich, ob das Thema Sexualität eine derart „befreiende Wirkung" entfalten könne. Zudem sei Homberg für ihn persönlich auch einfach eine Sackgasse gewesen auf der Suche nach eigenen politischen Mehrheiten. Daher gingen beide andere Wege: Mosler wurde zunächst Vorsitzender des Göttinger SDS, dann Sprecher des Frankfurter SDS, 1965 Auslandsreferent im SDS-Bundesvorstand. Kähler kam über den SDS auch in den „Frankfurter Weiberrat" (dazu und zu der eingangs erwähnten spektakulären Aktion vgl. Kapitel Schülerbewegung/Neue Frauenbewegung) und studierte später in West-Berlin.

Beide engagieren sich bis heute. Ihr Rückblick fällt positiv aus: „Ich bedaure nichts", sagt Kähler.

> Ich habe gelernt, meinen Standpunkt auch gegen Widerstände zu vertreten, bin selbstsicher geworden, engagiere mich sozial und ökologisch, kämpfe als Rechtsanwältin für Presse- und Meinungsfreiheit.

Mosler definiert sich als unorthodoxen Trotzkisten. In der Linkspartei in Frankfurt/M. setzt er sich weiterhin für den Sozialismus in Form einer pluralistischen Gesellschaft ein. Ob es einen Grund gebe für heutige Jugendliche, ebenfalls wie „1968" auf die Straße zu gehen und zu kritisieren? Beide bejahen das vehement. Schlechte Ausbildungsbedingungen in Beruf und Universität, kritische Berufsaussichten, große Konkurrenz, eine unsichere Existenz in der Zukunft – das seien allemal Gründe für ein neues Aufbegehren.

Volkhard Mosler heute

Quellenverzeichnis
unveröffentlicht:
Interviews mit Annette Kähler (geb. Bauer) und Volkhard Mosler, 20.6.2010 und 26.7.2010
Volkhard Mosler, *Der 26. Mai 1962: Die geplatzte Geburtstagsparty*, o. J.

veröffentlicht:
Schülerzeitung *Schulecho*, Ausgaben Nr. 2/1961, Nr. 3/1962

Die Schülerzeitung „Schulecho" von 1966 bis 1968

Dass es im Frühjahr 1968 am Homberger Gymnasium zu enormen Konflikten zwischen Schülern und der Schulleitung kam, lag zu einem guten Teil auch am „Schulecho", das normalerweise vier Mal im Jahr mit einer Auflage von bis zu 1.200 Heften erschien. Noch 1962 als beste Schülerzeitung des Landes ausgezeichnet, wurde es ab Anfang 1965 immer politischer und radikaler. Rasch machte das Wort der „Homberger Rebellen" die Runde. Der vorläufige Höhepunkt wurde mit der Juli-Ausgabe 1967 erreicht. Sie erschien rund einen Monat, nachdem in West-Berlin Benno Ohnesorg ermordet wurde.

Zwar thematisierte man auch schon vorher den Militarismus, die Rüstung, den Nationalismus und Imperialismus, man geißelte den Vietnam-Krieg, die Hetze gegen Minderheiten, die Notstandsgesetzgebung und den Antikommunismus, doch nun wollte man eine „kulturrevolutionäre Veränderung aller gesellschaftlichen Bereiche". „Die Redakteure versuchten durch das Lächerlichmachen ihrer Gegner (Sympathisanten des bestehenden politischen Systems, Erwachsene, Polizei) und eine immer größer werdende Identifikation mit den Randgruppen einen noch härteren Weg einzuschlagen."

Schon die Vorgängerhefte hatten für Furore gesorgt. Die „Hessische Allgemeine" brachte es am 26. April 1967 auf den Punkt:

> Die Form und die Verfassung unserer Schulen ist den kritischen Schülern von Homberg und anderswo zwanzig Jahre nach Ende des Krieges und nach zwanzig Jahren der Einübung der Demokratie zu autoritär. Sie fühlen sich falsch erzogen im

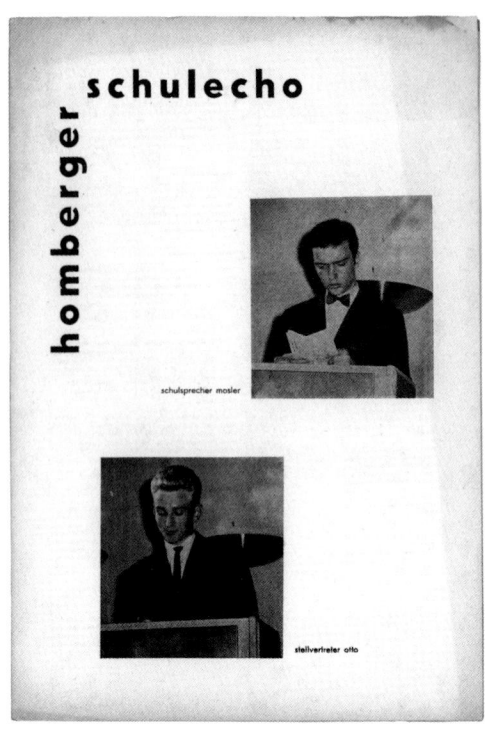

Das Homberger „Schulecho", Nummer 2/1961

> Sinn der Fehler ihrer Elterngeneration. Sie halten ihre Schulerziehung für Erziehung zu unguter Anpassung.

Dementsprechend wurde gegen das Elternhaus und vor allem die Schule rebelliert, die Schüler wollten eine andere, offenere Gesellschaft. Die Argumente waren klar und lagen aus Sicht der jungen Erwachsenen offen:

> Die Generation unserer Erzieher hat zwei Kriege, hat Auschwitz und Bergen-Belsen zugelassen. Sie will auch die heute junge Generation unter den Hinweis auf demokratische Freiheit und auf intakte Ordnungsgefüge manipulierbar halten und bedient sich gern ‚Geschwätzes von nicht vorhandener Reife' (Schülerecho) der Jugendlichen. Von Professor Dr. Tobias Brocher, Präsident der Gesellschaft für Psychotherapie und Tiefenpsycholo-

gie, der später aus Anlass des Heftes Nr. 2/1967 von den Schülern interviewt werden konnte, haben die Homberger Rebellen gelernt, dass dort, ‚wo Sexualität frei wird, [...] sich der Jugendliche natürlich nicht mehr so restriktiv manipulieren' lässt.

Das Schwerpunktthema der dritten Ausgabe 1966 war deshalb die Sexualaufklärung. Deutlich wurde dabei Unmut artikuliert, was die Schüler an der gängigen Praxis in den Schulen störte.

> Da lernt man stumpfsinnig, wie die Einzeller alle heißen und weiß noch nicht einmal, wie ein weibliches Geschlechtsteil aussieht, bevor man selber nachgesehen hat.

Das hatte Folgen. Die provokante Sprache der Schüler führte zu Anfragen im Landtag und Pressekonferenzen im Kultusministerium in Wiesbaden, zu Stellungnahmen der Kirchen, Protesten der Elternschaft und zum Boykott der Schülerzeitung durch den Ehemaligenverein. Dazu weigerte sich die Druckerei Olten & Wiegand, die dritte Ausgabe des Jahres 1966 zu drucken, weil die Titelseite ihrer Meinung nach zu pornografisch sei. Also wurde sie zensiert. Die Auflage des „Schulechos" fiel dadurch von 1.200 auf 800 Exemplare. Der Höhepunkt der Auseinandersetzung war aber erst mit der Juli-Ausgabe 1967 erreicht. Ursprünglich hatten die Redakteure vorgesehen, einen Beitrag mit „Kinderreimen zur Aufklärung" unter dem Titel „Lakritzen, Lakritzen, die Mädchen haben Ritzen" zu veröffentlichen. Doch das wurde verhindert, weil sich der Drucker erneut verweigert hatte. Stattdessen erschienen die Reime als Beilage und trugen nun den Titel „Abriss", finanziert von der Frankfurter Naturfreundejugend. Das rief dann sogar die „Bild"-Zeitung auf den Plan, die am 11. August 1967 lamentierte:

> Obszöne Schüttelreime, die sonst nur in Toilettenwände eingeritzt oder auf dem Schulhof hinter vorgehaltener Hand getuschelt werden, standen schwarz auf weiß in einer Beilage der Homberger Schülerzeitung Schulecho.

Der stellvertretende Landrat schrieb seinerzeit: „Ich bin jetzt 65. Aber als die Texte im Kreisausschuss vorgelesen wurden, bin ich rot geworden."

Die Rechtfertigung des „Schulechos" folgte in der dritten Ausgabe des Jahres 1967 prompt:

> Vielleicht spricht aus dieser Empörung das schlechte Gewissen?! Die merken nicht, dass dieser Versuch der Kinder, sich die Zuhause tabuisierte Welt der Sexualität in eigenen Worten zu erklären, nichts mit Schweinerei zu tun hat. Und auch nichts mit den Stammtischwitzen, die sich unsere Eltern und Lehrer gröhlend am Biertisch erzählen.

Stattdessen enthielt die Juli-Ausgabe 1967 eine veränderte Version eines sprachlich harmlosen Fragebogens, der schon an einer Frankfurter Schule kursierte, für Homberg dennoch provokant genug war. Dort wurden Fragen thematisiert wie: „Meinst du, dass Geschlechtsverkehr zwischen Männern bestraft werden sollte?" oder „Würdest du die Mutter bzw. den Vater eines unehelichen Kindes heiraten?" Oder anders in der Sprache des „Schulechos" formuliert: „Gespannt bin ich auf die Schau, wenn ihr mich aufklären wollt!"

Wie immer setzte man seitens der Schüler auf viel Ironie. So war im dritten Heft 1967 unter der Überschrift „Hindernisse" zu lesen:

Ein schwedischer Lehrer hat vorgeschlagen, in den Schulen Liebeszimmer einzurichten, wo die Pennäler nach Belieben mit ihren Freundinnen hingehen können. Gern hätten wir diesen Vorschlag unterstützt; doch stehen da unüberwindliche Hindernisse im Wege. Denken sie doch mal an das Gedränge vor dem Schlüsselloch.

Am Ende war das Maß auch für den sehr liberalen Direktor Dr. Horst Clément voll, der noch Mitte 1967 die Freiheit der Schülerzeitungen in Hessen und an der Theodor-Heuss-Schule hochgehalten hatte. So hatte er im Januar 1967 an den hessischen Generalstaatsanwalt wegen des „Schulechos" 3/1966 geschrieben:

> Ich halte einige Artikel für herausfordernd und frech, andere für peinlich. Aber ich bin der Meinung, dass eine Gesellschaft, deren Konsum fortgesetzt mit sexuellen Reizen angeheizt wird und in der mit dem Sex Millionengeschäfte gemacht werden, sich über derartige Entgleisungen ihrer jüngeren Mitglieder weder wundern noch empören sollte.

Nun aber musste auch aus seiner Sicht gehandelt, also ein Zeichen gesetzt werden. Die Gesamtkonferenz beschloss am 28. Oktober 1968 mit großer Mehrheit, dass der Chefredakteur des „Schulechos", Horst Brühmann, von der Schule verwiesen wurde. „Sprengstoff" gab es also genug an der THS und im Homberg jener Jahre.

Prophetisch und vorausschauend dachte Alfred Nemeczek von der „Hessischen Allgemeinen" schon im April 1967 über die Zukunft der Schule und die weitere Entwicklung

THS-Direktor Dr. Horst Clément

Das Homberger „Schulecho", Nummer 2/1967

der Schüler nach, wenn sie eines Tages das Leben nach der Schule meistern müssen:

> Wird es in ferner Zukunft eine neue Schule geben? Die ‚Homberger' werden darüber mitzuentscheiden haben – als Elterngeneration.

Zitate aus der Schülerzeitung „Schulecho" 1967

Zur Studentenbewegung bzw. zur APO: „In Berlin wurde ein Student erschossen, der es gewagt hat, sein verbrieftes Grundrecht der Meinungsfreiheit zu gebrauchen. So weit sind wir schon." (Nr. 2/1967, S. 10)

Zum Vietnamkrieg: „Völlig einverstanden. Frieden wird erst sein, wenn entweder der letzte Vietnamese napalmisiert oder der letzte GI aus Vietnam verschwunden sein wird." (Nr. 2/1967, S. 25)

Zur Notstandsgesetzgebung: „Kein Aufschrei der Empörung geht durch die deutschen Lande, wenn eine Regierung in Deutschland schon wieder KZs vorbereitet. Derselbe Minister tüftelt geheime Notverordnungen aus und will über 50 Grundgesetzartikel außer Kraft setzen. Da soll mir einer erzählen, wir hätten einen demokratischen Staat. Mir scheint, die Deutschen vertrauen ihrer Obrigkeit immer viel zu viel und die Parteien profitieren von der Dummheit ihrer Wähler." (Nr. 2/1967, S. 29)

Offener Brief an den hessischen Kultusminister, ca. April 1967

WIR FORDERN DIE ANTI-BABY-PILLE
Wir wollen keinen reaktionären Sexualkundeunterricht wie in Schweden.
Wir können uns nämlich ganz gut vorstellen,
wie die Empfehlungen der Kultusminister aussehen.
Wir legen aber keinen Wert darauf, zu erfahren,
dass die geistig-seelische Liebe viel wichtiger und die Geschlechtskrankheiten sehr verbreitet sind.
Wir verzichten darauf,
zu bürgerlichen Eheleuten erzogen zu werden.
Kleine Kinder für den nächsten vaterländischen Krieg werden wir
schon gar nicht in die Welt setzen.

Wir wollen keinen Biologieunterricht, den man als Sexualkunde tarnt,
wir wollen nicht wissen,
wie das Spermlein zum Eilein kommt,
weil wir das schon längst wissen.
Sexualkunde gibt unseren Lehrern nur die Möglichkeit,
uns besser auf die Finger zu gucken.

Wir wollen keine Aufklärung.
Wir wollen nicht wissen, woher die kleinen Kinder kommen,
wir wollen keine kleinen Kinder mehr.

Nur wenn die Anti-Baby-Pille in den freien Handel kommt,
sind wir bereit,
Sexualkunde über uns ergehen zu lassen.
Das ist unsere Bedingung.
Wenn sie nicht erfüllt wird,
betrachten wir den geplanten Sexualkundeunterricht als eine
Zumutung für unser Schamgefühl
und werden den Unterricht bestreiken.

verantwortlich:
Homberger Schulecho & unabhängige Schülergemeinschaft Homberg

(Das Original folgt einer durchgängigen Kleinschreibung, wiederabgedruckt in Ausgabe Nr. 2/1967)

SCHÜLERBEWEGUNG

Homberg/Efze

Quellenverzeichnis

unveröffentlicht:
Schreiben von Dr. Clément an den hessischen Generalstaatsanwalt vom 24. Januar 1967, in: *Schulmuseum der THS*

veröffentlicht:
Mario Heussner u. a., „Die 68er Bewegung in Homberg – Die THS zwischen Gegenschule und Schulecho", in: Hans-Hermann Schäfer (Hg.), *Festschrift 75 Jahre AVS – THS Gymnasium Homberg*, Homberg 1998
Schülerzeitung *Schulecho*, Ausgabe Nr. 3/1966, Nr. 2/1967 und Nr. 3/1967
Alfred Nemeczek, „Schütte und die Rebellen von Homberg", in: *Hessische Allgemeine*, 26.4.1967

16. Februar 1968: „Pornoeinbruch in die Schule" – Die Homberger Gegenschule

Die großen Zentren der 68er-Bewegung waren, was die Studenten betraf, zweifellos West-Berlin und Frankfurt/M. Doch im Februar 1968 kam eine dritte Hochburg hinzu, welche dieses Mal Schüler betraf, die dafür sorgten, dass sowohl die „Bild"-Zeitung als auch das Nachrichtenmagazin „Der Spiegel" im April 1968 Reporter in eine nordhessische Kleinstadt entsandten. Schüler der Theodor-Heuss-Schule sorgten dafür, dass Homberg im Zusammenhang mit der 68er-Bewegung bekannt wurde. Denn hier wurde eine ganz besondere Schule gegründet. Der „Lehrplan" dieser bundesweit einzigartigen Gegenschule konnte in einem Wort zusammengefasst werden: Sex.

Sexuelle Aufklärung – ein allgegenwärtiges Thema

SCHÜLERBEWEGUNG — Homberg/Efze

Dieter Bott (links) und Hans-Peter Bernhardt am alten Eingang der THS Homberg

Die „Bild"-Zeitung führte ihre Leser in den Themenkomplex so ein:

> Bisher gab es in der nordhessischen Kleinstadt Homberg 3 Kirchen, 25 Gasthäuser und 4 Schulen – jetzt gibt es auch eine ‚Gegenschule'. Bisher gab es in dem Städtchen an der Efze 7.100 Einwohner, 115 Rinder und 4.511 Hühner – jetzt gibt es dort auch zwei ‚schwarze Schafe': Zwischen den hohen Fachwerkgiebeln biederer Bürgerhäuser provozieren die beiden Homberger Soziologie-Studenten Dieter Bott (24) und Hans-Peter Bernhardt (19) die Lehrer und Eltern ihrer Heimatstadt mit ihrem Gegenschulunterricht, in dem es keine ‚Sechs', dafür aber umso mehr ‚Sex' gibt.

„Der Spiegel" brachte es auf die Formel, das sei der „Pornoeinbruch in die Schule."

Die Gegenschule verfolgte auch radikale Ziele, um zur „Revolution gegen das spießbürgerliche Kleinstadt-Establishment aufzurufen". Diese manifestierten sich in einem „Lehrplan" mit fünf markanten Punkten, so auch die Theorien von Sigmund Freud („Drei Abhandlungen zur Sexualtheorie"), Theodor W. Adorno („Eingriffe") und Wilhelm Reich („Die sexuelle Revolution"). Konzipiert hatten dies zwei ehemalige THS-Schüler: Dieter Bott, der 1963 als gebürtiger Borkener sein Abitur bestanden hatte, und Hans-Peter Bernhardt, beide nun Mitglieder des Sozialistischen Studentenbundes, die in Frankfurt/M. bei Professor Theodor W. Adorno studierten, einer „Ikone" der 68er-Bewegung.

> Wir wollten den Schülern der Gegenschule das bieten, was sie am Gymnasium nicht erfahren, vor allem Sexualkunde

so Bott. Die Gegenschule sei gedacht gewesen

als Gegenpol zur traditionellen Schule, die ihre Funktion als Komplize und Handlanger einer autoritären und faschistischen Gesellschaft immer vollkommener erfüllte.

Wie weit die „Konzeption" der Schule gehen sollte, dazu sagte die zweite Vorsitzende des Elternbeirates der Schule, Frau Keller, die an drei Zusammenkünften der Gegenschule teilgenommen hatte:

> Für den Schluss des Kurses wurden praktische Übungen angekündigt. Die Teilnehmerinnen sollten mit Anti-Konzeptionspillen versorgt werden.

In der Schülerzeitung hieß es:

> Regelmäßiges Erscheinen ist keine Pflicht: Die Veranstalter empfehlen den Teilnehmern stattdessen, sich lieber mit der Freundin oder dem Freund zu beschäftigen.

Weiterhin hieß es auf einem Flugblatt, die Schulzeit solle auf zwei Monate im Jahr verkürzt werden, die restlichen zehn Monate waren für die Ferien reserviert.

Noch 2002 sagte Bott bei einer Veranstaltung in der Aula der THS, dass er damit den Mief der Adenauer-Zeit beseitigen wollte, der 1968 immer noch über Homberg schwebte.

> Damals ging ich im Dunkeln und ganz verschämt zur Tankstelle, um Kondome zu kaufen. Zuhause auf der Toilette habe ich dann festgestellt, dass ich in der Aufregung Tampons erworben hatte.

Erstmals trafen sich „Lehrer" und „Schüler" am 16. Februar 1968 im Nebenzimmer der Homberger Gastwirtschaft „Otto Jütte", danach immer zwei Mal in der Woche. Später fand der Unterricht mit 20 bis 40 Schülern auf dem Schlossberg statt. Dabei herrschte wohl bei einigen Teilnehmern große Unsicherheit, bei anderen große Wissbegierde. Dazu ein 17-jähriger Schüler: „Mein Vater darf aber nichts davon wissen." Andere Schüler gingen trotzig hin. „In der Schule haben wir bisher noch nicht einmal gehört, dass Liebe auch käuflich sein kann", so ein gleichaltriger Gymnasiast. Auch Schüler von anderen Schulen nahmen an dem „neuen" Unterricht teil. So sagte eine 16 Jahre alte Mittelschülerin aus Raboldshausen: „Ich bin zwar aufgeklärt, aber ich weiß noch nicht genug."

Das Homberger Establishment reagierte zunächst überraschend gelassen, man war wohl zu sehr von den Vorgängen geschockt. So sprach der Schulleiter Dr. Horst Clément von „einem gefährlichen Experiment". Ähnlich reagierte Horst Gunkel, damals Hombergs Bürgermeister: „Ich kann die Gegenschule nicht verhindern, aber wir

Flugblatt vom April 1968 zur THS-Gegenschule

SCHÜLERBEWEGUNG Homberg/Efze

Graffiti im April 1968 am alten Eingang der THS Homberg

werden ein wachsames Auge haben." Dazu passt auch die Position der Polizei, ihr seien die Hände gebunden: „Solange nichts Unzüchtiges passiert, können wir nicht einschreiten."

Doch Gründe zum Einschreiten gab es schon bald, denn die Gegenschule entwickelte Aktivitäten, die weit über den Unterricht hinausgingen. Dazu nochmals Dr. Clément:

> Am Donnerstag, den 18.4. (1. Schultag nach den Ferien) wurden in den frühen Morgenstunden, vermutlich zwischen 4.00 und 5.00 Uhr, die Außenwände und -treppen sowie die Eingangstüren der Schule mit weithin sichtbaren Sprüchen, z.T. obszönen Inhalts, beschrieben. Die Täter benutzten für ihre Schmierereien weiße Ölfarbe. Am Haupteingang stand der Name des Beatles ‚John Lennon'. Die örtliche Polizei hatte bei ihrer mor-

Graffiti im April 1968 im Außenbereich der heutigen Caféteria

gendlichen Streife die Bemalung bemerkt und kam noch vor Schulbeginn, um zu fotografieren und weitere Ermittlungen anzustellen.

Das ganze Ausmaß der Aktion las sich damals in der „Frankfurter Rundschau" so:

> Eines schönen Morgens diente das ‚Bundespräsident-Theodor-Heuss-Gymnasium' selber als Werbeträger: In großen Lettern waren auf seinen Mauern Parolen zu lesen wie: ‚Ab heute John-Lennon-Schule', ‚Vögeln ist schön' und ‚Love'. Die Treppenstufen des Hintereingangs waren mit Slogans [...] ‚Alle Lehrer sind Papiertiger' und ‚All you need is love' bemalt. Die Turnhalle ward zum ‚Free Love Center' erklärt. Motto: ‚Vögeln statt turnen'.

Nun war das Maß in Homberg voll. Es musste etwas gegen Bott und Bernhardt, nach eigenen Worten „die größten Schmierfinken aller Zeiten", unternommen werden. Und das nahm Dr. Hildegard Hamm-Brücher (FDP) in ihrer Funktion als Staatssekretärin im hessischen Kultusministerium selbst in die Hand. Sie wies die Schulabteilung beim Regierungspräsidenten in Kassel an, Bott und Bernhardt Hausverbot an der THS zu erteilen. Dazu erstattete sie gegen beide Strafanzeige. (1994 kandidierte Hamm-Brücher erfolglos für das Amt der Bundespräsidentin und wurde später wegen ihrer öffentlichen Auftritte als unabhängige Politikerin zur Verwirklichung von Demokratie und Menschenrechten in der Bundesrepublik bekannt.)

So endete ein Kapitel Schulgeschichte, das viele heutige Zeitgenossen nur absolut geschockt, befremdet und distanziert zur Kenntnis nehmen können. Doch gerade das war das Merkmal das Jahres 1968: Mit absoluter Provokation und Radikalität wollte man die Welt nicht nur aus den Angeln heben, sondern grundlegend verändern.

Die Homberger Gegenschule beim Freilichtunterricht auf dem Burgberg

Hans-Peter Bernhardt (M.) „lehrt" als Sexualpädagoge an der Gegenschule

Der „Lehrplan" der Gegenschule

„Liebe soll in der Schule nicht mehr wie ein unkeuscher biologischer Vorgang, sondern als ein Akt der Freude dargestellt werden.

Vollkommene Aufklärung schon für Vier-, Fünf- und Sechsjährige.

Offene Aussprachen mit den Lehrern über Sexualthemen: Sogar über Liebestechniken.

Liebeszimmer für Schüler, denn 17Jährige wollen nicht immer in dunklen Ecken abknutschen.

Verhütungsmittel auch für Schüler."

Der Stundenplan der Gegenschule

Sexuelle Abirrungen
Sexuelle Aufklärung der Kinder
Sexualkriminalität und Erziehung
Sittlichkeitsdelikte aus der Sicht der Polizei
Die Sexuelle Revolution
Infantile Sexualtheorien

Quellenverzeichnis

unveröffentlicht:
Schreiben von Dr. Horst Clément an den Regierungspräsidenten in Kassel vom 26.4.1968, in: *Schulmuseum der THS*

veröffentlicht:
Peter Brügge, „Ihr könnt uns Liebe erlauben", in: *Der Spiegel*, Nr. 15/8.4.1968, S. 89ff.
Mario Heussner u. a., „Die 68er Bewegung in Homberg – Die THS zwischen Gegenschule und Schulecho", in: Hans-Hermann Schäfer (Hg.), *Festschrift 75 Jahre AVS – THS Gymnasium Homberg*, Homberg 1998
Hessisch-Niedersächsische Allgemeine, 20.3.2002
Walter Junginger, „Zwei Stunden Sex pro Woche, Erste Gegenschule gegründet/Sexrevolution in Homberg", in: *Frankfurter Rundschau*, 16.3.1968
Werner Kirchner, Hans-Dieter Fisher und Gerd Hoffmeyer, „Sex – von dem die Schule nicht spricht", in: *Bild am Sonntag*, 28.4.1968, S. 36f.
„Schüler-Pornographie statt turnen", in: *Der Spiegel*, Nr. 18/29.4.1968, S. 112
Schülerzeitung *Schulecho*, Ausgabe Nr. 1/1968
„Sex – Hombergs schwarze Schafe", in: *Konkret*, Nr. 6/68, S. 5f.

15. Oktober 1968: Die „Sexrevolutionäre" von Homberg in Treysa vor Gericht

Nach einer fast achtstündigen Verhandlung vor dem Treysaer Schöffengericht stand das Urteil für die beiden „Sexrevolutionäre" von Homberg fest. Dieter Bott bekam eine dreimonatige Gefängnisstrafe, die aber für zwei Jahre auf Bewährung ausgesetzt wurde, und Hans-Peter Bernhardt eine Jugendstrafe, ausgesetzt auf einundhalb Jahre zur Bewährung. Weitere Auflagen bestanden darin, sich bei Dr. Clément zu entschuldigen und gemeinnützige Arbeiten zu verrichten. Begründet wurde das Urteil mit der Verbreitung unzüchtiger Schriften und Beleidigung.

> Damit fanden zum ersten Male Vorgänge ihren gerichtlichen Niederschlag, die bis dahin viel Empörung und wenig Zustimmung, vor allen Dingen aber breites Interesse gefunden und Proteste, Angriffe, Versammlungen und politische Forderungen ausgelöst hatten – die Suspendierung eines Kultusministers wurde angeregt, der damalige Generalstaatsanwalt einer ‚äußert laxen Einstellung' bezichtigt

so die „Hessische Allgemeine".

Begonnen hatte der Prozess mit Provokationen der beiden Angeklagten. Bott protestierte zunächst gegen das Datum der Verhandlung, er vermutete einen Zusammenhang mit den bevorstehenden Kommunalwahlen. Danach versuchte er, den Richter und die Schöffen abzulehnen, weil ihre Kinder vielleicht auch Schüler des Homberger Gymnasiums seien.

Erst nun kam man zur Sache. Dabei sagte zunächst Dr. Clément aus. Zu Beginn lobte er die Angeklagten, die ein gutes Abitur bestanden hätten.

> Aber als Redakteure [der Schülerzeitung, d. Verf.] waren sie sehr kritisch und aggressiv. Ich habe ihnen zunächst Freiheit gewährt und sie gegen Kollegen verteidigt, die gegen das ‚Schulecho' einschreiten wollten. Als dann die sexuelle Revolution durch die beiden Angeklagten in meine Schule eindrang, war meine Toleranzgrenze erreicht. Im Juli 1967 verbot ich den Verkauf eines Heftes, das einen Artikel von Bott über Sex in Kinderreimen enthielt. Mit dem Verbot handelte ich gegen eine ministerielle Bestimmung, aber es gibt eine höhere Legalität.

Später stand die Gegenschule im Zentrum der Verhandlung. Schließlich hatten die Angeklagten am 18. April, dem ersten Schultag nach den Ferien, auf dem Schulhof Flugblätter an alle Schüler – auch an Neunjährige – verteilt, welche dafür warben. In einem konnte man den Vorschlag lesen, „fünf Studienräte müssen auf die Couch gelegt und als Musterexemplare für den unsterblichen deutschen Untertanen analysiert" werden. Dabei wurden die Lehrkräfte namentlich genannt. „In einer kleinen Stadt wie Homberg sind das offene Geheimnisse." Dazu führte Bott vor Gericht aus:

> Wir sind für die Schüler attraktiv, weil diese sich mit dem Lehrer nicht über die bei uns diskutierten Fragen unterhalten können. Aber die Sexualität ist weder von uns erfunden noch nach Homberg importiert worden.

Weiter erklärte er:

> Gerade das Motiv für unsere Handlung ist sehr wichtig […] Bei der Schilderung sexueller Fragen waren wir immer stärker werdendem Druck ausgesetzt, unsere Meinungsfreiheit wurde unterdrückt.

Danach ging es um den Anklagepunkt der Sachbeschädigung. Gegenstand waren die im April 1968 angefertigten Sprüche an den Schulwänden. Obwohl die dort verwendeten Formulierungen deutlich dem Sprachgebrauch der Angeklagten entsprachen, konnte ihnen eine direkte Beteiligung an der Tat nicht

dies ist die erste produktion von hans=
peter bernhardt und dieter bott aus ihrer
neuen serie "kommen die nazis wieder?"

horst brühmann, wie ihr alle wißt, war chefredakteur vom
schulecho, bis daß der chef ihm ein ende machte.
das hat uns schwer gefuchst. ist doch klar.
wir wären aber wirklich ganz schön doof, wenn wir ihm das
übel nehmen würden.
unsern horst hat er klasse ausgetrixt, das muß man ihm
lassen:
eltern angerufen und ihnen zu verstehen gegeben, daß er
von der schule fliegen würde, wenn das so weiter geht.
großes geflenne zuhause. horst brühmann kriegt schreibver-
bot.
da hat der hanspeter zum dieter gesagt:"so geht's aber
nit."
rache ist blutwurst.
der chef hat brühmann abgeknickt
dafür wird er jetzt durchgefickt (ein ganz schönes stück
schweinearbeit!)

und dann ist uns noch eine kleine sauerei eingefallen.
nicht ganz so gut wie die mit durchgefickt.

brühmann geht - dem chef seiner steht

helau.

dieter war schwer dafür, daß wir
noch ein paar fotzen dazu malen.
und noch was geiles mit dem chef.
bloß dieter kann nicht gut malen.
eine fotze gerade noch, aber den
chef schafft er nicht. deswegen
hat hanspeter gemalt. aber wie.
weit ist es nicht her damit. der
da am reck hängt und turnt*, das
soll der chef sein. man muß es
wirklich dazu schreiben.

* anstatt zu vögeln

Flugblatt vom April 1968 mit dem nackten Schulleiter Dr. Clément am Reck

nachgewiesen werden. Zumal Bott das „Graffiti" ‚John-Lennon-Schule' vor Gericht folgendermaßen kommentierte:

> Wir sind sehr für den Beat und würden Lennons Namen niemals an diesem hässlichen alten Gebäude anbringen.

Dazu die „Hessische Allgemeine": „Das klang ganz entschieden echt." Deshalb wurde der Anklagepunkt fallengelassen. Zum Schluss verhandelte man den Vorwurf der Beleidigung von Schulleiter und Kollegium. Auch dazu hatte Dieter Bott eine klare Position:

> Wir wollten den Schülern klarmachen, dass auch die Lehrer Opfer des Systems und der Direktor Vertreter einer Schulhierarchie in einer Kleinstadt ist, mit dem wir nur Mitleid haben können.

Die „Hessische Allgemeine" bilanzierte die Verhandlungstaktik der Angeklagten:

> Aber die beiden langhaarigen Adorno-Schüler fochten vergebens. Bott in seiner Lederweste sehr kühl mit angemaßter, mitunter auch tatsächlicher dialektischer Überlegenheit, flapsig eine Hand in der Tasche, Bernhardt gehemmter, aber dennoch auch sprungbereit.

Wie weit Bott dabei ging, zeigen zwei Beispiele:

> Ich möchte protokolliert haben, dass der Vorsitzende meinen Antrag auf Ablehnung für Blödsinn erklärt hat.

In einer anderen Situation sagte er Folgendes:

> Ich möchte, dass der Zuhörer, der eben ‚Das geht Sie nichts an' gesagt hat, belehrt wird, dass er mir nicht in die Rede fallen darf.

Zwischendurch bestanden die Angeklagten auf einer Verhandlungspause, um schnell mal in einen Apfel beißen zu können. Ein Zuschauer fasste seine Eindrücke so zusammen:

> Richtig kindisch sehen die Jungen aus, sie sind noch keine Männer, ich kann mir nicht helfen, richtig infantil, die Pause zu erzwingen, das war echt kindisch, sie möchten eine Schau aufziehen.

Und das „Kreisblatt" bilanzierte, dass die Angeklagten „durch Ausschweifungen und Diskussionen" immer wieder den Verlauf der Verhandlung verzögerten.

In seiner Urteilsbegründung führte Oberamtsrichter Veidt aus, dass die Angeklagten über das zulässige Maß an Freiheit der Meinungsäußerung weit hinausgegangen seien. Man könne nicht einfach zügellos aussagen, was man sich denke. Man müsse auch bedenken, dass es andere Leute gebe, die dadurch in ihren Rechten beeinträchtigt werden. Was die beiden Angeklagten im April in ihren schamlosen Flugblättern ausgesprochen hätten, sei eine schwerwiegende Beleidigung für den Direktor, das Lehrerkollegium und die Elternschaft gewesen.

Das Urteil nahmen Bott und Bernhardt schließlich lächelnd zur Kenntnis. Diesen Umgang mit der bundesdeutschen Justiz sollten die Angeklagten perfektionieren, als klar war, dass ihr Pflichtverteidiger in Berufung gehen würde. In Treysa wurde schon deutlich, dass der folgende Prozess in Marburg einen ganz anderen Charakter bekommen sollte: Als Bott und Bernhardt vor der Verhandlung einem Auto entstiegen, fragten sie einen Gerichtsbeamten: „Wo kann man hier etwas zu trinken bekommen, gibt es hier einen Zigarettenautomaten?"

Quellenverzeichnis
unveröffentlicht:
Diverse Flugblätter aus dem Jahr 1968, in: *Schulmuseum der THS Homberg*

veröffentlicht:
Hessische Allgemeine, 16. und 17.10.1968
Kreisblatt für Fritzlar-Homberg, 17.10.1968

18. März 1969: Provokation ist alles – die Homberger „Schulrebellen" Bernhardt und Bott in Marburg vor Gericht

Die Berufungsverhandlung gegen Bernhardt und Bott begann mit einem Paukenschlag. Die Angeklagten erschienen in Richter-Roben und Baretts, um zu verdeutlichen, „wir stehen hier nicht als Angeklagte, sondern als Ankläger". Und als sie sich weigerten, ihre Maskerade abzulegen, wurden sie von der ersten Großen Strafkammer des Marburger Landgerichts zunächst einmal mit einer Ordnungsstrafe belegt und für 24 Stunden in Haft genommen. Dieses provozierende Verhalten der beiden sollte sich durch die gesamte Berufungsverhandlung ziehen. Die „Frankfurter Allgemeine Zeitung" bezeichnete den Auftritt der beiden als Eulenspiegelei und warf gleichzeitig dem Gericht vor, auf eine „Köpenickiade" hereingefallen zu sein.

Doch mit ihrem Verhalten bleiben sich Bernhardt und Bott treu. Der damalige Schulleiter der Theodor-Heuss-Schule, Dr. Clément, charakterisierte Bott als „zwei Teile Rasputin und drei Teile Robespierre", Bernhardt dagegen sei ein „Eulenspiegel".

Am zweiten Verhandlungstag stellte man Anträge wegen Befangenheit gegen die beiden Vorsitzenden, einen Beisitzer und sogar den Protokollanten. Dazu sollte der Pflicht- gegen

Hans-Peter Bernhardt (l.) und Dieter Bott in Marburg vor Gericht, am ersten Verhandlungstag in Richterroben

einen Wahlverteidiger ausgetauscht werden. Da sich gleichzeitig vor dem Gerichtsgebäude zahlreiche Sympathisanten versammelt hatten, wurde die Verhandlung erst einmal vertagt. Gleichzeitig hatte der Staat vorausschauend geplant: Als Vorbeugemaßnahme war eine Hundertschaft Polizei mit Wasserwerfern in Bereitschaft gehalten worden, wie Wolfgang Kraushaar berichtet. Erst nach knapp einer Woche ging es weiter.

Am nächsten Verhandlungstag, dem 26. März, erschienen die beiden Angeklagten in längsgestreifter Häftlingskleidung und mit dicken Ketten, die ihre Hände umschlossen. Merkwürdigerweise legten sie dieses Kostüm später ab, so dass die Verhandlung dann in „zivilen Anzügen" fortgesetzt werden konnte. Bei Dieter Bott klang das dann ketzerisch so: „Wir hoffen, es mit unserer Kleidung diesmal richtig getroffen zu haben!" Nun begann eine sechsstündige Verhandlung. Schnell sprachen die Angeklagten von den „borniertren, intoleranten, ungebildeten und spießigen Bürgern" in Homberg. Um dagegen vorzugehen, sei man der Schülerzeitung auch nach dem Abitur treu geblieben und habe darin weiter Beiträge geschrieben. Auch mit der Gegenschule habe man die „Obszönität einer Kleinstadt entlarven und öffentlich" machen wollen. Und die Öffentlichkeit der Kreisstadt reagierte, so stellten 194 Eltern Strafantrag.

Dieter Bott und Hans-Peter Bernhardt in Marburg vor Gericht, am zweiten Verhandlungstag in Sträflingskleidung

Zunächst wurde nun in Marburg die Gegenschule verhandelt. Angeblich hätten zwei Drittel der Oberstufenschüler mindestens drei Mal die Gegenschule besucht. Dort hatten die Angeklagten referiert und mit den Schülern diskutiert. Doch die Homberger, so Bott und Bernhardt, witterten „Unmoral". Ihrer Meinung nach wurde in Homberg offenbar angenommen, „die behandelten Sexualtheorien würden in die Praxis umgesetzt". Dem war jedoch nicht so. Dazu Dieter Bott in einem Presseartikel über den Prozess: „In Bezug auf praktische Hilfe hat die Gegenschule jämmerlich versagt." Es sei weder gelungen, „wirksame Verhütungsmittel noch einen hilfsbereiten Arzt herbeizuschaffen". Ebenfalls misslang es, einen Raum einzurichten, „in dem einzelne Schüler allein" kuscheln konnten.

Des Weiteren behandelte das Gericht das Flugblatt, in dem auch fünf Lehrer der THS vorkamen. Für dessen Verteilen auf dem Schulhof wurden Bott und Bernhardt des Geländes verwiesen. Das alles habe in Homberg den Eindruck erweckt, dort werde Gruppensex praktiziert. Zu diesem Komplex der Anklage wurden mehrere Zeugen verhört, so auch Prof. Dr. Peter Brückner aus Hannover, der später ein Buch über Ulrike Meinhof schreiben sollte. Dieser unterschied dabei Form und Funktion und kam zu dem Schluss, dass es sich hier um eine Kritik an „ungerecht empfundenen Verhältnissen" handele.

Eine Hausfrau, welche drei Veranstaltungen der Gegenschule besucht hatte, sagte aus, sie wolle von Bott gehört haben, „bei Partys Erwachsener gebe es häufig Partnertausch". Darauf antwortete dieser geistesgegenwärtig: „Wissenschaftlich vertretbar ist lediglich die entgegengesetzte Ansicht! Sie habe ich auch vertreten." Weiter führte die Zeugin aus, dass Bernhardt für die Einrichtung von Jugendhotels und Räumen in Schulen eingetreten sei, „in denen Jugendliche intim verkehren können". Des Weiteren habe er für die Abtreibung plädiert, „weil sie risikoloses sexuelles Ausleben ermögliche". Dazu habe Bernhardt den Schülerinnen versprochen, „einen Homberger Arzt ausfindig zu machen, der ihnen die ‚Pille' verschreiben werde". Über sich selbst habe Bernhardt behauptet, „ihm sei 14 Tage lang alle 20 Minuten ein Koitus möglich; auch reize ihn ganz besonders die nymphenhafte Unschuld 13-jähriger Mädchen". Weitere Kommentare von Bott zu diesen Aussagen wurden von den Zuschauern – mehrheitlich Marburger Gymnasiasten – derart beklatscht und mit Zurufen quittiert, dass Landgerichtsdirektor Dr. Bull den Saal räumen ließ. Erst am 31. März wurde weiter verhandelt. Zwischenzeitlich hatte der Staatsanwalt mitgeteilt, dass er die Anklage auf „Beleidigung der Lehrkräfte" beschränke und das „obszöne Schrifttum" nicht mehr einschließe.

Am 10. April 1969 kam es nach viertägiger Verhandlung zu einer interessanten Urteilsverkündung. Im Kern sah das Gericht einerseits, dass die Ehre des Schuldirektors auf das Schwerste angegriffen worden war. Außerdem hätten die Angeklagten mit ihren unzüchtigen Feststellungen das Recht der freien Meinungsäußerung missbraucht. Das Treysaer Urteil gegen Bott wurde bestätigt, drei Monate auf Bewährung. Bernhardt, der sich an den Verhandlungstagen im Gegensatz zu Bott deutlich zurückgehalten hatte, ging im Gegensatz zum Treysaer Urteil straffrei aus. Allerdings hatten beide Angeklagte die Kosten des Verfahrens zu tragen. Sie wohnten der Urteilsverkündung nicht mehr bei, das hatten sie nach ihren Schlussworten bereits angekündigt. Provokation war damals eben alles.

Quellenverzeichnis
unveröffentlicht:
„Schulchronik von Ostern 1960 bis 1969", handschriftlich geführt von Dr. Clément und „Urteil der Ersten Großen Strafkammer des Landgerichts Marburg vom 10.4.1969", in: *Schulmuseum der THS Homberg*

veröffentlicht:
Hessische Allgemeine, 27.3.1969, 11.4.1969
Wolfgang Kraushaar (Hg.), *Frankfurter Schule und Studentenbewegung*, Bd. 1, Hamburg 1998
Kreisblatt für Fritzlar-Homberg, 20.3.1969, 27.3.1969

Dieter Bott, Mitbegründer der Homberger Gegenschule – ein Porträt

Die Schülerrevolte erschreckte und beflügelte die gesamte westdeutsche Provinz – aber warum gerade in Homberg/Efze so vorzeitig und so spektakulär? Und wie denkt einer der Protagonisten heute darüber? Auf diese Fragen versuchte Dieter Bott bereits 2002 eine Antwort während einer Veranstaltung vor Jugendlichen der Theodor-Heuss-Schule. „Er redet ununterbrochen, redet sich in Rage und gestikuliert fortwährend", urteilte damals die HNA. Den Jugendlichen fiel einerseits dessen „Zynismus, ungeheure Verbitterung, Resignation und Intoleranz gegenüber anderen Meinungen" auf, andererseits aber auch seine „Offenheit, Ehrlichkeit" und die Tatsache, dass er „seinen Idealen treu geblieben" sei. Dieter Bott polarisiert, und das mit Absicht: „Die gespaltene Reaktion ist unvermeidlich und sinnvoll", sagt er, und:

> Ich gelte immer noch als der unverbesserliche Kindskopf und fundamentalistische Anti-Autoritäre. Aber solange die Ideale der Aufklärung und Forderungen der Französischen Revolution nach Freiheit, Gleichheit und Brüderlichkeit nicht verwirklicht sind, wird sich daran auch nichts ändern.

Ist er nun Agitator oder authentischer Alt-68er? Vielleicht auch beides?

Dass Bott sowohl Ende der 60er als auch heute solch eine besondere und umstrittene Rolle einnehmen würde, darauf deutete in seiner Jugend nur wenig hin. Jahrgang 1943, bezeichnet er seine familiäre Herkunft als „kleinbürgerlich, typisch für das sozialdemokratische Milieu in Nordhessen." Sein Vater starb als Soldat im Zweiten Weltkrieg. So wuchs er mit Mutter, Stiefvater und jüngerem Bruder in Borken bei Kassel auf. Der Großvater war Facharbeiter am Kohlekraftwerk und ermunterte ihn zu Wissen und Bildung. Das sei auch nötig gewesen, denn die Kleinstadt habe wenig Anregung geboten: Fußballspielen, Schwimmen, Turn- und Sportverein, Kino, alkoholisierte Ablenkung im „Borkener Eck" und in der „Altenburgschänke", zwei Lokalen, in denen auch Monteure aus dem Kraftwerk verkehrten. Einer davon habe bei ihnen gewohnt und den „Spiegel" abonniert. Das sei für ihn eine der wenigen kritischen Informationsquellen überhaupt gewesen. Dazu kam eine Fernsehserie von Gerd Ruge über den Nationalsozialismus: Der Wirt schaltete extra für den 16-jährigen Schüler den Apparat an, weil es im Elternhaus erst nach seinem Abitur einen Fernseher gab. Im Hessischen Rundfunk hörte er das „Abend- und Nachtstudio", im NDR und WDR die englischen und amerikanischen Hitparaden. Hinzu kamen einige Bücher von der Landeszentrale für politische Bildung und die Anregung von den Seminaren der „Jungen Presse Hessen" für die Schülerzeitungen. „Wir wurden kaum inspiriert, auch von unseren Lehrern nicht", erinnert sich Bott.

Nach der Grundschule in Borken kam Bott an die August-Vilmar-Schule in Homberg/Efze (die später in Theodor-Heuss-Schule umbenannt wurde), wo er 1963 sein Abitur machte, als Erster in seiner Familie. „Um eines hab ich meine Lehrer immer beneidet: dass sie mich zu ihrem Schüler haben durften", sagt Bott. Seiner Selbsteinschätzung nach war er ein aufgeweckter und idealistischer, manchmal auch fauler Schüler.

> Ich hab nie 'nen Blauen Brief bekommen, war eine Freude für jeden liberalen und diskussionsfreudigen Lehrer, von denen es allerdings nur sehr wenige gab

so Bott. Die Grenzen seitens der Schuladministration wurden schnell aufgezeigt: Der „Stern" hatte gegen den Papst polemisiert: „Brennt in der Hölle wirklich ein Feuer?" Als Bott diesen Aushang am Schwarzen Brett des Klassenzimmers aufhängte, bewirkte es den heftigen Wutanfall eines konservativen Lehrers, und der Aushang musste augenblicklich verschwinden. Religiöse Zweifel bewogen ihn, aus dem Religionsunterricht auszutreten, was damals noch sehr ungewöhnlich war. Dieter Bott konnte einige Mitschüler für die Einrichtung eines überkonfessionellen Kurses gewinnen und ist heute davon überzeugt, mit seinem Engagement sei er in Hessen einer der Vorreiter des späteren Ethik-Unterrichts gewesen. Als verantwortlicher Redakteur führte er in der Schülerzeitung „Schulecho" 1960 die radikale Kleinschreibung ein, ließ sich aber später davon überzeugen, dass ein großer Buchstabe nach einem Satzende die Übersichtlichkeit fördert. Als ein Mitschüler die Deutschthemen des letzten Abiturs kritisieren wollte, wurde das vom zuständigen Vertrauenslehrer verhindert. Weil durch diese Zensur „die Meinungsfreiheit zu Grabe getragen wurde", erklärte Bott daraufhin mit einer Todesanzeige in der Schülerzeitung seinen Rücktritt.

„All das waren Skandale in Homberg, Sie können sich das gar nicht vorstellen, wie das damals war", lacht Bott und erläutert das am Beispiel der neuen Rechtschreibung:

> Wie die großen Buchstaben, so mussten nun auch die großen Tiere in Wirtschaft und Politik ihre Existenz rechtfertigen. Wenn sie das nicht konnten, dann wurde ihr Herrschaftsanspruch nicht mehr akzeptiert. Nichts wurde mehr fraglos hingenommen, alles wurde in Frage gestellt

amüsiert er sich über die „Homberger Spießer".

Aber nicht alle Lehrer seien so autoritätsgebunden und reaktionär gewesen. Ausnahmen waren der Französisch- und Englischlehrer Thümer, dessen Unterricht die Schüler mitgestalten durften, der einen Soziologie-Arbeitskreis anbot und interessierte Schüler in seinem Auto zu Vorträgen an die Universität Marburg mitnahm. Oder der Englisch-Lehrer Modes, der durch die USA getrampt war und mit den Jugendlichen Belafonte-Lieder sang. Oder Dr. Horst Clément, zwischen 1953 und 1969 der Schulleiter, kurz „Chef" genannt. Er habe den Schülerzeitungsredakteuren oft den Rücken gestärkt im Kampf gegen Vorwürfe, die Schülerzeitung sei kommunistisch beeinflusst. „Ich wusste noch nicht mal, was Kommunismus überhaupt bedeutet", so Bott. Clément habe sogar eine Resolution zur Zulassung der DFU (Deutsche Friedensunion) unterschrieben – und das, obwohl er selbst FDP-Mitglied gewesen sei. Wegen seiner toleranten Grundhaltung sei er in der Kleinstadt ziemlich unbeliebt gewesen.

Bott identifizierte sich mit den „demokratischen Idealen und Ansprüchen", wie sie auch im Gemeinschaftskundeunterricht vermittelt wurden, also etwa mit den Grundrechten, Zivilcourage, dem Parlamentarismus oder der Existenz einer die Herrschaft kontrollierenden Opposition, vorbildlich realisiert in Großbritannien oder den USA. Statt die Ideale aber nur beim autoritären Sozialismus des Ostblocks einzufordern, bestand Bott auch auf der Demokratisierung der eigenen, kapitalistischen Gesellschaft. Dass nur 5% aller Gymnasiasten aus Arbeiterhaushalten stammten, obwohl diese 50% der Gesamtbevölkerung ausmachten, empfand er als absolut ungerecht. Die Schülerzeitung nahm immer häufiger kritische Themen auf, etwa den Krieg in Vietnam, die Notstandsgesetze, die Kriegsdienstverweigerung, die Atombewaffnung. „Wir haben diese Ideale der Demokratie ernst genommen und sie verinnerlicht. Das war gelungene reeducation", betont Bott. Aber weil Clément dem „Schulecho" immer mehr Schwierigkeiten gemacht habe und es schließlich sogar zensierte, habe er sich verpflichtet gefühlt, seinen Nachfolgern bei der Schülerzeitung beizustehen. So rechtfertigt Bott seine zweite Phase in Homberg, in der er als Frankfurter Soziologie-Student zwischen 1967 und 1969 zurückkehrte und eine große Revolte mit initiierte.

Als unzumutbarer Höhepunkt der Zensur und heftiger Affront gegen den Geist des Liberalismus und der Pressefreiheit

sei Horst Brühmann aus Borken, ein Schülerzeitungsredakteur und Mitstreiter von Bott und Bernhardt, von der Schule verwiesen worden. Brühmann sei ein Einserschüler gewesen, ein Lehrersohn, dessen antifaschistischer Großvater Heinrich Albrecht von den US-Amerikanern als Borkener Bürgermeister eingesetzt worden sei. Ein ehrwürdiges Haus also.

Da musste nun ernsthaft was passieren. Die Vorgehensweise des Direktors provozierte unsere sehr grobe Reaktion mit unseren Flugblättern

so Bott. Dass in dieser Phase der Revolte die Sexualität so in den Vordergrund gerückt war, das sei eben „dem Zeitgeist" entsprungen. Überhaupt habe er keinerlei Strategie, kein taktisches Kalkül mit seinem Einsatz in Homberg verfolgt, sondern eher spontan gehandelt. Beim Thema Sexualität habe der sonst liberale und tolerante Clément jedoch einen Aussetzer gehabt. „Die haben doch eskaliert", meint Bott, „wir haben doch nur reagiert!" Gemeinsam an einem Tisch nach einer Lösung suchen oder mit fortschrittlicheren Lehrern sprechen? „Wie soll das gehen? Die waren doch völlig uneinsichtig", betont Bott. Den Dialog mit Kultusminister Schütte und dessen Staatssekretärin Hildegard Hamm-Brücher fortsetzen?

> Lächerlich. Es herrschte noch die große Verdrängung in den Schulen, was die sexuelle Aufklärung und das ‚Dritte Reich' betraf

entgegnet er.

Bildungsinstitutionen wie die Schule seien noch nahezu „geschlossene Anstalten" gewesen, die den von ihnen postulierten Demokratieansprüchen selbst in keiner Weise genügt hätten. Bei entscheidenden Dingen wie der Notengebung und der Lehrerauswahl habe es keine Mitbestimmungsrechte gegeben, selbst die Schülerzeitung habe der Kontrolle eines Lehrers unterlegen. Die Studenten hätten die Schüler unterstützt bei deren Prozess der Emanzipation von der Schule als autoritärer Einrichtung. Die Schule sollte demokratisiert werden. Ziel sei eine humane, selbstbestimmte, sozialistische Gesellschaft gewesen, nach Adorno „eine Gesellschaft, wo man ohne Angst verschieden sein kann".

Zur Erreichung dieses Ziels habe man friedliche Methoden eingesetzt. Weil er nun mal „ein Schreibtischtyp, ein Pazifist" sei, habe er Witz und einfallsreiche Ideen entwickeln müssen, um „die Verhältnisse zum Tanzen zu bringen". So organisierte er in dieser Zeit in Borken etwa Vorträge über Kriegsdienstverweigerung und den Vietnamkrieg, zusammen mit seinen SDS-Genossen, dem bundesweit bekannten „Sex-Experten" Günter Amendt und Reimund Reiche. Bott sieht sich selbst als Vertreter der „Spaß-Guerilla" und APO, als Sponti, dessen Lieblingstier der Hase sei, „weil der niemandem was antun kann". Die Forderung nach einer gewalttätigen und elitären Lösung, etwa im Sinne der späteren Rote Armee Fraktion, lehnte er entschieden ab. Für ihn keine Bedeutung hatte die Tatsache, dass ein Großvater von Ulrike Meinhof, der späteren RAF-Terroristin, ebenfalls aus Borken stammte: Johannes Guthardt wurde dort 1884 als Sohn eines Schuhmachers geboren, brachte es bis zum Schulrektor und erhielt 1933 durch die Nazis aufgrund seiner sozialistischen Ansichten Berufsverbot.

All ihre Aktionen seien immer mit einem ironischen Augenzwinkern verbunden gewesen. Dazu hätten auch die nachgeahmte Kinderhandschrift, naiven Zeichnungen und die Vulgärsprache auf den „Solidaritäts-Flugblättern gegen die Zensurmaßnahmen" an der THS gezählt. Einen Arbeitskreis über zwei Monate im Jahr als „Gegenschule" zu bezeichnen, sei doch ein genialer Einfall. „Freie Liebe" in der Gegenschule? „Spießerphantasien", sagt Bott. Man habe den jungen Frauen eine Rose geschenkt, das sei alles gewesen. Er selbst sei eher schüchtern gewesen. Die Fragebogenaktion zum Thema Sexualität? „So was Harmloses, darüber kann man doch nur lachen", kommentiert er. Die Sprüche an der Schulfassade? „Ich kann mich nicht erinnern, dabei gewesen zu sein", sagt Bott. Der Name „John-Lennon-Schule"? „Würde ich jederzeit für eine sinnvolle Taufe halten. Aber eigentlich war das zu viel der Ehre für dieses hässliche Backsteingebäude." Die Schülerzeitung „Audiatur et altera pars", die als konservativer Gegenentwurf zum „Schulecho" gegründet wurde? „Opportunisten und Karrieremacher." Der große Skandal von Homberg? „Eine panische Überreaktion. Der konservative Kleinbürger nimmt das so wahr, als würden wir die Welt beherrschen. Pfui, Schande über solche Leute!"

Stellt man Dieter Bott solche Fragen, spürt man sofort sein Engagement, seine Gefühle, seine Impulsivität. Dazu gehören auch Kraft- und Vulgärausdrücke. Er, der sich als völlig harmlos, witzig, sehr nett und hilfsbereit beschreibt, weiß selbst, dass er auch „provokativ, unberechenbar" sein kann. Er sieht das als Ausweis seiner Unabhängigkeit und Offenheit. Freilich zahlt er dafür auch einen Preis: Er war wiederholt arbeitslos, hatte wenig feste Arbeitsverhältnisse, wird kaum eingeladen zu Vorträgen. „Ich bin kein mainstream. Die Figur des Witzboldes, des Pfefferartigen wird nicht mehr gebraucht", urteilt er. Diese gesellschaftliche Nichtbeachtung seiner Intelligenz, seiner Leistung, dieser als entwürdigend empfundene Umgang verbittert ihn offensichtlich. Dennoch wolle er sich nie so anpassen und zum Reaktionär werden wie viele seiner einstigen Weggefährten. „Alle 68er, die was taugen, sind nichts geworden", sagt er.

> Mit dieser Gesellschaft werde ich mich nie versöhnen, also mit Herrschaft, Macht, Ausbeutung und Unterdrückung. Auch wenn sie alle triumphieren, auch wenn dieser Kapitalismus bis zum Ende meiner Tage weiter existiert: Meine Zustimmung kriegt er nicht!

Er sieht sich als nonkonformistischen, kritischen Intellektuellen, der lieber in lockeren Bewegungen arbeitet, als sich in festen Strukturen und Organisationen – wie Vereinen oder Parteien – zu organisieren. Seine heutigen Studenten lieben ihren Lehrer für seine Originalität und Bildung. Zustimmung habe er Ende der 60er Jahre auch vom Borkener Bürgermeister Konrad Vogel erfahren. „Gebt's denen mal in Homberg, den FDP- und CDU-Leuten!" Als Schüler aus dem sozialdemokratischen Borken hätten sie es bei vielen Lehrern schwer gehabt, die ihnen den Schulabgang und eine Ausbildung bei Bahn oder Post nahe gelegt hätten.

Bott agitierte damals nicht nur in Homberg, sondern etwa auch in Frankfurt/M. (im Umfeld der Schülerzeitung „Bienenkorb-Gazette" sowie bei Hausbesetzungen), Kassel (Kundgebung nach dem Attentat auf Dutschke, Gründung einer weiteren Gegenschule) sowie Eschwege (Publikation in der Schülerzeitung „Laterne").

> Am Ende stehst Du aber alleine, Deine Kumpels werden alle umfallen und Dich im Stich lassen. Lass die Finger davon. Politik ist ein schmutziges Geschäft

habe ihn seine Mutter wiederholt gewarnt. „Anti" und „Gegen" ist sein Lebensmotto. Kritik dürfe nie konstruktiv sein, sondern sei immer radikal. Fritz Teufel und Dieter Kunzelmann zählt er zu seinen Idolen, weil sie lebendige, unabhängige, humorvolle Geister gewesen seien. Bott weiß, dass viele in ihm den Nestbeschmutzer, „das schwarze Schaf" sehen, weil sie sich durch seine Aktionen verletzt fühlten. Er hingegen sieht sich als „großen Kämpfer gegen das Unrecht" und „Auf-

Dieter Bott Abitur 1963 an der August-Vilmar-Schule in Homberg/Efze. 1963–1969 Soziologie-Studium an der Goethe-Universität Frankfurt/M. 1969 Mitbegründer des Antiolympischen Komitees. 1970–1978 Bildungsreferent bei der Hessischen Naturfreundejugend. 1978-1982 Reisen durch Amerika sowie Asien. 1984 Abschluss als Diplom-Sozialarbeiter an der Fachhochschule Frankfurt/M. Seit 1982 Fansoziologe, Lehrbeauftragter und Mitbegründer mehrerer Fußball-Fanprojekte in Düsseldorf, Duisburg und Frankfurt/M. gegen Gewalt, Rechtsradikalismus, Rassismus, Sexismus und Kommerzialisierung im Fußball.

Dieter Bott heute

klärer der Freiheit". Mit seinen Aktionen im Rahmen der Gegenschule habe er „doch die Meinungsfreiheit gerettet". Dafür gebühre ihm eigentlich Lob und Anerkennung. „Ich werde in meinem Testament aber festlegen, dass die Schule in Homberg nicht nach mir benannt wird", schließt er. Schwer vorstellbar, dass das dort ernsthaft erwogen wird. Dann geht wohl eher sein Wunsch in Erfüllung, „im nächsten Leben ein Rockstar mit vielen Groupies" zu werden.

Dieter Bott – ein „studentischer Eulenspiegel", ein Schwejk, eine „philosophische Frohnatur", wie die „Stuttgarter Zeitung" einst schrieb? Eine Einordnung fällt schwer und bleibe dem Leser überlassen.

Quellenverzeichnis
unveröffentlicht:
Interview mit Dieter Bott, 15. und 16.7.2010

veröffentlicht:
Stefan Aust, *Der Baader Meinhof Komplex*, Hamburg 1986
Dorothee Beinhauer, „Wir sind geboren, um frei zu sein", in: *Jahresbericht der Theodor-Heuss-Schule*, Jg. 2001/02, S. 62–65
Jutta Ditfurth, *Ulrike Meinhof. Die Biografie*, Berlin 2007
Hessisch-Niedersächsische Allgemeine, 20.3.2002
Schülerzeitungen *Schulecho*, Ausgabe Nr. 6/1960, Nr. 1 und 4/1962, Nr. 3/1966, Nr. 2 und 3/1967 sowie *Laterne*, Nr. 4/1967

16./17. Februar 1970: Keine Ruhe an der THS

In der Nacht vom 16. auf den 17. Februar 1970 wurde das Homberger Gymnasium Ziel eines Anschlags in Form von Schmierereien. Im Gegensatz zum April 1968 waren die unbekannten Täter dieses Mal ins Schulgebäude eingedrungen und hatten ihre Parolen an den Flurwänden und im Treppenaufgang angebracht. Dies geschah

> in antiautoritärer Manier, die die in der Kleinstadt immer noch verbreitete Ordnungsmentalität persiflieren und ad absurdum führen

sollte, so Wolfgang Kraushaar.

So war nun zu lesen: „ordnung ist das halbe leben", „narrenhände beschmieren tisch & wände", „uns geht's zu gut", „da seht ihr wohin das führt", „schmatzt nicht", „dass mir keine klagen kommen" und „wird's bald". Schulleiter Georg Friedrich Reim wurde von den Unbekannten persönlich bedacht („reim dich oder ich fress dich"), ebenso sein Stellvertreter Helmut Totzek mit dem Spruch „der totzek springt von ast zu ast bis ihm ein ast ins arschloch passt". Auch Studienassessor Wolfgang Braunroth bekam sein Fett weg, aber vergleichsweise harmlos mit der Parole „auch der braunroth will nur unser bestes". Hinzu kamen Sprüche mit sexuellen Anspielungen, z.B. „nimm die hände vom sack" oder „homberger fickanstalt".

Am 17. Februar erschienen in der ersten großen Pause mehrere ehemalige Schüler auf dem Schulgelände. Sie verteilten auf dem Schulhof Flugblätter der „Roten Zelle Hom-

Graffiti im Februar 1970 im Schulgebäude der THS Homberg

Graffiti im Februar 1970 in der THS Homberg

berg". In ihnen wurde für eine Schulungsgruppe „Zur Analyse des Faschismus" eingeladen. Darin wurde Theodor W. Adornos Gesellschaftstheorie deutlich:

> Die charakterstruktur, auf der faschismus basiert, lebt in der formalen demokratie fort. Wollte die schule an die wurzeln des faschismus herangehen, müsste sie sich selber zum gegenstand machen, & das kann kaum von ihr verlangt werden. Das werden wir jetzt für sie tun.

Wolfgang Kraushaar bringt das Programm der Schulungsgruppe auf den Punkt:

> In der Schulungsgruppe sollten sozialpsychologische Texte von Erich Fromm und anderen Autoren aus dem Umkreis der Kritischen Theorie studiert und die Darstellungen des NS-Systems in den Schullesebüchern ‚ideologiekritisch analysiert' werden.

Der Kreisausschuss erstattete wegen der Sachbeschädigungen Strafanzeige gegen unbekannt. Eine Belohnung von 500 DM wurde ausgesetzt. Möglicherweise standen die Aktionen auch im Kontext eines Schülerstreiks gegen den Numerus Clausus an den deutschen Universitäten, der am 12. und 13. Februar in Homberg stattfand. Die Homberger Schüler zogen durch die Kreisstadt mit Transparentaufschriften wie „Schluss mit dem Numerus Clausus", „Wir fordern die Abschaffung des Numerus Clausus" und „Wir müssen Ärzte produzieren und lassen sie nicht studieren". Einen Tag später nahm die Schülerschaft an einer Kundgebung in Kassel teil.

Quellenverzeichnis
veröffentlicht:
Wolfgang Kraushaar (Hg.), *Frankfurter Schule und Studentenbewegung*, Bd. 1, Hamburg 1998
Jahresbericht der Theodor-Heuss-Schule, Jg. 1969/70, Homberg o.J. [1970]

Fritzlar

Interview mit dem ehemaligen KHS-Schüler und heutigen 68er-Forscher Dr. Wolfgang Kraushaar

30. Januar 1969: 1000 Studenten des SDS wollen ein Benefizkonzert im Frankfurter Schauspiel stören, zu dem allerlei Prominenz eingeladen ist. Demonstranten umringen die dunklen Limousinen der geladenen Gäste. Deren Chauffeure wollen sich den versperrten Weg freikämpfen. Dabei wird einer der Studenten von einem Mercedes erwischt und landet „mit einem dumpfen Schlag auf der Kühlerhaube". „Instinktiv hielt ich mich an einem der beiden Scheibenwischer fest. Ich blickte direkt ins Gesicht des Fahrgastes. Es war das des ehemaligen Bundeskanzlers Ludwig Erhard, der wie zu einer Salzsäule erstarrt" war. Durch abruptes Manövrieren versucht der Fahrer, den Studenten abzuschütteln – was ihm schließlich auch gelingt: „Unsanft landete ich am Rand des Bürgersteigs. Obwohl mir nichts passiert war, taten mir alle Knochen weh."

Der Student mit den Schmerzen heißt Wolfgang Kraushaar und ist heute, gut vier Jahrzehnte später, zu einem der renommiertesten 68er-Forscher Deutschlands geworden. Nach seinem Abitur in Fritzlar studierte er Politikwissenschaft, Philosophie und Germanistik an der Johann-Wolfgang-Goethe-Universität in Frankfurt/M. Kraushaar war 1972 Mitbegründer der Sozialistischen Hochschulinitiative, 1974/1975 Vorsitzender des AStA, danach Lektor im Verlag Neue Kritik, dem Theorieorgan des SDS, und Mitarbeiter am Didaktischen Zentrum der Frankfurter Universität. 1982 promovierte er bei Iring Fetscher. Dr. Kraushaar war auch Gastdozent an der Freien Universität Berlin und Gastprofessor in Peking. Heute ist er Mitarbeiter am Hamburger Institut für Sozialforschung, wo er über bundesdeutsche Protestbewegungen forscht. Durch eine intensive Publikationstätigkeit ist er zu dem Chronisten der 68er-Bewegung geworden.

Der junge Wolfgang Kraushaar

Sie haben familiäre Wurzeln in Nordhessen. Erzählen Sie etwas darüber.
Ich wurde am 2. September 1948 in Niederurff, also in der Nähe von Bad Zwesten, geboren. Mein Vater war Kfz-Mechaniker, zudem hatte ich einen Bruder Elmar, der zwei Jahre jünger war als ich. Als meine Mutter, von Beruf Lebensmittelhändlerin, 1956 ein Einzelhandelsgeschäft übernahm, zogen wir in den Nachbarort Gilsa. Mein Hobby war die Leichtathletik, ich war Mittelstreckenläufer und Zehnkämpfer.

Sie waren Gymnasiast an der König-Heinrich-Schule in Fritzlar. Welche Erinnerungen haben Sie an diese Zeit?
Die KHS lag damals in der Altstadt, hinter dem Dom. Sie war ein durch und durch konservatives Gymnasium. Fritzlar war schließlich Garnisonsstadt und im Gegensatz zum sonstigen Nordhessen eine Hochburg der CDU. Im Lehrerkollegium gab es positive Ausnahmen. Vor allem Deutschlehrer waren es, die Impulse setzten. Hervorzuheben sind der Frankreich- und Theater-Liebhaber Balkenhol, der Vater des international renommierten Bildhauers Stephan Balkenhol, der langjährige Vertrauenslehrer Kanning sowie Gerd de Bruyn-Ouboter. Es ist bezeichnend, dass zwei von ihnen die KHS bei der erstbesten Gelegenheit verließen. Balkenhol hat uns mit Bertolt Brecht und sogar mit seinen eigenen Drogenerfahrungen vertraut gemacht. Bruyn-Ouboter war ein ganz außergewöhnlicher Mann, hatte in Paris studiert, war von der nouvelle vague beeinflusst und gründete mit mir und einem Mitschüler 1963 einen Film-Club. Dort wurden Filme gezeigt, die in den Kinos normalerweise nicht zu sehen waren. Das Wichtigste daran waren allerdings die Einführungen, die wir vor dem Publikum halten mussten, und die Diskussionen im Anschluss an die Vorführungen. Unter dem Einfluss dieser drei Deutschlehrer begann ich die wichtigsten Texte der edition suhrkamp zu lesen. Dadurch wurde ich mehr und mehr mit wichtigen Autoren der Soziologie und der Psychologie vertraut, insbesondere mit Adorno, Benjamin und Marcuse.

Gab es, in Anlehnung an „Skandale" in Eschwege, Homberg und Melsungen, auch während Ihrer Schulzeit in Fritzlar solche Vorfälle rund um die Schülermitverwaltung und Schülerzeitungen?
Vorfälle gab und gibt es natürlich an jeder Schule, insofern auch an der KHS. Jedoch nichts, was ich im Nachhinein als politisch oder als Vorbote der 68er-Bewegung bewerten würde. Die Schülerzeitung hieß „discipulus". Ihr Chefredakteur war eine Zeit lang Ulrich Erckenbrecht. Der spätere Adorno-Schüler musste eines Tages – ich glaube, es war 1966 – die Schule verlassen. Er hatte moniert, dass seiner Ansicht nach in Deutschaufsätzen vor allem die konformistische Gesinnung bewertet wurde. Als er das in seinem Deutschheft kundtat, war das für das Kollegium zu viel. Er wurde – obwohl er als sehr talentiert galt und einer der besten Schüler insgesamt war – kurz vor seinem Abitur vor die Tür gesetzt. Erckenbrecht war dann während meiner Studienzeit einer meiner besten Freunde.

Und wie war das bei Ihnen selbst, gab es Formen des Protestes an der KHS?
In meiner Klasse, die im Mai/Juni 1968 Abitur gemacht hat, bin ich in der Tat der einzige 68er geworden. Das war allerdings nicht besonders

verwunderlich. Denn ich war der erste, der es an der KHS wagte, einen Bart zu tragen, und der einzige, der damals den Kriegsdienst verweigerte. Ich erinnere mich noch genau daran, wie mich unser Religionslehrer davon zu überzeugen versuchte, es sei doch meine Pflicht, mein Vaterland mit der Waffe zu verteidigen. Mit der Kriegsdienstverweigerung scherte man in einer so sehr von der Bundeswehr geprägten Stadt besonders aus und lief Gefahr, sich zu isolieren. Allerdings gab es noch zwei Klassenkameraden, die ebenso nach Möglichkeiten suchten, ihre Kritik an der geplanten Notstandsgesetzgebung zum Besten zu geben. Wir fuhren deshalb nach Kassel zur Kunstakademie, um zu sehen, ob es dort Leute gab, die ebenso dachten wie wir. Das Ergebnis war das Angebot, an einer Demonstration teilzunehmen, dem so genannten Sternmarsch auf Bonn. Wir hatten die Möglichkeit, am 11. Mai, einem Samstag, mit einem Bus in die Bundeshauptstadt zu fahren. Das Ganze wurde jedoch zum Problem, weil das Kultusministerium es sich nicht nehmen ließ, all jenen Schülern, die an diesem Tage unentschuldigt fehlten, mit einem Schulverweis zu drohen. Meine Kumpel bekamen daraufhin kalte Füße und verzichteten auf die Reise. Allerdings besorgten sie mir einen Plastikhelm, der mich auf der Demo gegen Polizeiknüppel schützen sollte. Für mich war es die erste Demonstration. Beeindruckend und enttäuschend zugleich: Die Menge der Teilnehmer und die von ihr verbreitete Stimmung war imposant, aber frustrierend war die Tatsache, dass die Straßen so gut wie leer waren und uns die Bonner Bevölkerung damit die kalte Schulter zeigte.

Wussten Sie eigentlich von den Vorfällen an anderen Schulen Nordhessens? Und hatten Sie selbst Kontakt zu den dortigen Protagonisten?
Ja, zum Teil. Fritzlar und Homberg waren ja beide Kreisstädte und bildeten damals einen gemeinsamen Landkreis. Insofern war es naheliegend, dass man immer mal wieder erfuhr, was sich an dem jeweils anderen Gymnasium abspielte. Ich hatte mich zudem 1964 auf einer Freizeit an der Ostsee mit Hans-Peter Bernhardt angefreundet. Man hörte die Beatles, las das Satiremagazin „Pardon" und fand das als 15-Jähriger ganz aufregend. Bernhardt war ja dann in der Homberger Schülerbewegung einer der Hauptakteure. Von ihm, Dieter Bott und Horst Brühmann erfuhr ich allerdings auch durch meinen Vater. Als Busfahrer brachte er diese Fahrschüler morgens von Borken nach Homberg und mittags wieder zurück. Er bekam also genau mit, welche Flugblätter vorbereitet wurden und was mit ihnen in dem spießigen Homberg alles ausgelöst werden konnte.

Können Sie aus eigener Erfahrung etwas berichten über die „Heimkampagne" in Guxhagen, Rengshausen und Wabern?
Das habe ich nur aus der Entfernung mitbekommen, weil ich zu der Zeit bereits in Frankfurt und ab Frühjahr 1969 im Taunus war, um in einer Psychiatrischen Klinik in Köppern meinen Zivildienst zu absolvieren. Da der Landeswohlfahrtsverband Hessen ebenso Träger der Klinik wie der so genannten Erziehungsheime war, bekamen wir Ersatzdienstleistende das direkt mit und zum Teil auch zu spüren. Denn in diesen Anstalten grassierte damals die Furcht, dass die APO vorbeikommen und Rabatz machen könnte. So wie ich damals aussah, war ich für das

Personal geradezu die Verkörperung der APO. Dementsprechend misstrauisch trat man uns gegenüber auf. Wir hatten allerdings einen Verbündeten, den Oberarzt Dr. Schirg. Er wusste ebenso wie wir, dass die Zustände an einer solchen Klinik völlig untragbar waren und es dringendst grundsätzlicher Reformen bedurfte. Wir erreichten innerhalb nur weniger Monate eine ganze Menge: Aus einer geschlossenen wurde eine offene Station, was den Spielraum der Patienten enorm vergrößerte. Außerdem gelang es uns, ein Patientenplenum einzurichten, auf dem jeder seine Sorgen vortragen durfte. Das alles war der Klinikleitung jedoch zu viel. Ein halbes Jahr vor dem Ende meiner Dienstzeit wurde ich nach Hause geschickt und unsere Gruppe kurz darauf vollständig aufgelöst.

Es scheint, als hätten die Schülerbewegung und die APO in Nordhessen besonders viele Spuren hinterlassen. Würden Sie als Wissenschaftler dieser These zustimmen?
Nein, ich teile dieses Urteil nicht. Ich halte das im Wesentlichen für das Resultat einer Selbstbespiegelung ehemaliger Akteure. In der so genannten Provinz hat es Ende der sechziger Jahre zahlreiche Politisierungsschübe unter Schülern gegeben. Nicht ohne Grund trauten sich die „Pardon"-Herausgeber, im November 1968 mit „Underground" einen für Schüler gemachten Ableger zu gründen. Noch in den hintersten Ecken der Republik stoßen Sie auf Konflikte an Schulen, insbesondere Gymnasien, die zumeist als Nebenprodukt der APO wahrgenommen wurden. Die einzige Besonderheit, die man für Nordhessen ins Spiel bringen kann, ist die Tatsache, dass die Homberger Gegenschule sehr früh begonnen hat und insofern eine Art Vorreiter gewesen ist. Das lag aber vor allem an Dieter Bott, der sich als Ehemaliger eingeschaltet und dort eine Zeit lang wohl sein Hauptbetätigungsfeld gesehen hat.

Einige der damals aktiven Nordhessen stiegen bis in den SDS-Bundesvorstand auf oder wurden Kultusminister. Aber kaum einem gelang der „Marsch durch die Institutionen" bis ganz nach oben. Würden Sie diesem Urteil folgen?
Das mit dem „Marsch durch die Institutionen" ist ja so eine Sache. Gemessen an den Intentionen des Wortschöpfers und Ideengebers ist das wohl niemandem in der gesamten Republik gelungen. Nach Rudi Dutschkes Ansicht sollte der Weg der Rebellierenden nicht in die Institution hinein, sondern durch sie hindurch führen. Er wollte ja nicht propagieren, die Repräsentanten von Institutionen durch andere zu ersetzen. Entweder hätten die Institutionen grundlegend verändert oder aber zerstört werden sollen. Wir haben früher schon gespottet, dass der vielzitierte „Lange Marsch" nur etwas für Jusos sei. Heutzutage berufen sich ja am ehesten altgediente 68er darauf, die bei den „Grünen" Karriere gemacht haben. Als Joschka Fischer vor 25 Jahren hessischer Umweltminister wurde, was vom Ressort her ohnehin ein Witz war und sich nur machttaktisch begründen ließ, schrieb die „taz" unter Anspielung auf die einstige Parole: „Einer kam durch." Wenn Dutschke heute erführe, dass unser ehemaliger Weggefährte Berater von BMW und Rewe geworden ist, dann würde er sich bestimmt im Grabe umdrehen.

Im April 1975 moderierten Sie als AStA-Vorsitzender der Goethe-Universität eine Veranstaltung mit Rudi Dutschke. Wie nahmen Sie ihn damals

wahr? Und welche Rolle schreiben Sie ihm für „68" und für die Zeit danach zu?
Das Thema war der Radikalenerlass und die zunehmende Praxis der Berufsverbote. Dutschke hatte ich das erste Mal 1973 erlebt. Mir war damals schon klar, dass er nicht mehr derselbe war wie vor dem Attentat am 11. April 1968. Die Schüsse hatten nicht nur Narben hinterlassen. Er war psychisch ein Anderer geworden, misstrauisch, ängstlich, in mancher Hinsicht geradezu paranoid. Das ist nichts, was man ihm – auch im Nachhinein nicht – vorwerfen sollte. Er war Opfer eines Anschlags und hatte das mit Müh und Not überlebt. Es hatte ganze fünf Jahre gebraucht, bis er wieder dazu in der Lage war, öffentlich aufzutreten. Insbesondere sein Sprachzentrum war durch einen der Schüsse weitgehend zerstört worden. Wie mühselig das war, habe ich erst nach seinem Tod erfahren. Dutschke ist die Schlüsselgestalt gewesen. Niemand sonst hat die 68er-Bewegung so sehr personifiziert wie er, auch in ihrer Gewalt-Affinität und ihren protestantisch grundierten Ambivalenzen. Es wäre spannend gewesen, zu erleben, wie er als mutmaßlicher „Grünen"-Politiker auf den Mauerfall und die deutsche Einigung reagiert hätte. Die „Grünen" waren ja völlig unfähig zu begreifen, was sich in der DDR tat. Es war auch nur zu konsequent, dass sie dafür abgestraft wurden und nach den ersten gesamtdeutschen Bundestagswahlen aus dem Parlament flogen. Einem Dutschke wäre das vermutlich nicht passiert. Ich glaube, dass 1989/90 niemand so sehr gefehlt hat wie der aus der DDR stammende Dutschke, der sein ganzes Leben lang – was kaum einer seiner Gefährten bemerkt hat – eine Wiedervereinigung von links verfolgt hat.

Dieses Buch stellt die Folgen des Jahres 1968 für Nordhessen dar. Wie sieht der Forschungsstand zum Thema „68 in der Provinz" insgesamt bislang aus?
Das Thema ist immer noch ein Desiderat. Auch wenn in den letzten zwanzig Jahren einiges geschehen ist, um die Fixierung auf die Berliner und die Frankfurter Ereignisse zu durchbrechen, so wird es doch noch erheblicher Arbeiten bedürfen, um sich ein auch nur halbwegs angemessenes Bild von „68 in der Provinz" machen zu können. Die übliche Nachzeitigkeit vorausgesetzt, würde es ohnehin bedeuten, Regionalstudien für die Auswirkungen und Impulse in den frühen siebziger Jahren zu erstellen.

Das Jahr „1968" erfuhr 2008 eine enorme öffentliche und mediale Aufmerksamkeit. Haben Sie Erklärungen dafür?
2008 hat es fast alles gegeben: Aufschneider und Abwiegler, Konjunkturritter und Trittbrettfahrer, Idealisierer, Skeptiker und Ewiggestrige. Die Erinnerung an das turbulente Jahr bleibt offensichtlich noch immer diffus und mitunter stark polarisiert. Die verallgemeinernde Rede von der „68er-Generation" ist eher eine rhetorische Figur und kann rasch zu Missverständnissen führen. Im Nachhinein hat es angeblich Hunderte von Mitbewohnern der „Kommune I" und Hunderttausende von Angehörigen der 68er-Bewegung gegeben. Diese Übertreibungen sind jedoch kaum etwas anderes als der Ausdruck von Selbststilisierung. Die Anzahl der einstigen Aktivisten dürfte, bezogen auf die Bundesrepublik und West-Berlin, kaum über 10.000 gelegen haben. Es handelt sich damit eher um eine kleine Minderheit als eine Generationenkohorte.

Je weiter der Ereigniszusammenhang zurückliegt, desto heftiger fällt das Echo aus. Woher rührt eigentlich dieser Medienboom? Mit zeithistorischer Aufklärung, mit nüchterner Erinnerungsarbeit lässt sich das alles nicht erklären. Eher schon damit, dass es seit vierzig Jahren einen „Kulturkampf" um 1968 gibt, der sich insbesondere durch den mit Mauerfall und deutscher Einigung einhergehenden Legitimitätseinbußen der Linken verstärkt hat.

Die medialen Vermarktungsstrategien leben vor allem von der Personalisierung. Einige der '68 herausragenden Personen wie Dutschke oder Hans-Jürgen Krahl sind längst tot. Es gibt aber einige andere, die sich als Objekte der Inszenierung besonders gut eignen. Einer derjenigen, die das am eifrigsten betreiben, ist zweifelsohne der Kommunarde Rainer Langhans, der medial fast allgegenwärtig ist und im Fernsehen wie ein Guru ohne Sekte auftritt. Eine andere Ikone ist Daniel Cohn-Bendit, heute Europaabgeordneter der „Grünen".

Inwiefern profitieren Jugendliche heute von den Erfolgen der „68er"? Ist die Situation junger Menschen der 60er Jahre und heute überhaupt vergleichbar? Könnten Jugendliche etwas „lernen" von damals?
Gewiss, Jugendliche profitieren – auch wenn ihnen das alles andere als bewusst sein mag – vom Aufbruch der 68er, aber auch Erwachsene. Als sich der einstige Bundesfinanzminister Theo Waigel scheiden ließ, was für einen ausgemachten CSU-Politiker früher ein Unding gewesen wäre, wurde er im Bundestag von der Opposition mit dem Ausruf aufgezogen: "Theo, das hast Du uns zu verdanken!". Dieser Spruch stammte von Joschka Fischer, der als ein Vierfach-Geschiedener in dieser Hinsicht seinem Kontrahenten einiges voraus hatte.

Unterschiedliche historische Situationen, Generationen und Jugendkulturen sind im Grunde fast immer vergleichbar. Jedoch sind die Unterschiede beträchtlich. Immerhin sind inzwischen über vierzig Jahre vergangen, das ist der Abstand von beinahe zwei Generationen. Die Gesellschaftsverhältnisse und das politische System sind seither – allen Krisen zum Trotz – insgesamt doch stabil gewesen. Schon vor zwanzig Jahren hieß es in einem Buchtitel über die 68er, dass sie eine Generation gewesen seien, die noch nichts vom Ozonloch gewusst habe. Man könnte weiter hinzufügen: auch nichts vom Waldsterben, der Energiekrise, der Globalisierung, dem Internet, der Gentrifizierung, der strukturellen Arbeitslosigkeit. Das Maß an Selbstvertrauen, das die Aktivisten damals auszeichnete, erscheint mir unwiederbringlich verloren gegangen zu sein.

Ich glaube allerdings nicht, dass sich in einem konkreten Sinne politisch etwas von der 68er-Bewegung lernen lässt. Die Fragen- und Problemstellungen waren andere und viele der Konzepte sind im Rückgriff auf Sozialismus, Rätedemokratie und Kommune-Idee zumeist hoffnungslos antiquiert gewesen. Der einzige Kerngedanke, der zu neuen Ufern führte, scheint mir der der Emanzipation, Selbstverwirklichung und Partizipation gewesen zu sein. Offenkundig hat die Befriedigung materieller Bedürfnisse damals nur eine untergeordnete Rolle bei den Akteuren gespielt, die Nachkriegszeit mit ihrem Wiederaufbau war vorüber. Der 68er-Bewegung ging es also nicht darum, Hunger zu stillen, Wohnraumnot zu bekämpfen oder andere materielle Missstände zu beseitigen.

Welche Rolle spielten die Studenten für das „Jahr 1968"?
Die Bewegung ging von den Hochschulen aus, wurde von Hochschulgruppen angeführt und geprägt von Studenten, ihren Ideen ebenso wie ihren habituellen Eigenheiten. Insofern war sie, bevor sie Züge einer allgemeinen Jugendrevolte annahm, in der Tat eine Studentenbewegung. Im studentischen Status sind ja zwei Faktoren miteinander kombiniert: die Zugehörigkeit zur Jugend, genauer zur Adoleszenzphase, und die Beteiligung an dem Prozess höherer Bildung, einer Qualifikation mit besonderen Berufserwartungen, zum Teil an die Hoffnung geknüpft, Aufnahme in Funktionseliten zu finden. Diese Statuskombination prädestiniert Studenten dazu, in der Wahrnehmung ihrer Interessen wie keine andere gesellschaftliche Gruppierung flexibel, mobil, innovativ und selbstreflexiv aufzutreten. Als junge Träger des Wissens, die sich zwar in einer Institution bewegen, jedoch nicht unbedingt daran gebunden sind, repräsentieren sie in besonderer Weise das Informelle, das Transmaterielle. In gewisser Hinsicht stellen sie einen Vorgriff auf die Informationsgesellschaft dar.

Was bleibt von „1968"?
Der Historiker Eric Hobsbawm diagnostiziert das Ausmaß dieser „kulturellen Revolution" vor allem an den veränderten Beziehungsmustern zwischen den Geschlechtern und den Generationen. In der starken Zunahme von Ehescheidungen, unehelichen Geburten, Alleinerziehenden und -stehenden, die in vielen westlichen Großstädten die Hälfte aller Haushalte bilden, sieht er Indizien für eine Krise der klassischen Kernfamilie, die mit gravierenden Veränderungen des Sexualverhaltens, der Partnerschaft und des Kinderwunsches einhergegangen sei.

Demgegenüber stehe die Etablierung einer Jugendkultur als „einer unabhängigen sozialen Kraft" für einen tiefgreifenden Wandel in den Beziehungen zwischen den Generationen. Deren Bedeutung für den Konsumwarenmarkt sei gigantisch gewachsen. Von ihr vor allem gingen die Umwälzung der Verhaltensweisen und Gewohnheiten, die Freizeitgestaltung, die Durchsetzung ästhetischer Trends, die Prägung der urbanen Atmosphäre aus. „Die kulturelle Revolution des späten 20. Jahrhunderts", fasst Hobsbawm zusammen, „könnte man also am besten als den Triumph des Individuums über die Gesellschaft betrachten. Alle Fäden, die den Menschen in der Vergangenheit in das soziale Netz eingeflochten hatten, waren durchtrennt worden." Da die traditionellen Ver-

Dr. Wolfgang Kraushaar heute

haltensmuster und Konventionen gebrochen worden seien, wäre häufig gegenseitige Verständnislosigkeit die Folge gewesen. Das Mehr an individueller Freiheit der 68er-Bewegung sei durch ein Mehr an Verunsicherung erkauft worden.

Natürlich gibt es für Jugendliche heute tausend Gründe, auf die Straße zu gehen und zu demonstrieren. Wegen der Folgen von Schröders Agenda 2010, insbesondere Hartz IV, wegen des Ausstiegs aus dem Atomausstieg, wegen Rechtsextremismus und Ausländerfeindlichkeit. Das alles sind Gründe, die für Ältere ebenso gelten wie für Jüngere. Noch immer gilt: Protest sollte nicht einfach zum Privileg von Jugendlichen erklärt werden.

Quellenverzeichnis
unveröffentlicht:
Interview mit Dr. Wolfgang Kraushaar, 8.9.2010

veröffentlicht:
Johannes Grötecke, „Das Jahr 1968. Dr. Wolfgang Kraushaar berichtet über Kühlerhauben, Kriegsdienstverweigerung und Kurzhaarfrisuren", in: *Jahresbericht der Theodor-Heuss-Schule*, Jg. 2007/08, S. 67ff.
Wolfgang Kraushaar, *1968 als Mythos, Chiffre und Zäsur*, Hamburg 2000

Kassel

14. Oktober 1965: Bernd F. Lunkewitz, „Ausbrecherkönig": „Er brach ein und er brach aus"

Bernd F. Lunkewitz, Ende der 60er Jahre eine zentrale Figur der Kasseler Schülerproteste (vgl. Kapitel Schülerbewegung/Kassel), hatte da schon eine „Karriere" hinter sich. Als 15-Jähriger kam er wegen Diebstählen vor ein Jugendgericht, das Jugendamt war daraufhin für ihn zuständig. Lunkewitz war bald stadtbekannt und galt als der „Ausbrecherkönig" von Kassel, der Polizei und Justiz mehrere Male erfolgreich hinters Licht führte.

Die erste Aufsehen erregende Flucht gelang ihm am 23. Juli 1965. Nachdem er im Februar desselben Jahres wegen Urkundenfälschung und schweren Diebstahls von einem Jugendschöffengericht bereits auf Bewährung verurteilt worden war, führte die Polizei an diesem Tag eine Hausdurchsuchung in der elterlichen Wohnung durch. Bei der Kontrolle seiner Taschen versuchte Lunkewitz, gestohlenes Geld zu verschlucken. Kurz darauf sprang er durch das Toilettenfenster, riss nach Aachen aus und verübte später Einbrüche in Paris, Lyon, Antibes, Monaco, Nizza und Straßburg.

Die zweite spektakuläre Flucht gelang Lunkewitz aus der „Elwe", der Straf- und Untersuchungshaftanstalt in der Leipziger Straße. Sie galt als eine der sichersten in Kassel, dort saßen auch Mordverdächtige ein. Der 18-jährige Untersuchungshäftling, von Beruf Wäschereigehilfe, nutzte am 14. Oktober 1965 eine Stunde Hofgang und floh über die 4,5 Meter hohe Gefängnismauer. Das gelang, obwohl die Behörden ihn aufgrund seines Rufes nicht aus den Augen ließen und selbst der Toilettenbesuch nur in Begleitung stattfand. Zehn Minuten nach der Flucht startete die Polizei die Fahndung. Schon am nächsten Tag hatte der Ausbrecher in Harleshausen und in Kirchditmold eine breite Spur hinterlassen: Er brach in ein Lebensmittelgeschäft in der Igelsburgstraße ein und erbeutete 800,– DM. Zudem fehlten ein Oberhemd, Socken und Handschuhe, dafür ließ Lunkewitz Teile seiner Anstaltskleidung zurück. Kurz darauf brach er in eine Reinigung in der Zentgrafenstraße ein und tauschte wieder Anstaltskleidung gegen eine blaue Hose, einen hellblauen Rock und eine Freizeitjacke. Anschließend erbeutete er in einer Drogerie 20,– DM und trank derweil in Ruhe eine Flasche Bier. Obwohl er sich zuvor Handschuhe besorgt hatte, fand die Polizei auf dem Glas später seine Fingerabdrücke.

Zu diesem Zeitpunkt war Lunkewitz schon ein „guter Bekannter" der Polizei. Bereits am 1. Juli 1965 war er aus seiner Heimatstadt Kassel geflüchtet und an die französische Riviera getrampt, wo er mit mehr als 50 Einbrüchen von sich reden machte. Am 19. August, zurück in Deutschland, erbeutete er in Stuttgart mit einem Komplizen 1.200,– DM. Bei einer Routinekontrolle fand die Polizei so viele Geldrollen im Wagen, dass die beiden festgenommen wurden. Nur vier Tage später wurde er dort erneut auffällig und bei einem Einbruch verhaftet. Gegenüber der Polizei gab er die Einbrüche an der Riviera zu und wurde in die „Elwe" überführt, weil er in Kassel bereits wegen anderer Straftaten gesucht wurde. Dort galt er als „unstet und sprunghaft, unreif und labil", so die „Hessische Allgemeine". Lunkewitz war kurz zuvor noch Partygast der Tochter eines bekannten Kasseler Kommunalpolitikers gewesen und hatte es ein Vierteljahr an einem Abendgymnasium ausgehalten, um das Abitur zu machen.

Mit dem eingangs bereits erwähnten, am 14. Oktober in Kassel erbeuteten Geld fuhr Lunkewitz nach Stuttgart. In der Nacht zum 16. Oktober war er in Frankfurt/M., wo er in drei Geschäften 400,– DM erbeutete. Insgesamt 16 weitere Einbrüche folgten in den nächsten acht Tagen, so in München, Pforzheim und Stuttgart. Dabei bewies er eine Geschicklichkeit

> im Erklettern von Dachrinnen, im Einsteigen durch Oberlichte und in der Überwindung von Eisengittern [...], die er mit Dachklammern, dem Wagenheber oder einem Bolzenschneider auseinander bog, aus der Verankerung löste oder durchtrennte.

In Stuttgart wurde Lunkewitz am 23. Oktober erneut verhaftet. Auf dem Rücktransport nach Kassel gelang ihm die nächste, nunmehr dritte Flucht. Am 23. Dezember 1965 befand er sich auf der Autobahn von Frankfurt nach Kassel. Bei Homberg/Efze gelang es ihm, die nur 57 mal 15 cm große Fensterscheibe des Gefangenentransporters zu öffnen. Da der Wagen nur mit 65 km/h Geschwindigkeit fuhr, „zwängte [er] sich durch diesen Spalt mit artistischer Gewandtheit und erreichte heil Bad Hersfeld". Hier brach er erneut drei Mal ein, um sich seiner Häftlingskleidung zu entledigen und versorgte sich

> mittels bargeldlosen ‚Nachteinkaufs' mit drei Koffern, Unter- und Oberwäsche, Mänteln, Anzügen, zwölf Paar Schuhen und so lebensnotwendigen Dingen wie einer Sexpuppe, seinem Lieblingsparfüm und einem Frack. Alle diese Sachen musste er jedoch am nächsten Abend in der Baubude, in der er die gefüllten Koffer untergestellt hatte, zurücklassen, weil er aus einem gegenüber liegenden Tanzlokal beobachtete, dass ein Polizist ein Auge auf die Bude hatte

so die „Hessische Allgemeine" leicht amüsiert.

Daraufhin fuhr Lunkewitz mit dem Zug nach Frankfurt/M., brach in einem Autosalon ein und versuchte sich im Fahren eines Sportwagens. „Ich hatte mir vorgenommen fahren zu lernen, um nicht immer die Bahn benutzen zu müssen", so Lunkewitz. Nachdem er den Wagen betankt hatte, begann ein ganz besonderes Abenteuer.

> Ich knipste meine Taschenlampe an und las die Gebrauchsanweisung gründlich durch, wie das Auto zu fahren sei. In einem Tor steckte von innen der Schlüssel. Ich schloss auf, öffnete es und wollte herausfahren. Aber der Wagen stieß zurück und beschädigte allerhand.

Wenig später sah Lunkewitz ein, dass er kein guter Autofahrer war: Mit eingedrückten Felgen, verbeulten Kotflügeln und einem schleifenden Rad stellte er den Wagen auf einem Parkplatz ab. Nachdem er in weiteren sieben Geschäften eingebrochen hatte, wurde er um den Jahreswechsel 1965/66 verhaftet.

Beim neuen Gerichtsverfahren in Kassel wurden auch Einbrüche in Bremerhaven verhandelt. Zuvor hatte sich Lunkewitz wegen der Mängel westdeutscher Erziehungsmethoden beim hessischen Justizminister beklagt. Stattdessen lobte er ironischerweise die „HJ und FDJ der autoritären Staaten". Des Weiteren stand er dazu, ein Nihilist zu sein, der kein Gesetz anerkenne. Dementsprechend könne er in der „Elwe" auch nicht an der Herstellung von Lockenwicklern teilnehmen.

Anfang 1973 stand der „Ausbrecherkönig" in Frankfurt/M. erneut vor Gericht. Der Vorwurf des Landfriedensbruchs, der Sachbeschädigung und des Widerstandes gegen die Staatsgewalt wurde allerdings fallen gelassen und Lunkewitz freigesprochen, weil er am 9. Mai 1972 bei einer Demonstration gegen die Verminung nordvietnamesischer Häfen durch die Amerikaner mit einer anderen Person verwechselt worden war. Als er von einer Telefonzelle aus der Redaktion der deutschen Presseagentur mitteilen wollte, dass Demonstranten das IBM-Gebäude mit Steinen beworfen hätten, wurde er selbst als mutmaßlicher Steinewerfer festgenommen.

Quellenverzeichnis
veröffentlicht:
Hessische Allgemeine, 16.10.1965, 15.2.1966, 22.2.1966, 23.1.1973

16. September 1969: Kassel bekommt „seinen" Rudi Dutschke: Bernd F. Lunkewitz

Da die Universität erst zwei Jahre später gegründet werden sollte, trugen in Kassel die Schüler die Proteste des Jahres 1968. So demonstrierten wiederholt viele Schüler 1967 und 1968, etwa anlässlich des Todes von Benno Ohnesorg, des Vietnamkrieges, des Attentats auf Rudi Dutschke und des Prager Frühlings. Zwischen 700 und 2.000 Menschen nahmen an diesen friedlich verlaufenden Aktionen in der Innenstadt teil. Nur zwei Demonstrationen wichen davon ab: Im Mai 1968 kam es zu Besetzungen von Verkehrsknotenpunkten bei einer Kundgebung gegen die geplanten Notstandsgesetze. Diese waren im selben Monat auch Anlass für Schmierereien und Sachbeschädigungen in verschiedenen Schulen und für die Belagerung der Stadthalle, wo eine Kommandeurstagung der Bundeswehr stattfand. Nach Handgreiflichkeiten mit Feldjägern kam es doch noch zu einem Gespräch mit einer Delegation der Bundeswehr.

Einer dieser jungen Menschen ging 1969 als erster „antifaschistischer Märtyrer" in die Stadtgeschichte ein: Bernd F. Lunkewitz wurde für die Schüler in Kassel das, was Dutschke für die Studenten der Bundesrepublik bedeutete. Denn auch auf ihn wurde während einer Schülerdemonstration, die er 22-jährig anführte, ein Attentat verübt.

Der „Sohn ehrbarer und fleißiger Geschäftsleute" („Hessische Allgemeine"), dessen Eltern eine Wäscherei und eine Reinigung betrieben, war schon früh politisch aktiv. Der „Che Guevara von Kassel", der am 5. Oktober 1947 in Kassel geboren wurde und kleinbürgerlich aufwuchs, gründete das „Aktionszentrum unabhängiger sozialistischer Schüler (AUSS)". Diese „Keimzelle zahlreicher Protestaktionen", so Christina Hein, wurde vom SDS unterstützt und bot eine Plattform für alle Schüler, die aus dem Schatten des Studentenprotestes herauskommen wollten. Am 18. Juni 1967 tagten in Frankfurt erstmals 800 Schüler aus 17 Städten, die sich im AUSS organisiert hatten. Dazu schrieb Lunkewitz für die Schülerzeitung „Kieker" der Kasseler Herder-Schule, die er zu seinem Sprachrohr machte. Mit „Make Love not blabla" rief er dort zur sexuellen Befreiung auf.

> Wenn die Gesellschaft die Befriedigung der sexuellen Bedürfnisse hemmt – welche Klasse oder Schicht hat ein Interesse daran?

In der „Hessischen Allgemeinen" vom 25. Januar 1969 ergänzte er: „Wir wollen eine Sexualaufklärung mit praktischer Absicht, wir wollen's nicht studieren, sondern probieren."

2008 sagte Lunkewitz zu seiner politischen Einstellung: „Ich war Anarchist und habe nichts respektiert." Die „Hessische Allgemeine" attestierte ihm im Oktober 1965 eine „erstaunliche Aktivität" und nicht „unintelligent" zu sein. Allerdings wirke er nicht „sonderlich robust". Äußerlich imponierte er vor allem mit seinem weißen Hut aus England, Nadelspitzenschuhen und einem „Stresemann-Anzug".

Lunkewitz gehörte zusammen mit 20 bis 30 anderen zu den Protest-Schülern von Kassel. Regelmäßig traf man sich im Hermann-Schafft-Haus in der Wilhelmshöher Allee. „Danach", so Lunkewitz „ging's zur Gaststätte Lohmann im Königstor, wo wir uns die Köpfe heiß redeten." Er organisierte im September 1969 einen Schülerstreik an der Herderschule. Auch als Mitglied des Komitees zur Solidarität mit dem Befreiungskampf des vietnamesischen Volkes plante er im Herbst 1969 Demonstrationen. Dabei kam es zu Zwischenfällen mit der Polizei.

> Als die Demonstranten, die sich auf dem Platz der deutschen Einheit erneut gesammelt hatten und in Richtung Innenstadt zogen, bemerkten, dass die Polizei die Fuldabrücke sperren wollte, griffen sie zur ‚Umgehungstaktik': Sie liefen schnell in Richtung Drahtbrücke, um so in die Innenstadt zu gelangen. Durch einen brutalen Polizei-Einsatz wurden sie jedoch daran gehindert: Als die Demonstranten gerade die Drahtbrücke passiert hatten, fuhren Polizei-Fahrzeuge vor, aus denen Beamte heraussprangen und sofort und ohne Warnung auf die Demonstranten, auch auf Mädchen, einschlugen. Während dieser Terror-Aktion wurde ich von drei Polizeibeamten vorläufig festgenommen und anschließend zusammengeschlagen, ich gehörte zu diesem Zeitpunkt nicht mehr zu dem Demonstrationszug

so Lunkewitz.

Berühmt wurde Lunkewitz am 16. September 1969. An diesem Tag führte er einen Demonstrationszug gegen die NPD an. Vor der Kasseler Stadthalle hatten sich über 1.000 Menschen versammelt, um gegen eine geplante Wahlkundgebung der Rechtsextremen zu protestieren. Anschließend zogen sich einige der Rechtsextremen in das Haus des Kasseler NPD-Vorsitzenden Fischer in die Weinbergstraße zurück. Etwa 350 Demonstranten folgten ihnen. Plötzlich lösten sich Schüsse aus einer Pistole: Lunkewitz und der 19-jährige Michael Hoke wurden von einem NPD-Ordner angeschossen. Im Gegensatz zu Dutschke, der an den Spätfolgen des Attentats 1979 starb, überlebte Lunkewitz fast folgenlos. Der Leibwächter des damaligen NPD-Vorsitzenden Adolf von Thadden hatte ihn „nur" im

Oberarm getroffen. Lunkewitz schilderte im April 1970 seine Sicht der Ereignisse vor Gericht: Er gab zu „Nazis raus!" und „Sieg-Heil!" geschrien und versucht zu haben, von Thadden während der Verfolgung am Jackenzipfel festzuhalten, um mit ihm zu reden, „aber er riss sich los". Später war er im Pulk vor Fischers Haus und bemerkte mit Missvergnügen: „Von Thaddens Gorillas schlugen um sich". Weiter erinnerte er sich:

> Ich sah, wie Kolley in die Luft schoss und hörte, wie er sich als ‚Polizei' ausgab. Dann drehte er sich um und richtete die Pistole auf uns. Ich sagte: ‚Zeigen Sie mal Ihren Polizeiausweis'. Er antwortete: ‚Später!' und machte 'ne Armbewegung wie'n General und kommandierte: ‚Streifenwagen vor!'. Ich streckte nun die linke Hand aus und forderte erneut seinen Ausweis. In diesem Augenblick schoss er. Ich spürte den Schlag, fiel und sah das Mündungsfeuer des nächsten Schusses, der ebenfalls sofort abgefeuert wurde. Ich sprang auf, wollte hinter ihm her und nahm aus Wut einen Stein und warf ihn in eine Fensterscheibe von Fischers Haus, in dem der Anklagte verschwand.

Am nächsten Tag zogen gegen 17 Uhr 100 Demonstranten durch die obere Königsstraße zur Spohrstraße. Auf Plakaten und mit Megaphonen forderten sie die sofortige Auflösung der NPD. Wenig später hatte Louis Spohr auf seinem Denkmalssockel eine rote Fahne in der rechten Hand. Zwei Tage später wurde Lunkewitz von seinen Anhängern am Kasseler Elisabeth-Krankenhaus abgeholt. Dabei verglichen sie ihn mit einem Messias. „Vielleicht lag's an der Optik und seinen ‚Beatles-Locken'", so Christina Hein. Ein Demonstrationszug von etwa 50 Personen zog mit roten Fahnen und Transparenten anschließend

Die gefeierten Helden der Kasseler Schülerprotestbewegung nach ihrer Entlassung aus dem Kasseler Elisabeth-Krankenhaus: Bernd Lunkewitz (r.) und Michael Hoke (2. v. r.)

zum Hermann-Schafft-Haus zu einer Diskussion.

Die Schüsse hatten, wie Thomas Simon ermittelte, sogar bundespolitische Folgen. In Bonn reagierte ein Sprecher der Bundes-CDU: Die „Verwilderung des Wahlkampfes durch radikale Kräfte" sei zutiefst zu bedauern. Alt-Bundeskanzler Ludwig Erhard meinte: „Es ist höchste Zeit, dem wilden Treiben der NPD ein Ende zu bereiten." Außenminister Willy Brandt analysierte den Vorfall:

> Wir müssen alles tun, was wir tun können, um die Gewalttätigkeit aus unserem politischen Leben fernzuhalten.

Bundespräsident Gustav Heinemann ergänzte: Er sehe im Kasseler Vorfall ein „Mahnzeichen für alle." Das sah die NPD natürlich ganz anders. Ihr Bundesvorsitzender Adolf von Thadden meinte, dass dieser Anschlag nur eine Folge der schon länger „von links" betriebenen Hetze gegen die NPD sei. „Und von Thadden setzte noch einen drauf: Er könne nicht ausschließen, dass der Anschlag ihm gegolten habe", so Thomas Simon. Da die Täterschaft logischerweise im Umkreis der NPD zu suchen war, wurden eine bundesweite Fahndung ausgeschrieben und 13.000,- DM Belohnung zur Ergreifung des Attentäters ausgesetzt. Am 4. Oktober verhaftete man den Attentäter: das NPD-Mitglied Klaus Kolley. Wenig später wurde Haftbefehl erlassen, am 20. April 1970 erfolgte die Anklage vor dem Kasseler Schwurgericht wegen versuchten Totschlags in zwei Fällen. Am zehnten Verhandlungstag wurde das Urteil gefällt: 18 Monate Freiheitsstrafe. Allerdings wurde die Untersuchungshaft angerechnet und der Haftbefehl aufgehoben, da aus Sicht des Gerichtes keine Fluchtgefahr mehr bestand.

Während des Prozesses kamen weitere Details zur Rolle von Lunkewitz bei der Demonstration vor der Stadthalle zu Tage. Dazu die „Hessische Allgemeine" vom 24. April 1970:

> Ein 19jähriger technischer Zeichner, der selbst Waffen besessen hat und etwas davon versteht, sah vor der Stadthalle: ‚Lunkewitz saß auf dem Schutzgitter vor der Absperrung und hatte einen roten Schutzhelm auf. Ein anderer brachte ihm Knallfrösche, Signalstifte und eine Pistole vom Kaliber 6,35'. Lunkewitz erklärt hierzu: ‚Die ‚Pistole' war in Wirklichkeit ein Schreckschuss-Trommelrevolver'.

Nach dem 1968 per Fernlehrgang bestandenen Abitur studierte Lunkewitz in Frankfurt/M. Philologie, Philosophie und Politikwissenschaften. Einen akademischen Abschluss hat er aber nie erreicht. Stattdessen kämpfte er als Mitglied der KPD/ML lieber für die Weltrevolution. Mehr durch Zufall erhielt er später einen Aushilfsjob beim Frankfurter Maklerunternehmen „Jones Lang Wootton", wo er später auch fest eingestellt wurde. So erlernte er das Immobiliengeschäft von der Pike auf. Bundesweit geriet er im April 1991 in die Schlagzeilen, als er den ostdeutschen Aufbau-Verlag kaufte. Immer bestimmten Extravaganzen Lunkewitz' Leben. Er blieb ein Linker und Marxist. So verwundert sein 2008 gezogenes Resümee über die späten 60er Jahre nicht: „Das Aufbegehren der Jugend war überfällig. Ich sehe keinen Grund, mich davon heute zu distanzieren."

Quellenverzeichnis
veröffentlicht:
FazNet, Frankfurter Allgemeine, 19.10.2010
Petra Gärtner, „Aufbau ist fast abgebaut. Trotz Insolvenz des traditionsreichen Verlags wollen die Mitarbeiter weitermachen", in: *Hessische Allgemeine* (Stadtausgabe Kassel), 7.6.2008

Christina Hein, „,Das Aufbegehren war überfällig': Bernd Lunkewitz, der bei einer Protestaktion in Kassel angeschossen wurde, erinnert sich", in: *Hessische Allgemeine* (Stadtausgabe Kassel), 30.4.2008
Hessische Allgemeine, 25.1.1969, 4.9.1969, 11.9.1969, 17.9.1969, 18.9.1969, 19.9.1969, 6.10.1969, 18.11.1969, 21.4.1970, 24.4.1970, 14.5.1970
Wolfgang Kraushaar, „Aus der Protest-Chronik: 16.9.1969", *Mittelweg 36*, 10. Jg., Heft 1/Februar 2001, S. 91ff.
Christian Simon, *Schülerprotest um 1968. Dargestellt am Beispiel ausgewählter nordhessischer Schulen* (Wissenschaftliche Examensarbeit zur Ersten Staatsprüfung für das Lehramt an Haupt- und Realschulen), o.O. 2007
Thomas Simon, *Das war das 20. Jahrhundert in Kassel*, Gudensberg-Gleichen 1999

„The Twins": Kasseler Zwillinge erobern die Welt

Lunkewitz hat als Anführer der Kasseler Schülerproteste Ende der 60er Jahre die Zwillinge Gisela Getty und Jutta Winkelmann, die später Berühmtheit erlangen sollten, „für die linke Bewegung agitiert". Bis heute sind sie Bestandteil des Harems vom Altkommunarden Rainer Langhans. Dazu Jutta Winkelmann 2008:

> Wir haben seit 30 Jahren eine tiefe und sehr schwierige Beziehung, aber der Rainer ist für uns eher eine Selbsterkenntnismaschine. Das ist eine Arbeitsbeziehung.

Als „Töchter eines verarmten NS-Offiziers" 1949 in Kassel unter dem Namen Schmidt geboren, wurden die beiden Mitte der 60er Mitglied einer kommunistischen Splitterorganisation und verteilen Flugblätter vor deutschen Werkstoren, so Sven Michaelsen. Ingrid Reichel kommentiert diese Lebensphase:

> Um ihrem kleinbürgerlichen Kasseler Vorstadtmilieu zu entfliehen, kamen die 68er wie gerufen. Sie wussten immer schon, dass sie etwas Besonderes waren und als etwas flachbrüstige Frauen meinten sie, eine neue Ära des androgynen Typus ins Leben geweckt zu haben. Sie wollten studieren, Filme machen, die Welt erobern und werden heute in der Boulevardpresse als die Ikonen der 68er gefeiert. So ging es vom biederen und sicheren Elternhaus in eine WG, von dort wollte man den Sozialismus proklamieren. Ein bisschen Flyer austeilen dort, ein bisschen Fabrikarbeit da.

Volker Weidermann setzt noch einen drauf:

> Aber zunächst geht es nach Berlin, das Jahr 1967, das Erlebnis der Befreiung und der Gemeinschaft, Politik und Demonstrationen, erste Gewalt und immer die Sehnsucht nach Liebe und dem Süden,

The Twins: Gisela und Jutta Schmidt, die „Getty-Sisters", 1973

nach einem anderen Leben im Glanz. Die Freiheit wird schnell durch erste Schwangerschaften bedroht. Jutta lässt bei einem brutalen Engelsmacher eine Abtreibung vornehmen. Gisela wird ihr Kind bekommen. Kaum ist es da, gibt sie es bei ihren Eltern in Kassel ab und zieht weiter über die Schweiz nach Italien. Sie gibt es ab bei jenen Eltern, die die Zwillinge zuvor immer wieder als Nazis beschimpft und dem Vater mit dem Hinweis ‚ihr habt Millionen Juden vergast, von dir lasse ich mir überhaupt nichts sagen' jedes Erziehungsrecht abgesprochen haben. Jetzt überlässt man ihnen den frischen Säugling wie eine ausgespuckte Erbse. Sie haben schließlich eine Mission: ‚Wir müssen Verantwortung übernehmen und anderen zu erkennen helfen, wer sie in Wirklichkeit sind'.
Die Twins gehörten teilweise zu den Kommunarden im Kasseler Münstermannhaus. So lernten sie auch Lunkewitz kennen, der ihnen recht undogmatisch vorkam. Mit ihm und anderen Schülern organisierten die Zwillinge auch eine besondere Demonstration.

> Eine Truppe trifft sich im Hermann-Schafft-Haus, wo die Strategie besprochen wird und wie wir uns verhalten, falls die Polizei einschreitet. Wir laufen dann natürlich in der ersten Reihe mit. Die Demonstration ist die erste Massenkundgebung in Kassel seit 1945 [...] Für uns wird das Ereignis zum Anfang eines Kapitels in unserem Leben. Gleichzeitig wird nämlich in Berlin und anderen Städten demonstriert - und das gibt uns ein unglaubliches Gefühl der Verbundenheit und Stärke

so die Zwillinge rückblickend.

> Die Verwandtschaft entrüstet sich, schlimm hätten wir ausgesehen, wie die Hottentotten. Die Polizei trägt Mutti zu, dass wir Umgang haben mit dem bekannten Anarchisten Lunkewitz.

In dieser Zeit hatten die Twins auch verstärkt Kontakt zum Zentralkomitee der KPD/ML, einer maoistisch-leninistisch orientierten kommunistischen Gruppierung. Studiert wurde kaum noch.

> Wir sind für den Arbeiterkampf in Kassel verantwortlich. Manchmal kriegen wir unsere Flugblätter aus den Händen geschlagen. Vor allem Frauen zeigen offene Feindseligkeit: ‚Rote Fahne? Hahaha, steckt sie euch in die Fotze' und so weiter. Ein paar Lehrlinge markieren Interesse. Lunke sagt dann immer: ‚Weil sie euch hübsch finden, politisch hat das gar nichts zu sagen, aber es könnte ja ein Ansatz sein'.

Lunkewitz war wohl in dieser Zeit in die Twins verliebt. Allerdings muss das recht einseitig gewesen sein. Dazu die Zwillinge: „Aber mit Lunke geht trotzdem nichts, er ist mehr wie ein Bruder."

Die Twins gründeten auch eine Betriebsgruppe der KPD/ML mit. Hier trafen sie sich mit Lehrlingen und arbeiteten außergewöhnlich „politisch".

> Unsere Gruppe vermied den Theoriekrampf, die Lehrlinge freuten sich, zwei so hübsche und nette Genossinnen zu haben, die nach den Treffen auch gern mit baden gingen.

Bei schönem Wetter fanden die Treffen gleich in der Aue statt.

> Die Utopie einer schönen Welt, einer Welt der Liebe und Helligkeit, war in diesem Park in Vorformen schon zu finden.

Während dieser Zeit „verliebten" sich die beiden in Langhans, den sie aber noch gar nicht persönlich kannten.

> Der schöne Rainer, Teufel, Kunzelmann: sie sind die Allertollsten. Jede Nachricht von ihnen nehmen wir leidenschaftlich auf [...] Für uns sind sie politische Popstars oder so etwas Ähnliches

so die Twins in ihrem Buch. Uschi Obermaier bewunderten sie, bevor sie diese kennen lernen sollten. Bei einem Besuch des „American Underground Filmfestivals" in Hamburg und später in Bochum lernten sie auch Holger Meins kennen. In Gegenwart der Zwillinge verkündete er, dass er nun entschlossen sei, in den Untergrund zu gehen. Natürlich sympathisierten die Twins mit der RAF. Auch Bommi Baumann, Bewohner der Kommune 1 und späteres Mitglied der Terror-Organisation „2. Juni", gehörte zeitweilig zum Bekanntenkreis der Frauen aus Kassel.

Vielleicht auch deshalb kamen die Zwillinge auf den Gedanken, einen eigenen politischen Film zu machen.

> Einen, der zum Erlebnis werden lässt, was es heißt, Arbeiter zu sein. Was es heißt, entfremdet zu arbeiten, am Fließband zu stehen. Man müsste eine Stunde, in einer Einstellung durchgängig, ohne Schnitt einen Arbeiter am Fließband zeigen. Das wäre bestimmt für den Zuschauer kaum auszuhalten und würde gut nerven.

Weiter liest man in ihren Lebenserinnerungen:

> Wir rufen VW an und täuschen die Geschäftsleitung. Sie muss uns für Dokumentaristen des technischen Fortschritts halten. Als linke Studenten können wir denen nicht kommen. Im Zentrum des Films stand ausschließlich ein Arbeiter. Der Titel des Films lautete ‚Heinrich Viel' nach dem Namen des Arbeiters. Er begann mit Schwarzfilm, also ohne Bild, stattdessen hörte man nur die Stimme des Arbeiters. Er beschreibt sein Leben und seine Vorstellungen vom Glück. Dann sieht man ihn eine Stunde lang am Fließband Motorteile montieren.

Der Film gewann den großen Preis bei den Filmfestspielen in Oberhausen. Ihr Studium hatte sich somit in gewisser Weise schon gelohnt.

Jutta und Gisela studierten von 1966 bis 1970 an der Kasseler Werkkunstschule. Über die Modeklassen kamen sie in die Abteilung Graphik, wo sie sich auf Foto, Film und Fernsehen konzentrierten. Nebenbei waren sie gefragte Fotomodelle. Mit ihren Arbeiten rebellierten sie gegen das damals übliche Verständnis von Ästhetik.

> Der Traum von der freien Liebe, von neuen Formen des Zusammenlebens, Drogenkonsum und experimenteller künstlerischer Arbeit führte sie 1970 von Kassel [...] über Berlin, wo Politik und Kunst sich kritisch mischten, nach Rom und weiter in die USA, wo es zu entscheidenden Begegnungen mit Leonhard Cohen, Dennis Hopper, Patti Smith, Bob Dylan und Wim Wenders kam

so Wilhelm Ditzel in der „HNA" vom 16. April 2008. Auch Frederico Fellini, Roman Polanski sowie Timothy Leary gehörten zu ihrem Bekanntenkreis. Fellini war derart von ihnen begeistert, dass er sie unter seine Fittiche nehmen wollte,

> was daran scheitert, dass die beiden nie zu erreichen sind, keinen festen Wohnsitz und schon gar keinen Festnetzanschluss haben. Aus heutiger Sicht ist es erstaunlich, dass es ohne mobile Kommunikation überhaupt möglich war, einen solchen Wirbel an Kontakten am Laufen zu halten

so Alexander Schimmelbusch im Vorwort des Buches „The Twins".

> Die Zwillinge arbeiteten frei, sie malen ein wenig, schauspielern ein wenig, schreiben und modeln ein wenig, sie sind arm, aber sexy, analoge Vorläufer der heutigen digitalen Bohème, ein kreatives Prekariat, das kaum die Miete zahlen kann, aber unzählige Bekannte vorweisen kann, die ständig in den Medien präsent sind. In dieser Zeit setzten die Zwillinge das Karma in die Welt, aus dem Jahrzehnte später Facebook hervorgehen wird, sie vernetzen sich international und schneeballartig

so fasst Schimmelbusch das Leben der Twins brillant zusammen. Selbstverständlich zogen sich die Zwillinge auch für den Playboy aus. Logisch, dass für solche Frauen ein Leben in Kassel „eine Zumutung" war und sie die Stadt mit „idiotischer Enge und Einöde" verbanden.

Gisela heiratete zuerst den Schauspieler Rolf Zacher, aus dieser Ehe ging eine Tochter hervor. Im September 1974 wurde der Multimillionärsenkel Paul Getty III (sein Großvater, John Paul Getty, war damals der reichste Mann der Welt) in zweiter Ehe ihr Mann. Im Januar 1975 kam Sohn Paul Balthasar zur Welt, und das Paar siedelte von Italien nach Los Angeles über, wo Gisela schnell zum Jetset Hollywoods gehörte. Im Oktober 1975 trennte sich das Paar. Jutta ehelichte den Regisseur Helmut Winkelmann. Nach über 20 Jahren in den USA kamen die Geschwister 2002 in die Bundesrepublik zurück und leben heute in München.

Weltweite Bekanntheit erlangten die Zwillinge im Juli 1973. Während sie als Nachwuchsschauspielerinnen in Rom lebten, wurde der befreundete 17-jährige Paul Getty III, mit dem sie fotografisch gearbeitet hatten, entführt. Dies wurde zum bis dahin spektakulärsten Fall der italienischen Kriminalgeschichte. Und die Twins waren mittendrin. Sie übergaben der Polizei einen Brief des Entführten. Kurz darauf konnten sich die beiden vor den italienischen Reportern nicht mehr retten. In fast allen nationalen Tageszeitungen wurden nun Fotografien von ihnen veröffentlicht. Dazu der Vater: „Meine Töchter werden gehetzt wie Wild."

Getty kam erst im Dezember 1973, nach fünf Monaten, wieder frei. Die Kidnapper erpressten das höchste Lösegeld der italienischen Geschichte von 6,5 Millionen Mark. Zuvor hatten die Entführer ihrem Opfer ein Ohr abgeschnitten und als Beweis an eine Tageszeitung nach Rom geschickt. Später richtete er sich systematisch zu Grunde. Nach einer Überdosis Drogen und Alkohol war er ein ständiger Pflegefall. Paul Getty starb an den Spätfolgen am 5.2.2011 in Wormsley, Buckhamshire, England, während die Twins noch immer schwungvoll durch die Welt jetten.

Quellenverzeichnis
veröffentlicht:
Wilhelm Ditzel, „Wilde Zwillinge, sehr diszipliniert", in: *Hessische Allgemeine* (Stadtausgabe Kassel), 16.4.2008
Gisela Getty, Jutta Winkelmann, *The Twins*, Berlin 2010
Gisela Getty, Jutta Winkelmann, Jamal Tuschick, *Die Zwillinge oder vom Versuch, Geist und Geld zu küssen*, München 2009
Christina Hein, „‚Das Aufbegehren war überfällig': Bernd Lunkewitz, der bei einer Protestaktion in Kassel angeschossen wurde, erinnert sich", in: *Hessische Allgemeine* (Stadtausgabe Kassel), 30.4.2008
Hessische Allgemeine (Stadtausgabe Kassel), 23.7.1973, 26.7.1973, 14.9.1974, 25.1.1975, 21.10.1975, 12.4.2008
Sven Michaelsen, „Wilde Zwillinge und ihre Nacht mit Bob Dylan", in: *weltonline.de*, 2.2.2008
Ingrid Reichel, „Statt Kessler, die Kasseler Zwillinge", Frankfurt/M. 2008, in: *LitGes.at*
Der Spiegel, Nr. 7/14.2.2011
Volker Weidermann, „Versuch über das geglückte Leben", in: *FAZ.NET*, 10.2.2008

APO

Melsungen

Juni 1969 bis 1971: Die APO agitiert gegen die Geschwister-Scholl-Schule, die Firma B. Braun und für ein selbstverwaltetes Jugendhaus

Im Sommer 1969 plante das ehemalige Kreisgymnasium oder Vilmarsche Institut, jetzt Geschwister-Scholl-Schule genannt, die Feier seines hundertjährigen Bestehens. Eine örtliche APO-Gruppe, die bereits Anfang 1969 gegründet wurde und nun als „Basisgruppe Hundertjahrfeier" fungierte, störte jedoch die Feierlichkeiten durch Verteilung eines Flugblattes „100 Jahre Untertanenfabrik". Darin kritisierte sie veraltete Lerninhalte und Methoden sowie die unaufgearbeitete Nazi-Vergangenheit vieler Lehrer, und dass die Schule Arbeiter- und Bauernkinder gegenüber den Oberschichtkindern systematisch benachteilige.

Die Gruppe verstand sich als antiautoritärer Teil der APO, bestand aus etwa zehn Frankfurter und Marburger Studenten, denen sich später Melsunger Oberstufenschüler (unter anderem Hubert Kleinert, der später bei der Partei der „Grünen" Karriere machte), Lehrlinge, junge Arbeiter und Jungdemokraten (Jugendorganisation der FDP) anschlossen. Die Aktion hatte auch ganz persönliche Motive: Die Studenten, wie Michael Bauer und Herbert Preissler, waren als ehemalige Melsunger Gymnasiasten auch Zeugen der Vorgänge rund um den 17.6.1961 (vgl. Kapitel Schülerbewegung/Melsungen). Sie mussten in ihrer Jugendzeit erfahren, dass ihnen „bestimmte Melsunger Milieus" verwehrt blieben, etwa weil sie sich „aus wirtschaftlichen Gründen" die Mitgliedschaft im noblen Tennis- oder Ruderverein nicht leisten konnten. Auch bei Ferienjobs in der Bierdeckelfabrik Walkemühle und bei einer Tiefbaufirma hatten sie Ausbeutung und Ungleichheit deutlich gespürt: „Man gehörte nicht zu denen da oben in der städtischen Hierarchie", so Preissler.

Ihr Ziel, so die APO-Aktivisten, sei es, solche „gesamtgesellschaftlichen Widersprüche im ländlichen Idyll" aufzugreifen und in der Provinz Mitstreiter für den Klassenkampf zu gewinnen. Zeitzeuge Bauer wird konkreter:

> Nordhessen war industriell zurückgeblieben, provinziell, dörflich-kleinstädtisch. Sonntags war nichts los, man hatte kein Auto, da gab es nur die Eisdiele. Es war wie eine Wüste. Und wir sagten uns: ‚Wir wollen den Melsungern helfen, da müssen wir was tun'. Wir sahen da auch eine moralische Verpflichtung.

Der Schulleiter Laakmann reagierte hart auf die APO-Aktionen an der Schule. Obwohl er Hausverbote erteilte und mit einer Anzeige drohte, setzten die Aktivisten im Juni 1969 während des Jubiläumsprogramms eine Diskussionsveranstaltung zum Thema „Hundert Jahre Untertanenfabrik?" durch. Der

Schulleiter Gerhard Laakmann

Disput wurde aber nicht grundsätzlich ausgeräumt, so dass die Studenten nachlegten in Form der „Schilling-Dokumentation". Oberstudienrat Fritz Schilling war Lehrer für Englisch, Französisch und Religion und trug bei Schülern den Spitznamen „Schepper", weil er bei seinen häufigen Wutausbrüchen auf den Tisch haute und dabei „Jetzt hat's gescheppert!" schrie. Schilling war im November 1969 das Ziel eines „Go-ins" und eines „Teach-ins" der so genannten „Projektgruppe Schilling". Diese warf ihm in einer ausführlichen Dokumentation vor, missliebige Jugendliche gnadenlos auszusortieren und Schüler mit sadistischen Äußerungen und autoritärem Unterrichtsstil zu schikanieren. Preissler gibt an, von Schilling wie folgt tituliert worden zu sein:

Leute wie Dich hätte man im Krieg nicht erschossen, man hätte sie mit kleinen Steinen vom Leben zum Tod gebracht.

Bauer kann sich an die Beschimpfungen „Prolet" und „Untermensch" erinnern.

Schilling, so die Studenten, stehe symbolisch für pädagogische Strukturen, die Kindern aus der Unterschicht den sozialen Aufstieg verwehren und damit ein ungerechtes Gesellschaftssystem aufrechterhalten. Das Lehrerzitat „Du kommst aus der Gosse und hast hier eigentlich nix zu suchen" bringe das auf den Punkt. Die Schulleitung reagierte mit einer Anzeige wegen Hausfriedensbruchs. Dennoch wurden die Vorwürfe debattiert, etwa im schulinternen Vermittlungsausschusses, in Schülervollversammlungen, lokalen und überregionalen Medien, im Kasseler Regierungspräsidium und in dem Arbeitskreis ehemaliger Schüler, der Schilling stützte.

Letztlich wurde das Ziel der Suspendierung zwar verfehlt, Schilling aber fortan „nicht mehr in der Oberstufe eingesetzt. Er ging dann sehr bald in den frühzeitigen Ruhestand", erinnert sich Preissler. Gleichwohl hatte sich eine breitere Öffentlichkeit mit dem Thema beschäftigt und es kam zu einer gewissen Politisierung und Radikalisierung in Teilen der Schülerschaft. Die Folge war die Gründung der „Sozialistischen Arbeitsgemeinschaft" (SAG), deren Aktionsradius noch größer wurde.

Wir wollten uns nicht nur am Rande der Gesellschaft, bei Jugendlichen, bewegen, sondern auch im Zentrum einbrechen, im Bereich der Produktion, der Arbeiterschaft

sagt Preissler. Das erste Angriffsziel war seit Sommer 1970 die Firma B. Braun KG. In „Der rote Bartenwetzer", einer selbst erstellten Zeitschrift, wurde dem Konzern vorgeworfen, eine Monopolstellung in der wenig industrialisierten Melsunger Region innezuhaben. Die nutze man dazu aus, um seine Beschäftigten auszubeuten. Braun beschäftige vorwiegend weibliche, nur angelernte und unterbezahlte Arbeitskräfte in einem ungerechten Akkordsystem und unterhalte Handelskontakte zum rassistischen Südafrika. Durch Massenentlassungen sowie Kurzarbeit ruiniere das Unternehmen die Existenz vieler Arbeitnehmer und stütze sich auf einen allzu willfährigen Betriebsrat. Scheinbare Bestätigung dieser Vorwürfe war im Frühsommer 1971 ein Streik bei B. Braun im Rahmen von Tarifauseinandersetzungen in der Chemieindustrie. Der wurde von der SAG vor den Werkstoren und an der Scholl-Schule begleitet mit Flugblättern: „Arbeiter und Schüler – derselbe Kampf." „Wir haben da in ein Wespennest gestochen", erinnert sich Bauer. Es kam zu Gerichtsverfahren. Die Unterstützung der Arbeiterschaft blieb gering. Die SAG beschränkte sich auf Aufklärung und Beobachtung, auch um sympathisierende Arbeiter nicht zu gefährden, denen deswegen der Verlust des Arbeitsplatzes drohte. Auch eine Aktion gegen den Vietnamkrieg blieb erfolglos: Während des Heimatfestes startete man eine Demonstration über die Rotenburger Straße in Richtung Marktplatz. Anlass war, dass eine US-Army-Band dort aufspielen sollte, die in den Augen der APO-Aktivisten „als Kriegsveteranen" in Melsungen nichts zu suchen hätten. Man habe sich aber zurückgezogen, weil Einheimische aggressiv wurden und den Demonstranten, darunter Mädchen und jungen Frauen, Prügel androhten, so Preissler.

„Der rote Bartenwetzer", die Zeitschrift der „Sozialistischen Arbeitsgemeinschaft"

Ein weiteres Projekt der SAG war ab März 1971 die Forderung nach Einrichtung eines selbstverwalteten Jugendhauses. Unterstrichen wurde dieses durch eine Demonstration mit ca. 70 Teilnehmern. Ziel war es,

> den Kampf um die Verbesserung der Lage Jugendlicher mit dem Kampf um die Emanzipation der Arbeiterklasse zu verbinden

so heißt es in der Diplomarbeit von Preissler. Die Jugendlichen sollten der „kleinbürgerlichen Familie", dem verdummenden Fernsehkonsum, aber auch den beiden kommerziellen Beat-Lokalen entzogen und ab jetzt anders sozialisiert und politisiert werden. Das Jugendhaus entstand tatsächlich, unterstützt auch durch Stadt und Kreis, im ehemaligen Landratsamt mitten in der Stadt. Eine mangelhafte Selbstorganisation setzte dem Projekt aber nach kurzer Zeit ein Ende.

Aus heutiger Sicht kritisiert Preissler „das ziemlich unreflektierte, orthodox-marxistische Weltbild und das außerordentlich naive und unverantwortliche Vorgehen" seiner APO-Gruppe, etwa bei dem Versuch, „den Klassenkampf bei Braun ohne jede betriebswirtschaftliche Kompetenz und gewerkschaftliche Befugnisse zu forcieren". Deutlich werden auch Verletzungen bei den teils heftigen Auseinandersetzungen in Melsungen: Bauer spricht von einer „echten Pogromstimmung" und von „Ressentiments" gegen die damalige APO-Gruppe. So waren die Studenten Adressaten von Drohbriefen und Beschimpfungen wie „Hetzer", „Kinderverderber", „Psychopathen" und „Störenfriede". Auch Preissler registriert noch immer - zumindest vereinzelt - „tiefsitzenden Hass" auf die angeblichen „Kommunisten". Er sieht in alledem „Kosten", also negative Konsequenzen seiner politisch aktiven Zeit. Allerdings habe die Stadt damals auch versucht, den Protest zu kanalisieren, etwa durch die erwähnte Diskussionsveranstaltung zum Schuljubiläum oder die Einrichtung eines Jugendzentrums. Zudem sei er zum 125-jährigen Schuljubiläum zu einer Podiumsdiskussion eingeladen worden. Die akute Phase des „Klassenkampfes in Melsungen" ist also Geschichte, jetzt geht es ans Aufarbeiten.

veröffentlicht:
Herbert Preissler, *Zur Reaktion einer Kleinstadt auf politischen Protest*, Diplomarbeit, Frankfurt/M. 1971
Jürgen Schmidt, *Melsungen – Die Geschichte einer Stadt*, Melsungen 1978

Quellenverzeichnis
unveröffentlicht:
Interviews mit Michael Bauer und Herbert Preissler, 19.6.2010 und 2.7.2010

Die „Heimkampagne" der APO

Protagonisten des „deutschen Herbstes" in Nordhessen

Ende der 70er Jahre musste die Bundesrepublik im „deutschen Herbst" die wohl härteste Probe ihrer Geschichte bestehen (vgl. das Ende des Überblickstextes im Anhang). Interessant ist, dass drei Hauptakteure dieser Zeit, Andreas Baader, Gudrun Ensslin und Peter-Jürgen Boock, schon einige Jahre zuvor etliche Verbindungen nach Nordhessen hatten. Auch Ulrike Meinhof und das etwas weniger bekannte spätere Terroristen-Geschwisterpaar Astrid und Thorwald Proll waren hier aktiv.

Noch vor ihrer Zeit im Untergrund und Terror der RAF kamen alle Mitte bzw. Ende 1969 als Repräsentanten der Außerparlamentarischen Opposition, mit zumeist Frankfurter und mittelhessischen Studenten aus dem Umfeld des Sozialistischen Studentenbundes, nach Nordhessen. Schließlich hatten Baader, Ensslin und Thorwald Proll nach dem Urteil wegen der Brände in zwei Frankfurter Kaufhäusern am 2. April 1968 bis zur Revision Zeit, sich im sozialen Bereich zu betätigen. Im Zuge der so genannten „Randgruppentheorie" des Philosophen Herbert Marcuse rückten die Fürsorgeheime der Region ins Zentrum des Interesses der APO: Die Insassen konnten als Außenseiter der deutschen Gesellschaft möglicherweise das alte Proletariat als Träger einer revolutionären Bewegung ersetzen. Mit der „Heimkampagne" wollten die Vertreter der APO deshalb die z.T. katastrophalen Lebensumstände der Heiminsassen verbessern, die „Brandstifter" dachten aber zugleich daran, eigenen Nachwuchs für ihren revolutionären Kampf zu rekrutieren, was besonders in der Figur von Boock gelang. Die Kampagne der etwa 200 Aktivisten begann am 28. Juni 1969 in Staffelberg, einem Jugendheim bei Biedenkopf. Damit hatte sich die APO für ihre Kampagne eines der fortschrittlichsten Heime in Hessen ausgesucht. Die Stadt Biedenkopf selbst war gegen die Einrichtung, da diese als zu offen galt. Ähnliches traf wohl auch für das Beiserhaus in Rengshausen zu. Anders gelagert war die Situation im Mädchenheim Fuldatal in Guxhagen, welches als eines der rückständigsten Heime in Hessen galt. Die Jugendlichen in den Heimen wurden aufgefordert, die Macht im Heim selbst zu übernehmen oder – und das war öfters der Fall – abzuhauen.

Wie radikal die APO nun vorging, lässt sich exemplarisch an einem Aufsatz aufzeigen, den Gudrun Ensslin im November 1969 in einem kirchlichen Publikationsorgan veröffentlichte. Darin führt sie aus:

> Die Verfassung ist außer Kraft: keine freie Berufswahl, kein Recht auf freie Entfaltung der Persönlichkeit, kein Recht auf körperliche Unversehrtheit. Nicht für dich und mich, sondern über 200.000 Jugendliche in den deutschen Erziehungsheimen, den faschistoiden Anpassungslagern des Spätkapitalismus. Die Fachkräfte, in deren Hände die Erziehungsberechtigung […] gelegt ist […], rekrutieren sich aus folgenden Berufsgruppen: SS-Leute, Hausmeister, Fernfahrer, Polizisten, Turnlehrer usw.

Daraus ergibt sich wenig später folgende Analyse:

> Das heißt praktisch, dass die ‚Heime' Übergangslager, Aufbewahrungsanstalten für Jugendliche bis zum gefängnisfähigen Alter sind! Diese Zustände aufrechtzuerhalten heißt, die Knabenheime bleiben das stetig fließende Reservoir der Kriminalität, die Mädchenheime ein eben solches der Prostitution.

Folglich sei die „präventive Bekämpfung des Heimterrors [...] gleichbedeutend mit präventiver Kriminalitätsbekämpfung".

Das Ziel der APO war damit klar definiert. Ensslins Bilanz der APO-Arbeit klang so:

> Der verhängnisvolle Kreislauf von körperlicher und seelischer Misshandlung in der Familie, Entlaufen, Hunger, Mundraub, von der Polizei Aufgegriffenwerden, Gericht, Heim, Misshandelt werden, Entlaufen, Hungern, kleineren Diebstählen, Aufgegriffenwerden, Heim, konnte durch unsere Aktion wirkungsvoll unterbrochen werden.

Quellenverzeichnis
Gudrun Ensslin und Herbert Faller, „Fürsorgeerziehung – Ja? Nein?", in: Diakonisches Werk in Hessen und Nassau (Hg.), *Weltweite Hilfe – Kirche Diakonie Gesellschaft*, Information für die Gemeinden in Hessen und Nassau, Nr. 8/1969

Wabern

26. Juli 1969: Astrid Proll im Karlshof Im Juli 1969 kam eine junge Frau in das Jugendheim im Waberner Karlshof, die schon bald darauf ein Gründungsmitglied der Rote Armee Fraktion werden sollte: Astrid Proll. Knapp über 20 Jahre alt, gehörte sie dennoch schon länger zum engsten Kreis um Andreas Baader und Gudrun Ensslin. So fuhr sie nach dem Tod von Benno Ohnesorg 1967 eines Nachts mit ihrem Bruder Thorwald und Baader durch Berlin. Dabei brüllten die beiden aus den Wagenfenstern: „Wir schlagen alles kaputt, wir schlagen alles kaputt!" Mit Baader hatte sie nach einer großen Anti-Vietnamkriegs-Demonstration in Berlin am 21. Oktober 1967 eine Brandbombe in der Garderobe des Berliner Amerika-Hauses gelegt. Dies war einer der ersten Brandsätze, die sich gegen US-amerikanische Einrichtungen in der BRD richteten. Proll war es auch, die die Frankfurter Kaufhausbrandstifter ab November 1968 immer wieder im Gefängnis besuchte. Sie empfand die sich „ideal ergänzenden" Baader und Ensslin als „ihre Ersatzeltern", da sie lange unter den Beziehungsproblemen ihrer Eltern gelitten hatte. Sie waren für sie zugleich so etwas wie ältere Geschwister. Auch zu Ulrike Meinhof hatte sie eine enge Verbindung: Mit ihr nahm sie am 7. Mai 1969 an der Besetzung des Hamburger Verlagshauses der Zeitschrift „konkret" teil.

Prolls Auftritt in Wabern hatte ein Vorspiel. Bereits am 4. Juli 1969 hatte ein früherer Heiminsasse im Karlshof ein Flugblatt verteilt, das von der „Kampfgruppe ehemaliger Fürsorgezöglinge" stammte, die sich aus APO-Mitgliedern zusammensetzte. Dessen zentrales Anliegen war deutlich:

Noch ist es uns unmöglich, Erziehungsheime abzuschaffen. Deshalb bleibt uns im Augenblick nichts anderes übrig, als Änderungen zu erkämpfen.

Diese wurden nun in elf, z.T. radikalen, Forderungen postuliert. Die waren auch notwendig, schließlich galten im Erziehungsheim noch Reste der Hausordnung von 1886. Anschließend gab es Gespräche der APO-Vertreter mit der Heimleitung, bei denen eine Heimvollversammlung für den 26. Juli 1969 vereinbart wurde.

Am Nachmittag dieses Tages kamen Proll und etwa 20 Frankfurter APO-Vertreter nach Wabern, andere waren parallel dazu im Beiserhaus in Rengshausen aktiv. Zur Sicherheit hatte der Anstaltsleiter Polizeikräfte angefordert, die sich in der Nähe bereithielten, aber nicht zum Einsatz kamen. Proll und die anderen Aktivisten versuchten nun, die Heiminsassen davon zu überzeugen, „dass die Heimerziehung als Institution bekämpft werden müsse". Anschließend wurden die Missstände in der Heimerziehung angeprangert. Dabei kamen auch Mitarbeiter des Karlshofes zu Wort. Die Veranstaltung verlief in einem „geordneten Rahmen".

Direktor Werner Weiland fuhr mit dem Auto durch den „Hinterausgang" des Karlshofes in seinen Italienurlaub, während vorne (in der Kurfürstenstraße) die APO aufmarschierte. Dafür hatte Weiland ja nach seinen Vorstellungen einen Stellvertreter. „Unglaublich", so der spätere Heimleiter des Beiserhauses, Hans-Hermann Kleem, im Jahr 2008.

Zwei Tage später übergab die mittlerweile gegründete „Basisgruppe Wabern" einen 20 Punkte umfassenden Forderungskatalog an die Heimleitung. Dort wurden freier Besuch (auch Mädchenbesuch), längere Ausgangszeiten, freie Kleiderwahl in der Freizeit, ein arbeitsfreier Samstag, die Abschaffung des Karzers und der Postzensur sowie das Verbot von körperlicher Züchtigung verlangt. Diese uns heute selbstverständlichen Forderungen wurden in den nächsten zwei Jahren in mehreren Schritten umgesetzt. Was dabei an Reformen vom Karlshof nicht selbst angegangen wurde, übernahm der Landeswohlfahrtsverband als Träger. „Fast alle im Jahr 1969 aufgestellten Forderungen sind mittlerweile eine Selbstverständlichkeit", so formulierte es ein Mitarbeiter wenige Jahre später.

Thorwald Proll fasste seine Eindrücke über die Reisen der APO-Anhänger zu den Heimen in Nordhessen zusammen:

Dann haben wir eine Reise gemacht in ein Landschulheim in Nordhessen. Ich komme ja daher. Ich bin mitgefahren. Haben da Schulungen gemacht. Haben da Quatsch gemacht. Das war toll. Im Bus bin ich mit ihnen wieder nach Hause gefahren. Es wurde nur gesungen die ganze Zeit. Wir waren echt gut in Form. Und viele haben das wahrscheinlich auch als schönes Erlebnis in ihrem Leben behalten.

Astrid Proll bei ihrem Eintreffen im Bürgerhaus Frankfurt-Sindlingen zum Beginn des Prozesses wegen Mordversuch, bewaffnetem Banküberfall, Bandendiebstahl und Urkundenfälschung

So vermischten sich damals politische Ansprüche mit individuellem Spaß. Astrid Proll drückte es später so aus:

> Wir wollten möglichst provokativ für die Gesellschaft sein. Mit unserer eigenen Unverschämtheit wollten wir die Vertreter der Gesellschaft in die Defensive drängen.

Dennoch kehrte die APO höchstwahrscheinlich nur noch einmal am 9. August 1969 nach Wabern zurück. Aus APO-Sicht hatte man am gleichen Tag im Beiserhaus in Rengshausen eine zu große Niederlage erlitten.

Astrid Proll Gerade mal Anfang 20 alt, lernte sie in Berlin die Kommune I, später Baader, Ensslin und Meinhof kennen. Im Januar 1970 „rekrutierte" sie Horst Mahler – damals Baaders Verteidiger – in Rom zum Kampf im bewaffneten Untergrund. Obwohl sie dort einen Alfa Romeo stahl und alleine zurück nach Deutschland fuhr, gehörte sie bald darauf der RAF an. Sie besorgte mit die Waffen für die Befreiung Baaders im Mai 1970 und zählt zu den „Gründungsmitgliedern" der RAF. Ihr Deckname war Rosi.

Ihre Untergrund- und Kampfausbildung erhielt sie in einem Palästinenser-Lager in Jordanien. Sie gehörte ständig zum engsten Kreis der Gruppe, obwohl sie etwas ausgegrenzt wurde. Im Februar 1970 holte Ulrike Meinhof sie telefonisch zurück. Astrid Proll, die bis dahin offenbar nur frustriert herumhing, war wohl froh, dass es irgendwie weiterging und sie das Gefühl hatte, wieder gebraucht zu werden. Im Mai 1971 wurde sie verhaftet: Als sie in Hamburg einen abgestellten Wagen abholen wollte, erkannte sie ein Tankwart aufgrund eines Fahndungsfotos. Bis 1974 war sie in Köln-Ossendorf inhaftiert, dabei wurde sie als erster RAF-Häftling für drei Monate in „Isolationshaft" genommen (in derselben Zelle war später Meinhof inhaftiert). Schon bald war sie körperlich und seelisch am Ende, so dass sie an einem Hungerstreik der RAF im September 1974 nicht teilnahm. Dazu sagt ihr Anwalt Ulrich K. Preuß: „Sie war oft völlig desorientiert", da Tag und Nacht Neonlichter in der Zelle brannten. Während einer Unterbrechung ihres Prozesses konnte sie 1974 zunächst nach Italien, dann nach Großbritannien fliehen. Hier löste sie sich innerlich von der Gruppe, sah ein, dass sie Fehler begangen hatte. In einem Interview drückte sie es so aus: „Ich weiß gar nicht, ob die RAF eine politische Gruppe war. Sie war eher so etwas wie die Selbstanmaßung einer ganzen Generation." Nur Meinhof blieb sie weiter verbunden.

Erneut verhaftet im September 1978, wurde Proll nach Deutschland ausgeliefert. Wenig später kam sie wieder frei, da eine Mordversuchs-Anklage im Zusammenhang mit einer Schießerei im Frankfurter Westend fallen gelassen wurde. Von 1982 bis 1987 studierte sie an der Hochschule für Bildende Künste in Hamburg. Anschließend arbeitete sie als Bildredakteurin für den „Spiegel", „Tempo" und „The Independent" und unterrichtete am Londoner Royal Collage of Art sowie an der Universität der Künste in Berlin.

Quellenverzeichnis
unveröffentlicht:
Offener Brief von Karl Görisch und Hans-Hermann Kleem an den Herrn Minister für Arbeit, Volkswohlfahrt und Gesundheitswesen vom 11.8.1969, Betr.: Aktionen der Außerparlamentarischen Opposition im Burschenheim Beiserhaus, Rengshausen
Gespräch mit Hans-Hermann Kleem, 3.1.2008

veröffentlicht:

Ernst Bässe (Hg.), *100 Jahre Jugendheim Karlshof 1886–1986*, Kassel 1986

Ulrike Edschmid, *Frau mit Waffe*, Frankfurt/M. 2001

Gerd Koenen, *Vesper, Ensslin, Baader – Urszenen des deutschen Terrorismus*, Frankfurt/M. 2005

Gerd Koenen, *Das rote Jahrzehnt. Unsere kleine deutsche Kulturrevolution 1967 – 1977*, Frankfurt/M. 2006

Alois Prinz, *Lieber wütend als traurig – Die Lebensgeschichte der Ulrike Meinhof*, Frankfurt/M. 2005

Astrid Proll, *Hans und Grete. Bilder der RAF 1967–1977*, Berlin 2004

Thorwald Proll und Daniel Dubbe, *Wir kamen vom anderen Stern – Über 1968, Andreas Baader und ein Kaufhaus*, Hamburg 2003

Der Spiegel, Nr. 39/24.9.2007 und Nr. 41/8.10.2007

Klaus Stern, Jörg Herrmann, *Andreas Baader. Das Leben eines Staatsfeindes*, München 2007

Peter Wensierski, *Schläge im Namen des Herrn – Die verdrängte Geschichte der Heimkinder in der Bundesrepublik*, München 2007

In Nordhessen aufgewachsen: Astrid Proll

> Das Gefängnis war für mich so weit weg wie der Mond. Ich war 21, kam aus einer bürgerlichen Familie in Kassel und hatte bisher Orte wie diese Zuchthäuser in der hessischen Provinz noch nie gesehen.

So beschreibt Astrid Proll das Jahr 1968, in dem sie Andreas Baader besuchte, der nach den Brandanschlägen auf Frankfurter Kaufhäuser in Kassel-Wehlheiden inhaftiert war. Diese Episode war Teil eines bewegten Lebens, das der einstige Kasseler Teenager in den kommenden Jahren in der APO und der RAF führen sollte.

Astrid Proll wurde 1947 in Kassel geboren. Ihr Vater Konrad hatte sich aus einfachen Verhältnissen hochgearbeitet hatte. Als Kind aus der Mittelklasse sei sie materiell gut versorgt gewesen. „Wir gingen ein paar Mal zum Großeinkauf, da kauften wir meine Kleidung gleich für das ganze Jahr " erinnert sie sich. Die Eltern waren geschieden. Die Mutter lebte in den USA. Der Vater, sehr besorgt um seine Tochter, sei in der Situation auch überfordert gewesen. Als Mann habe er Angst gehabt, in der Erziehung eines Mädchens etwas falsch zu machen. Deshalb habe es auch Konflikte mit der Mutter gegeben.

Die Prolls hatten viele Beziehungen nach Nordhessen: Vater Konrad war der Architekt vieler Gebäude in der Region. Das gilt etwa für das 1957 in Kassel errichtete AOK-Gebäude, Friedrichsplatz 14, das Bürgerhaus in Borken, die Mehrzweckhalle in Wabern, die König-Heinrich-Schule in Fritzlar. Daher entwickelten sich auch viele Beziehungen zu Kommunalpolitikern vor Ort. Astrid Proll begleitete ihren Vater oft zu Volksfesten in Nordhessen. Diese Region war auch der Beginn einer Odyssee, die die junge Frau nach der Scheidung ihrer Eltern durch mehrere Schulen und Internate führte. „Mein Vater wollte, dass ich untergebracht, versorgt und behütet war", sagt Frau Proll. „Fritzlar machte den Anfang, weil meine Mutter gerade unsere Familie verlassen hatte."

Zwischen Mai 1961 und März 1962 war Astrid Proll bei den Ursulinen.

> Die Klosterschule in Fritzlar hatte einen guten Ruf. Ihr Vater hatte dort das Kreisamt gebaut. Die Nonnen erhofften sich von ihm eine Turnhalle und nahmen sie

so die Buchautorin Ulrike Edschmid.

> Obwohl sie protestantisch war, musste sie zwei Mal am Tag mit in die Kirche gehen – im Morgengrauen, wenn ihr vom Weihrauch schlecht wurde, und abends nach dem Essen; danach blieb nichts mehr als ein kalter Saal, wo die Mädchen fröstelnd in die Schlafkabinen krochen, wo es nur einen

Ständer gab, auf dem die Kleider hingen, und Kreuze, überall Kreuze. Die Klosterschule in Fritzlar mit ihrem guten Ruf wurde ihr erstes Gefängnis.

Astrid Proll erinnert sich: „Es war grauenhaft." Als Mädchen seien sie erschrocken gewesen angesichts der Nonnen in ihrer Kleidung. Das meiste sei verboten worden, selbst das Reden bei Tisch. Alle persönlichen Gegenstände, selbst Kuscheltiere habe man ihnen weggenommen. Nur in Reih und Glied aufgestellt, habe man das Internatsgelände verlassen dürfen. Bei Spaziergängen sei die Gruppe an einem Zigeunerlager an der Eder vorbeigegangen. Die Nonnen verboten, dorthin zu schauen, und so ging man schnell an dem Lager vorbei. „So diskriminierend war das damals", sagt Frau Proll.

Angesichts dieser Empfindungen verwundert es nicht, dass die Schülerin Proll problematisch war. Mehrfach wurde damit gedroht, dass sie die Schule verlassen müsse. „Die Hoffnung auf die Turnhalle hielt die Nonnen davon ab, sie schon nach einem halben Jahr hinauszuwerfen", so Edschmid. Und doch passierte es eines Tages und später immer wieder: „Wiederholt musste ich die Schule verlassen, weil ich für die damaligen Verhältnisse nicht angepasst war", deutet Frau Proll ihren damaligen pubertären Widerstand an. Weitere Stationen und Internate waren die Jacob-Grimm-Schule, die Engelsburg in Kassel sowie ein Internat in der Steiermark. In dieses Bild einer insgesamt schwierigen Jugendzeit passen auch Aussagen ehemaliger Mitschüler: Astrid Proll fand zu ihren Altersgenossen „nie so engen Kontakt, dass sie sich ihnen ganz anvertraut" hätte und sei „ein ziemlich schwieriges Mädchen" gewesen. Aus heutiger Sicht überraschend modern wirkte ihr Äußeres: „Ihre Lieblingskleidung bestand aus Hosen und Pullover" statt „Röcke und Kleider".

1968 ging Astrid Proll nach Berlin, um eine Fotografinnenausbildung beim Lette-Verein zu beginnen. Dieser geht auf den 1866 von Wilhelm Adolf Lette gegründeten Verein zur Förderung der Erwerbsfähigkeit des weiblichen Geschlechts zurück. In Berlin lebte auch ihr Bruder Thorwald als Student. Über ihn und seine Freunde führte der Weg über die APO zur RAF, der Gegenstand der nächsten Kapitel ist und deswegen hier nicht weiter ausgeführt wird.

Daher an dieser Stelle ein Sprung in die Gegenwart: Astrid Proll ist heute eines der wenigen ehemaligen RAF-Mitglieder, die sich öffentlich zu ihrer Vergangenheit äußert, etwa durch Publikationen und Veranstaltungen in Schulen. Ihre frühe Verhaftung 1971, der Einsatz des damaligen Bundesinnenministers Gerhart Baum sowie ihr späteres Gerichtsurteil 1980 gaben ihr die Chance für einen Neuanfang. Wäre sie in der RAF und im Gefängnis verblieben, „würde ich heute wahrscheinlich nicht mehr leben", spielt sie auf das Schicksal vieler ihrer damaligen Genossen in der RAF an.

Ende 2010 sprach Frau Proll mit Jugendlichen der Theodor-Heuss-Schule in Homberg/Efze. Interessant ist dabei, wie sie sich dieser Aufgabe stellte. Sie reflektierte den Abstand zur heutigen Lebenswelt, indem sie uns Lehrer fragte: „Kann ich die Schüler duzen? Kennen sie noch die DDR? Lesen sie überhaupt? Wollen sie von damals überhaupt noch was hören?" Jede Generation wolle sich doch ablösen von dem, „was die älteren Generationen gemacht haben, sich ihren Platz schaffen, also sich selbst was erkämpfen". Zwar seien die 68er die „erste globalisierte Generation", aber junge Menschen hätten heute andere Probleme und seien viel informierter. Dass Ulrike Meinhof von der Zeitschrift „konkret" eigens aus Hamburg nach Nordhessen anreiste, um über die „Heimkampagne" zu schreiben, sei damals dagegen schon ungewöhnlich gewesen.

Während der Schulveranstaltung in Homberg wurde eine Distanz deutlich: Einige Jugendliche äußerten ihren Eindruck, Frau Proll sei ihren Fragen mitunter ausgewichen, habe zu wenig über Persönliches und aus dem Innenleben der RAF erzählt. Man spüre, dass da noch einiges aufzuarbeiten sei. In einem Zeitungs-Leserbrief wurde empört gefragt, wie man einer Ex-Terroristin überhaupt Raum bieten könne für ihre Erinnerungen. Frau Proll räumt einigen „Größenwahn" ihrer Generation ein, die sich als „Avantgarde" gesehen habe. Sie sagte, sie wolle die Ausübung der damaligen politischen Gewalt in keiner Form legitimieren. Aber sie sieht auch Defizite in den Medien und der Wissenschaft. In einem Interview mit der „Süddeutschen Zeitung" sagte sie:

> Ich habe jedenfalls das Gefühl, dass wir inzwischen lästig sind. Die Historiker haben sich der RAF-Geschichte bemächtigt. Wir müssen bloß noch entsorgt werden.

Ein Dialog über diese Epoche deutscher Geschichte scheint also noch immer schwierig zu sein.

Frau Proll fühlt sich mit ihrer nordhessischen Heimat noch immer verbunden. Mehrmals pro Jahr reist sie nach Nordhessen, besucht Freunde, Verwandte und ihre damaligen Lebensstationen. Erfolge der 68er sieht sie in einer veränderten, liberaleren Erziehung und einer individualisierten Welt, in der man seinen eigenen Lebensentwurf besser verwirklichen könne. Obwohl ihre RAF-Zeit lange vorbei sei, sie nach ihrer vierjährigen Haftstrafe über drei Jahrzehnte lang ein bürgerliches Leben geführt habe, begleite sie die Vergangenheit noch immer:

> Das Thema RAF und die heutige Bedrohung durch den islamistischen Terror werden meine Lebenszeit überdauern. Das hätte ich früher nicht gedacht.

Als Fotografin und Redakteurin nutzt sie ihre Ausbildung auch zur Auseinandersetzung mit der eigenen Vergangenheit. Und das, obwohl – oder gerade weil – der Einsatz von Fotos während der Zeit der frühen RAF tabu waren. Anders als der heutige Terror

> haben wir die Macht der Bilder nie wirklich propagandistisch zu nutzen versucht. Vor Fotos fürchteten wir uns. Niemand durfte wissen, wie wir aussahen. So wurden wir unsichtbar und immer mehr zum Phantom.

Astrid Proll bei einem Vortrag an der Theodor-Heuss-Schule in Homberg/Efze im Oktober 2010

Quellenverzeichnis

unveröffentlicht:
Auskunft der Ursulinenschule Fritzlar, mail vom 1.6.2010
Interview mit Astrid Proll, 26. und 27.10.2010

veröffentlicht:
Ulrike Edschmid, *Frau mit Waffe*, Frankfurt/M. 2001
Hessische Allgemeine, 19.1.1971
Hessisch-Niedersächsische Allgemeine, 28.10.2010
Man SON 1969. Vom Schrecken der Situation (Ausstellungskatalog der Hamburger Kunsthalle), Hamburg 2009
Astrid Proll, *Hans und Grete. Bilder der RAF 1967–1977*, Berlin 2004
RAF-Ausstellung. „Wir müssen bloß noch entsorgt werden", in: *Süddeutsche Zeitung*, 1.2.2005

Remsfeld-Rengshausen

9. August 1969: Baader, Ensslin, Proll: Eskalation im Beiserhaus Seit Anfang Juli 1969 rumorte es im Beiserhaus. Ausgehend von einer Gruppe Studenten der Frankfurter Höheren Fachschule für Sozialarbeit, die am 16. Juli erstmals vor Ort war, kamen in der Folgezeit immer wieder APO-Aktivisten nach Rengshausen. Zunächst bewarben sich die zwei Männer und zwei Frauen offiziell um eine Praktikantenstelle. Deshalb bat Direktor Karl Görisch den Erziehungsleiter Hans-Hermann Kleem, die Gäste durch die Einrichtung zu führen. Dieser bemerkte bei der Führung, dass die Jugendlichen anfingen zu „johlen", wo immer die Gäste auftauchen. Erst später sah er, dass die beiden Damen zwischendurch immer wieder ihre Pullover hochschoben, so dass ihre nackten Brüste zu sehen waren. „Das war neu im Beiserhaus, das kannten die Jugendlichen hier nicht." In einer Gruppe hing ein Schild an der Wand: „Mann sein, heißt treu sein!" Darüber lachte sich Gudrun Ensslin bei einer weiteren Besichtigung dann „kaputt".

Erst langsam kam der Verdacht auf, dass es sich bei den Gästen um APO-Aktivisten handeln könnte, schließlich tauchte kurz darauf auch ein erstes mehrseitiges APO-Flugblatt im Beiserhaus auf. Dessen Forderungen wurden anschließend während des Besuchs der vier Aktivisten in einer Vollversammlung gründlich durchgesprochen. Obwohl die APO-Maoisten und -Trotzkisten noch nicht öffentlich in Erscheinung getreten waren, war nun offensichtlich, „dass die APO auch in unserer Einrichtung arbeiten wollte", so Görisch und Kleem in einem Brief an den hessischen Arbeitsminister Hemsath.

Zwei Tage später fand eine weitere Vollversammlung auf einem Wiesengrundstück hinter der Heimanlage statt, an der sieben APO-Vertreter und 30-35 der insgesamt 120 Heiminsassen teilnahmen. Dabei agierte die APO nun aggressiv.

> Es wurde zum offenen Widerstand gegen die Erzieher und die Heimleitung aufgerufen. Schließlich waren einige Jugendliche der Landwirtschaftsgruppe so aufgehetzt, dass sie vom Gruppenerzieher nicht mehr betreut werden konnten

so Görisch und Kleem.

Am 26. Juli, die APO kam immer samstags, erfolgte eine weitere Zusammenkunft im Heim. Dabei wurde im Grunde alles niedergebrüllt: „Wer ist gegen Heimerziehung? Alle! Wer wurde geschlagen? Alle! Wer ist der schlechteste Erzieher hier?" Schließlich stand die „Heimkampagne" der APO unter dem Motto: „Kampf dem Erziehungsterror in kapitalistischen Entmündigungs- und Anpassungslagern." Dementsprechend hieß es auf einem 15 Punkte umfassenden Flugblatt der APO vom 31. Juli 1969: „Schlagt gemeinsam zurück, wenn ein Erzieher euch schlägt." Das Heim galt als Organ des Staatsterrors, obwohl nicht geschlagen wurde. Ohrfeigen gab es wohl aber die wurden dienstlich geahndet.

Am 2. August waren erstmals auch ehemalige Insassen des Staffelberger Heims im Beiserhaus anwesend, auch Peter Brosch, der später zur „Heimkampagne" publizieren sollte. Wahrscheinlich nahmen auch Andreas Baader und Gudrun Ensslin schon bei einem dieser Treffen teil; so erinnerte sich zumindest ein Mitarbeiter 2006, dass die beiden zwei Mal in Rengshausen waren. Sicher ist, dass zwölf Mitglieder der APO mit Jugendlichen und der Heimleitung die Forderungen des Flugblatts diskutierten. Zu einem guten Teil war diese Diskussion durch Provokation und Agitation der Besucher bestimmt.

Sie bezichtigten die Erzieher der willentlichen Tyrannei und Ausbeutung, stellten die pädagogische und moralische Verantwortungslosigkeit der Heimleitung für die Jugendlichen fest und erklärten, dass man in unserem, wie auch anderen Heimen, die jungen Menschen zur Gesellschaftsunfähigkeit, zur Anpassung dressiert, ohne ihnen eine echte Chance zu einem eigenständigen, freien und individuellen Leben zu bieten. Ebenso würde das Recht auf Sexualität völlig missachtet, würden Schuldgefühle geweckt, obwohl nicht die betroffenen Jugendlichen, sondern die kapitalistische Gesellschaft Schuld an ihrem Unglück, an ihrer Straffälligkeit habe. Bei Änderung der Gesellschaftsordnung würde die Kriminalität aufgehoben, Straftaten würden nutzlos, weil jeder hat, was er braucht bzw. jeder am Volkseigentum beteiligt ist

so Görisch und Kleem. Die Frankfurter Aktivisten hätten alles getan,

> um bei den Jugendlichen das Gefühl zu wecken, dass diese ihre wahren Freunde sind und sie sich ehrlich um ihr Glück bemühen.

Dabei blieb nichts unversucht, „um die Erzieher als Tyrannen, gewissenlose Profitgeier, Primitivlinge und Machthungrige darzustellen".

Lorenz Jäger, damals ein Schüler aus dem Taunus sowie Heiminsasse in Rengshausen und heute FAZ-Redakteur, behauptete später fälschlicherweise, dass alle im Beiserhaus „knieweich" geworden seien. Deshalb wären die APO-Leute auch zum Abendessen eingeladen worden. Doch das war nach Kleem nur ein Ausdruck von Görischs christlicher Gastfreundschaft. Bevor man sich zum Essen setzte, sprachen die APO-Leute mit erhobener Faust: „Mao, Mao, Heil, Heil."

Wohl auf der Rückfahrt der APO-Aktivisten kam es am 3. August bei herrlichem Sommerwetter zu einem kurios-dramatischen Zwischenfall. Eine Wespe stach den Bier trinkenden Lorenz Jäger in die Zunge, die gewaltig anschwoll. In der ausbrechenden Hektik behielt nur Baader die Nerven. Er verfrachtete Jäger in seinen Mercedes und raste zusammen mit Ensslin nach Rengshausen. Das Ziel: Der Arzt Dr. Paul Lüth, der ehemalige „Bundesführer" vom rechtsradikalen „Bund Deutscher Jugend", der bereits seit 1953 verboten war. So kam es zu einem „bizarren Treffen", das Lüth später so beschrieb: „Sonntag. Sommerwetter, ein Mercedes hält vor dem Haus. Jugendliche entquellen ihm, als drücke man eine Zahnpastatube aus. Ein ganzer Trupp, abenteuerlich gekleidet, setzt sich in Bewegung." Als sich Lüth umständlich bei der Behandlung von Lorenz Jäger anstellte, forderte Ensslin, er solle schneller machen, schließlich brauche man ihn noch. Die schnelle Wirkung des Abschwellmittels entspannte dann die Situation rasch. Später sagte Baader zu Jäger: „Wenn wir keinen Arzt gefunden hätten, hätte ich dir einen Luftröhrenschnitt gemacht." Hinzu kommt die Ironie der Geschichte, dass Dr. Lüth noch Jahre später glaubte, Baader behandelt zu haben, da er seinen Namen für Jägers Behandlung hergegeben hatte.

Diskussion im Hof des Beiserhauses in Rengshausen im Sommer 1969

Den Höhepunkt erreichten die Treffen am 9. August 1969. Zunächst erschienen etwa zehn APO-Vertreter früher als geplant schon gegen 11 Uhr in Rengshausen. Unter ihnen befanden sich Baader, Ensslin und die Geschwister Proll. Rasch entstand Aufruhr.

> Erziehungsleiter Kleem ging sofort zu ihnen und machte darauf aufmerksam, dass die Aussprache in der Vollversammlung vereinbarungsgemäß erst um 14 Uhr stattfinde. Die APO-Mitglieder legten daraufhin Protest ein und sagten, dass den Jugendlichen durch das Landesjugendamt und den Landeswohlfahrtsverband freie politische Information zu jeder Zeit und an jedem Ort gewährt werden dürfe, dass die Jugendlichen des Heimes selbst Zeit und Thema bestimmen könnten und somit von der Genehmigung der Heimleitung unabhängig wären. Es wurde deutlich gemacht, dass auch die Leitung des Beiserhauses im Grunde diktatorisch herrsche, wenngleich man sich zum Schein zunächst tolerant und gesprächsbereit gegeben hätte

so Görisch und Kleem. Doch es gelang der Heimleitung, die „Frankfurter" zum Verlassen des Heimgeländes zu bewegen, wenn sie auch vier oder fünf Mal dazu aufgefordert werden mussten.

Allerdings eskalierte die Situation: Ein Pkw der APO-Repräsentanten

> fuhr bis an den Eingang des Werkstattgebäudes heran (ca. 15 m). Dann stieg der Fahrer merklich erregt aus, ging auf die Jugendlichen und Mitarbeiter zu und sagte sinngemäß: ‚Ich will euch erst sagen, warum wir verschwinden müssen!' Einige

APO-Aktivisten und Heimzöglinge im Beiserhaus

Jugendliche schrieen ihn nieder, Erzieher schimpften, weil die Aufforderung des Heimleiters nicht befolgt wurde, andere Jugendliche waren interessiert oder verhielten sich neutral [...] Die Szene war von einem allgemeinen Durcheinander bestimmt. Ein Mitarbeiter in unserer Landwirtschaft verlor schließlich die Nerven und wollte den APO-Mann vom Heimgelände drängen. Dabei versetzte er ihm einen Schlag, so dass der [...] zu Boden fiel. Ein Mädchen mischte sich ein, nannte die Erzieher Faschistenschweine und wollte ihren Genossen unterstützen. Dabei erhielt sie von dem sehr erregten Mitarbeiter ebenfalls einen Schlag auf die Brust. Schließlich fuhr die Gruppe ab schildern Görisch und Kleem.

Da schon vorher die Gefahr bestand, dass Gewalt bald eine Rolle im Rengshäuser Konflikt spielen konnte und bekannt war, dass die Dorfbevölkerung seit Wochen erregt die gewaltsame Vertreibung der APO aus dem Ort forderte, hatte die Heimleitung schon seit dem 7. August Kontakt zur Polizei in Rotenburg/Fulda aufgenommen. Daraufhin waren 20 Polizisten mit sechs Hunden nach Rengshausen abgeordnet worden, um an diesem Samstag in der Gastwirtschaft Semmler in Bereitschaft zu sein.

Nachmittags kamen dann die APO-Vertreter wie verabredet wieder ins Heim, dieses Mal aber mit etwa 30 Personen. Nun fand um 14 Uhr die letzte Vollversammlung in der Turnhalle statt, an der auch 30 bis 35 Dorfbewohner von Rengshausen, „gestandene und junge Männer", sowie Vertreter der Öffentlichkeit teilnahmen, so der Bundestagsabgeordne-

APO-Aktivisten in der Turnhalle im Beiserhaus

te Dr. Reinhard, Rotenburgs Bürgermeister Stefan in Vertretung des Landrats, der gerade in Urlaub war, sowie die Bürgermeister von Bebra und Rengshausen.

> Obwohl bereits die Mitarbeiter und auch der Erziehungsleiter mit in die Turnhalle gegangen waren, forderte der Wortführer, Herr Stamer, die Jugendlichen auf, die vorbereitete Sitzordnung zu verändern und einen Kreis zu bilden. Dann ergriff er sogleich das Wort [...] Unter den 30 APO-Leuten waren auch ehemalige Staffelberger Jugendliche und solche aus dem Jugendheim Karlshof in Wabern. Sie beteiligten sich an der Diskussion.

Der Direktor des Heimes wies nun darauf hin, dass sich einige Mitglieder der APO schon am vorausgegangenen Samstag „frech und flegelhaft benommen" hätten.

Nachdem die Diskussion in Gang gekommen war, legten insbesondere die Studentinnen einen sehr rüden und herausfordernden Ton an den Tag, was auf heftige Reaktionen bei einem Teil der Jugendlichen, der Mitarbeiter und der hinzugesellten Dorfbewohner stieß. In der Diskussion wurden wieder alte, bereits besprochene Forderungen gestellt, [...] bis hin zu der Forderung, das Heim ganz aufzulösen [...] Besonders auffällig war, dass eine ganze Anzahl Jugendlicher, die in Lehrausbildung stehen oder länger in unserem Heim sind, ihre Gegenstimme erhoben und erklärten, dass die Forderungen [der APO, d. Verf.] nicht Forderungen der Heiminsassen seien [...] Der Wortführer [der APO] erklärte mit anderen, dass solche Diskussionsbeiträge deutlicher Ausdruck der Erziehungstyrannei seien. Diese Ju-

APO-Aktivisten in der Turnhalle im Beiserhaus

gendlichen würden so aussagen aus Angst vor Strafe oder weil sie mit Absicht in ihrer Unmündigkeit belassen seien schildern Görisch und Kleem die Vorgänge.

Die Situation eskalierte dann nach ca. 90 Minuten, als ein Jugendlicher des Beiserhauses zu den APO-Leuten sagte: „Wir kommen nicht mit, ihr seid zu radikal." Ein anderer ergänzte: „Ich glaube ihr spinnt, wenn ihr jetzt nicht geht, bekommt ihr die Fresse voll." Bewohner Rengshausens ergänzten: „Raus, macht euch ab, ihr Gesockse." Deshalb beschloss die Polizei gemeinsam mit Görisch die Auflösung der Veranstaltung. Die APO-Vertreter waren aufgrund der Äußerungen so geschockt, dass sie fluchtartig die Halle verließen. So vergaß Gudrun Ensslin vor der Abfahrt, dass sie ihre Handtasche auf dem Dach eines geparkten Autos abgelegt hatte. Diese blieb deshalb nach der Abfahrt zurück und wurde der Polizei übergeben. Mit Hilfe des darin gefundenen Ausweises konnte die Anwesenheit Ensslins nachgewiesen werden. Noch im Ort wollten die APO-Anhänger in einer Gaststätte etwas essen. Doch die Wirtin drohte ihnen, sofort die Polizei zu rufen, wenn sie einträten. Angeblich fuhren dann die APO-Leute von Rengshausen nach Wabern. Von dort kam telefonisch die Warnung, dass im Beiserhaus nachts Randale gemacht werden sollte. „Man wolle nun am Samstagabend wieder in das Beiserhaus fahren und zeigen, wer der Stärkere sei", so Görisch und Kleem. So kam im Heim die Idee auf, die Einfahrt zum

Abzug der APO-Aktivisten vom Beiserhaus, in der Mitte Direktor Karl Görisch

Beiserhaus mit Kette und Sperrschild zu sichern. Obwohl es sich um eine offene Einrichtung handelte, machte die APO daraus dann später das geflügelte Wort, dass man die Zöglinge dort an die Kette gelegt hätte. In der Nacht passierte nichts, vielleicht auch aufgrund der Tatsache, dass die Polizei einen verstärkten Streifendienst durchführte.

Thorwald Proll erinnerte sich 2003 an diesen Nachmittag im August 1969:

> Wir sind in eines dieser Heime in Nordhessen gezogen wie ein Haufen mit Autos und Fahnen und Spruchbändern und Megaphonen und sind über dieses Heim hereingebrochen an einem Nachmittag und haben eine Vollversammlung erzwungen.

Dass diese jedoch abgebrochen werden musste, war auch zum Teil Schuld von Baader, der das Burschenheim „als faschistisches Anpassungslager" bezeichnet und ergänzt hatte: „Was diskutieren wir hier noch lange rum. Hier gehört eine Bombe rein. Fertig." Die Erzieher bezeichnete er als „arme Schweine der Kapitalisten". Die Zurückhaltung und das Desinteresse der meisten Heimbewohner für die Ziele der APO seien ein Beweis „für die funktionierende Unterdrückung und Anpassung im faschistischen System".

Aber auch Ensslin muss bei der Diskussion kräftig mitgemischt haben. Die Folge: Der Direktor des Beiserhauses wandte sich am 11. August 1969 hilfesuchend an den hessischen Arbeitsminister Hemsath mit der Bitte, dass er eine „Fortsetzung der Störaktionen der APO" unterbinden soll. Dabei würde ein „Fräulein

Abfahrt der APO-Anhänger vom Beiserhaus

Enzinger", gemeint war natürlich Ensslin, „besonders aggressiv" auftreten. Selbst APO-Mitglieder waren vom Verhalten Baaders und Ensslins derart überrascht, dass sie sich zumindest für Baaders Auftritt entschuldigten.

Einen Tag später begaben sich etwa 20 bis 30 Jugendliche des Beiserhauses nach Oberbeisheim, wo sie bereits von den APO-Aktivisten erwartet wurden. Von hier aus entwichen sie nach einer erneuten Diskussion nach Frankfurt. Dort fühlten sich die Studenten und APO-Aktivisten für die ehemaligen Zöglinge verantwortlich, waren jedoch mit dieser Aufgabe vollkommen überfordert. Das galt auch für Baader und Ensslin, die zweifellos eine Führungsrolle übernommen hatten, die sie band und verpflichtete. Auf dem Höhepunkt der „Heimkampagne" waren über 300 entlaufene Zöglinge in Frankfurt, die es zu umsorgen galt.

Annette Kähler, damals in Frankfurt/M., erinnerte sich 2010 wie folgt:

Plötzlich wurden im Rahmen der ‚Heimkampagne' Jugendliche angeschleppt, die wir beherbergen sollten. Die waren aus dem Heim in Staffelberg. Wir hatten keine Ahnung, was mit diesen Jugendlichen los war, weder warum sie dort untergebracht waren, noch welche Probleme sie hatten. Die haben uns sofort beklaut, wenn man nicht aufpasste, die hatten ja kein Geld, aber es gab auch ersichtlich psychisch schwer gestörte Jugendliche darunter. Ich erinnere mich besonders an ein junges Mädchen, das autoaggressiv war, aber auch gegenüber anderen gewalttätig. Es hatte offensichtlich große Probleme mit seiner sexuellen Identität, trat immer ‚männlich' auf, hantierte dauernd mit Messern herum und ritzte sich in die Arme. Wir sollten auf sie aufpassen, wussten aber nicht, wie wir mit ihr umgehen sollten. Die war ja einfach bei uns abgeladen worden, weil sie keine Unterkunft und kein Bett hatte, und wir konnten natürlich auch nicht permanent auf sie aufpassen. Sie kam manchmal völlig betrunken an und war dann mit irgendwelchen ‚Kumpels' unterwegs gewesen. Ich wollte, dass sie aus unserer WG verschwindet. Wütend war ich aber besonders über die Art dieser ‚Befreiungsaktion', die weder vorbereitet noch mit uns abgesprochen war. Wir sollten plötzlich Probleme lösen, für die wir weder die Fähigkeit noch die Zeit hatten. Die Jugendlichen wurden von der Polizei gesucht und wahrscheinlich nach kurzer Zeit wieder aufgegriffen. Um zu überleben, klauten sie. Aber die wollten ja auch nach einer möglicherweise schon langen Heimunterbringung mal ‚leben', was verständlich ist. Die Aktionen waren spektakulär und schafften eine große Öffentlichkeit über die Zustände in diesen Erziehungsheimen. Das war natürlich positiv und hat längerfristig sicher zu einer Veränderung in der Heimunterbringung geführt. Aber für die Jugendlichen selbst war dieser ‚Ausflug' sicherlich ebenso wenig hilfreich wie die damalige Heimunterbringung mit ihren teilweise skandalösen Zuständen.

Andreas Baader Geboren am 6. Mai 1943 in München, musste er nach verschiedenen Verkehrs- und Eigentumsdelikten die Schule verlassen. Zunächst versuchte er sich in München in etlichen Berufen, ehe er 1963 nach West-Berlin ging. Nach zwei Kaufhausbränden am 2. April 1968 in Frankfurt/M. wurde er, wie Gudrun Ensslin, zu drei Jahren Zuchthaus verurteilt. Am 14. Mai 1970 wurde Baader gewaltsam befreit und ging in den Untergrund. Nach einer Ausbildung in einem palästinensischen Lager, zusammen mit Ensslin und Meinhof, kam Baader zurück nach Deutschland, wurde aber Anfang Juni 1972 erneut verhaftet. 1977 zu einer lebenslangen Haftstrafe verurteilt, wurde er am 18. Oktober 1977 morgens erschossen in seiner Zelle aufgefunden.

Gudrun Ensslin Am 15. August 1940 in Bartholomä in der Schwäbischen Alb als Pfarrerstochter geboren, studierte sie seit 1960 in Tübingen Germanistik, Anglistik und Pädagogik. Später wechselte sie zur Freien Universität in West-Berlin, wo sie sich seit 1967 aktiv an den Studentenprotesten beteiligte. Gegen ihre Verurteilung wegen der Frankfurter Kaufhausbrände legte Ensslin Revision beim Bundesgerichtshof ein, da die Tat politisch motiviert sei (gegen „Konsumterror" und den Vietnamkrieg). Daraufhin wurde sie mit Baader aus der Untersuchungshaft entlassen. Sie befreite Baader im Mai 1970. Ensslin wurde am 7. Juni 1972 in Hamburg verhaftet und nach knapp zweijähriger Prozessdauer im April 1977 u.a. wegen mehrfachen Mordes und versuchten Mordes zu jeweils lebenslanger Haft verurteilt. Am 18. Oktober 1977 fand man sie morgens in ihrer Zelle in Stuttgart-Stammheim erhängt. Die Staatsanwaltschaft erkannte auf Selbstmord.

Über die frühe Phase der Beziehung zwischen Baader und Ensslin drehte der Dokumentarfilmemacher Andreas Veiel den Film „Wer wenn nicht wir", der 2011 in die deutschen Kinos kam. Er basiert im Wesentlichen auf Koenens Buch „Vesper, Ensslin, Baader – Urszenen des deutschen Terrorismus.

Thorwald Proll Geboren 1941 in Kassel, ging er nach seinem Studium in Marburg 1965 nach West-Berlin, wo er mit den Mitgliedern der Kommune I und APO-Aktivisten in Berührung kam, die ihn rasch für ihre Ziele begeistern konnten. Wenig später lernte er Baader und Ensslin kennen. Beim Prozeß wegen der Frankfurter Kaufhausbrände trat Proll „als Verschnitt aus Fritz Teufel und Bertolt Brecht auf" (Gerd Koenen). Zunächst floh er mit den „Brandstiftern" nach Paris, doch als er sich in allen Fragen von „Konspiration und Organisation als Niete erwiesen hatte" (Gerd Koenen), stellte er sich nach einem Intermezzo in Großbritannien der Polizei und saß seine Reststrafe ab. Nach seiner Verurteilung war er 1968/69 und 1970/71 u.a. im Ziegenhainer Zuchthaus in Haft. Danach betätigte er sich als Lyriker, Lektor und Buchhändler. Als Vater von zwei Kindern lebt er seit 1977 in Hamburg. Er schrieb zahlreiche Publikationen, zuletzt „Bringt Opi um" (1993), „Mein 68" (1999), „Matchbox als CD" (2000) und „Wir kamen vom anderen Stern" (2003).

Quellenverzeichnis
unveröffentlicht:
Gespräch mit Hans-Hermann Kleem, 12.9.2007 (telefonisch)
Gespräch mit Hans-Hermann Kleem, 3.1.2008
Interview mit Annette Kähler, Frankfurt/M., 26.7.2010
Hans-Hermann Kleem, *APO-Aktionen im Beiserhaus 1969. Großangriff gegen die Erziehungsheime als beginnende Revolution. Unveröffentlichtes Vortragsmanuskript*, Februar 2001
Offener Brief von Karl Görisch und Hans-Hermann Kleem an den Herrn Minister für Arbeit, Volkswohlfahrt und Gesundheitswesen vom 11.8.1969, Betr.: Aktionen der Außerparlamentarischen Opposition im Burschenheim Beiserhaus, Rengshausen

veröffentlicht:

Arbeitsgruppe Heimreform (Hg.), *Aus der Geschichte lernen: Analyse der Heimreform in Hessen (1968–1983)*, Frankfurt/M. 2000

Stefan Aust, *Der Baader Meinhof Komplex*, München 1998

„Die Heimkampagne 1969", in: *150 Jahre Jugendheime Beiserhaus*, Melsungen 1994

Gemeinde Knüllwald (Hg.), *1000 Jahre Rengshausen. Geschichte und Geschichten eines Dorfes im Knüll, 1003–2003*, Bad Hersfeld 2002

Dorothea Hauser, *Baader und Herold*, Berlin 1997

Hessische Allgemeine, 29.7.1969

Gerd Koenen, *Vesper, Ensslin, Baader – Urszenen des deutschen Terrorismus*, Frankfurt/M. 2005

Paul Lüth, *Tagebuch eines Landarztes*, Stuttgart 1983

„Spätere RAF ging ins Heim – Erich Spoelstra erinnert sich an turbulente Zeiten im Beiserhaus", in: *Fritzlar-Homberger-Allgemeine*, 30.5.2006

Klaus Stern/Jörg Herrmann, *Andreas Baader. Das Leben eines Staatsfeindes*, München 2007

Peter-Jürgen Boock: Für 14 Tage Insasse des Beiserhauses Im Sommer 1969 war Peter-Jürgen Boock gerade einmal zwei Wochen in Rengshausen. Da lernte er während der „Heimkampagne" der APO Andreas Baader und Gudrun Ensslin kennen. Den 18-Jährigen faszinierten die beiden, die für ihn eine Symbiose bildeten und ihn sofort in ihren Bann zogen. Sie kamen mit einer Gruppe des Pädagogischen Seminars der Universität Frankfurt, unterschieden sich aber schon äußerlich radikal: „Sie trugen Lederjacken und Jeans und gaben sich locker, engagiert und kämpferisch." Ihre Namen hatte Boock schon einmal gehört.

Vor allem die Radikalität von Baaders Denken und seine Sprache müssen Boock fasziniert haben. Schließlich hatte er schon in der Nacht vom 19. auf den 20. Juli in der Landwirtschaftsgruppe des Heimes einen eigenen „Terroranschlag" mit einer von ihm gegründeten „Widerstandsgruppe" verübt. Mit anderen Jugendlichen baute Boock ein Gestell aus unbenutzten alten Betten, welches über einer Tür befestigt wurde. Daran war ein Weidenkorb befestigt, der mit Steinen und alten Brettern gefüllt war. Als der Melkermeister am anderen Morgen die Heimzöglinge wecken wollte, löste er einen Mechanismus aus, der dafür sorgte, dass sich der Inhalt des Korbes auf seinen Kopf ergoss. Boocks Motto war eindeutig: „Heimerziehung ist Heimterror, darum habt ihr das Recht euch zu wehren, schlagt gemeinsam zurück."

Hinzu kam Banales. Boock bewunderte Baaders Lederjacke. Kaum hatte er dies Baader gegenüber erwähnt, zog dieser die Jacke aus. ‚Da', sagte er und reichte sie Peter-Jürgen Boock – und der wusste: ‚Das sind meine Leute'."

Für Boock war rasch klar, dass er aus dem Beiserhaus fliehen werde. Sein Ziel war, bei Baader und Ensslin in Frankfurt zu leben. Schnell wurde der acht Jahre ältere Baader so etwas wie eine Vaterfigur für Boock. „Ein ‚Vater', von dem sich der entwichene Fürsorgezögling verstanden fühlte. Anders als von seinem leiblichen Vater, dem ‚überzeugten Nazi'", so Butz Peters.

Als dann im Spätsommer die Wahrscheinlichkeit zunahm, dass Boock zurück in das Heim im norddeutschen Glückstadt musste, von wo er nach Rengshausen gekommen war, machte er ernst. Mit einem anderen Insassen hebelte er ein Fenster auf und türmte wie Dutzende andere bereits vor ihm. Die Aktion war mit Astrid Proll abgesprochen, die mit Baaders weißem Mercedes an der Autobahnbrücke bei der Raststätte Hasselberg an der A 7 oder auf der Autobahnraststätte Hasselberg selbst auf die beiden warten wollte. Doch Proll verwechselte den Treffpunkt, so trampten die beiden nach Frankfurt. Abends erreichten sie die Stadt. Boock ging zur verabredeten Adresse. Dort traf er nach einem Begrüßungstrunk Gudrun Ensslin in der Badewanne an, Baader war gerade nach Berlin gereist.

> ‚Hallo, da bist du ja‘, sagte sie. ‚Wo ist denn Astrid?‘ ‚Weiß ich auch nicht. Haben wir verpasst.‘ Boock fragte, ob er auch ein Bad nehmen könne. ‚Setz dich mit rein‘, sagte Gudrun. ‚Ist doch voll. Keine Wasserverschwendung. Können wir uns unterhalten‘.

Mit hochrotem Kopf stieg er in die Wanne. Dazu Boock später: „Das hatte nichts mit Sex zu tun. Das war damals einfach so, einfach nur cool!" Diese „Urszene" (Gerd Koenen) begründete für Boock seine elementare und „lebenslängliche" Bindung an seine „Befreier", das Paar Baader/Ensslin.

In den Gesprächen ging es immer wieder um den bewaffneten Kampf. Boock saß dabei meist am Rande und hörte zu. Nur manchmal redete auch er. Zwar war das alles neu für ihn, doch was die anderen Mitglieder der Gruppe wollten, das wollte er auch. So wuchs er langsam, aber sicher in die Gruppe hinein, die schon bald die Rote Armee Fraktion gründen sollte.

> Eines Tages sagte Gudrun Ensslin zu ihrem jugendlichen Schützling: ‚Dass du dir keine Gedanken machst, wenn wir mal von einem auf den anderen Tag verschwinden sollten. Wir vergessen dich nicht. Wir kommen wieder auf dich zu. Mach dir darüber keine Gedanken‘.

Doch Boock wollte mit: „Ich weiß gar nicht, was da abgeht, aber ich will dabei sein." Ensslin setzte sich letztendlich durch. Noch erschien ihr Boock zu jung für die Illegalität zu sein. Doch das sollte sich schon bald ändern. Denn im Lauf der nächsten Jahre konnte Boock es immer weniger ertragen, dass sein früherer „Sozialarbeiter" Baader nach erneuter Verhaftung am 1. Juni 1972 im Gefängnis einsitzen musste. Dazu sagte er in einem Interview, das er 1992 der „taz" gab:

> Ich war nicht so sehr aus ideologischen Gründen in der Gruppe, sondern weil ich Andreas Baader, Gudrun Ensslin und andere kannte, weil sie mir geholfen hatten, aus einem geschlossenen Heim rauszukommen und ich mich ihnen persönlich verpflichtet gefühlt habe. Die haben mich rausgeholt, also hole ich sie raus.

Nun tauchte Boock unter: „Die anderen sind weg, jetzt müssen wir weitermachen. Die zweite RAF-Generation war geboren." So wurde Boock zu einer ihrer zentralen Figuren; das galt auch bei der Entführung von Hanns Martin Schleyer:

> Er gilt heute als einer der Entführer, die mit Schnellfeuergewehren das Feuer auf Schleyers Begleiter eröffnet haben.

Zudem gehörte Boock 14 Tage zu Schleyers Bewachern. All das hatte vorrangig nur ein Ziel: Die Befreiung der ersten Generation der RAF.

Peter-Jürgen Boock hat seine Flucht aus Rengshausen im autobiografischen Roman „Abgang" literarisch verarbeitet:

> Gegen Abend lassen sich unsere Kerkermeister dazu herab, uns etwas Essen aus der Küche bringen zu lassen: vier Scheiben trockenes Brot für jeden und eine Plastikkanne mit abgestandenem Tee. Der Junge, der uns das ‚Sonntagsmenü‘ in den Bunker bringt, kann uns zuflüstern, dass die Studenten sich mit dem halben Dorf eine Prügelei geliefert haben, unter tatkräftiger Mitwirkung älte-

Jürgen-Peter Boock

rer Heimzöglinge, die kurz vor der Entlassung ihr Wohlverhalten unter Beweis stellen wollten. Aber der wichtigste Satz ist der: ‚Guckt mal zwischen die Brotscheiben ... und verpetzt mich nicht!' Die unteren Scheiben des einen Häufchens sind ausgehöhlt. Darin liegen in ein Stück Zellophan eingewickelt vier dünne Selbstgedrehte, zwei mit der Rasierklinge in der Mitte gespaltene Streichholzstückchen, ein Fitzel Anreißfläche und ein Zettel. Die Zigaretten rauchend lesen wir: ‚Hab mitgekriegt, dass sie euch bis Mittwoch im Bunker lassen wollen' [...]. Von den ‚Brandstiftern': Donnerstagnacht 23 Uhr an der Autobahnraststätte. Sie haben gesagt, ihr wisst Bescheid'. [...] In der Nacht von Donnerstag auf Freitag brechen wir mit vereinten Kräften ein Tischbein ab, mit dem der Lange gegen 21 Uhr mit lautstarken Schlägen sechs Glas-

bausteine aus dem Rahmen der Außenmauer schlägt. Wir kommen gerade in dem Moment nach draußen, als die alarmierte Nachtschicht die Außenbeleuchtung anschaltet. Die Erzieher haben wenige Chancen, denn ein paar Meter hinter dem Haus beginnt dichter Wald, der uns nach wenigen Schritten spurlos verschluckt. Wir sind frei. Nach einigem Hin und Her an der Raststätte finden wir den alten Daimler der ‚Brandstifter'.

Peter-Jürgen Boock Geboren am 3. September 1951 im nordfriesischen Garding in Schleswig-Holstein. Er begann nach dem Realschulabschluss 1968 eine Ausbildung als Maschinenschlosser, die er nach wenigen Wochen abbrach. Von nun an verbrachte er seine Jugend in verschiedenen Kinder- und Jugendheimen, in die ihn seine Eltern steckten. Über das Leben der nach Frankfurt/M. geflohenen Heimzöglinge berichtet Charly Wirczejewsk, Hauptdarsteller in Roland Klicks Film „Supermarkt", der als Ausreißer ins Baader-Umfeld geraten war, in „Spiegel Online":

Zum strukturierten Tagesprogramm für die randständigen Jugendlichen des Sozialarbeiters Baader gehörten Jugendamtbesetzungen, Caféhausbesucher aufmischen und vor allem ‚Autofahren' [...] Diese Autofahrergeschichte spielte eine ganz große Rolle. Er ist irrsinnig gerne Auto gefahren, hat sie auch zerschrotet, und wir haben sie auch gerne zerschrotet [...] Bestimmt alle drei, vier Wochen hatten wir 'n neues Auto.

Im Süd-Jemen erhielt Boock 1975 seine Untergrundausbildung, dort wurden Geiselnahmen und Flugzeugentführungen trainiert. Als „Techniker der RAF" war er an zahlreichen Aktionen beteiligt, sagte sich aber später von der RAF los. Im Januar 1981 wurde Boock in Hamburg verhaftet. Im Mai 1984 bzw. November 1986 wurde er in verschiedenen Prozessen zu insgesamt mehrfach lebenslänglich verurteilt. Später wurde die Strafe herabgesetzt. In der Haft begann Boock, seine Erinnerungen an die RAF-Zeit niederzuschreiben. Am 13. März 1998 wurde er nach 17 Jahren Haft aus der Sozialtherapeutischen Anstalt Hamburg-Bergedorf entlassen. Er lebt heute als freier Autor in der Nähe von Freiburg.

Quellenverzeichnis
unveröffentlicht:
Gespräch mit Hans-Hermann Kleem, 12.9.2007 (telefonisch)
Gespräch mit Hans-Hermann Kleem, 3.1.2008
Hans-Hermann Kleem, *APO-Aktionen im Beiserhaus 1969. Großangriff gegen die Erziehungsheime als beginnende Revolution. Unveröffentlichtes Vortragsmanuskript*, Februar 2001
Offener Brief von Karl Görisch und Hans-Hermann Kleem an den Herrn Minister für Arbeit, Volkswohlfahrt und Gesundheitswesen vom 11.8.1969, Betr.: Aktionen der Außerparlamentarischen Opposition im Burschenheim Beiserhaus, Rengshausen

veröffentlicht:
Stefan Aust, *Der Baader Meinhof Komplex*, München 1998
Peter-Jürgen Boock, *Abgang*, Reinbek bei Hamburg 1990
Fritzlar-Homberger Allgemeine, 23.4.2007
http://einestages.spiegel.de/external/ShowAlbumBackgroundPrint/a490.html, Stand: 13.6.2010
Gerd Koenen, *Vesper, Ensslin, Baader – Urszenen des deutschen Terrorismus*, Frankfurt/M. 2005
Butz Peters, *Tödlicher Irrtum. Die Geschichte der RAF*, Frankfurt/M. 2007
Der Spiegel, Nr. 17/23.4.2007 und Nr. 41/8.10.2007
Klaus Stern/Jörg Herrmann, *Andreas Baader. Das Leben eines Staatsfeindes*, München 2007
Peter Wensierski, *Schläge im Namen des Herrn – Die verdrängte Geschichte der Heimkinder in der Bundesrepublik*, München 2007

Guxhagen
Herbst 1969: Ulrike Meinhof recherchiert im Mädchenerziehungsheim Fuldatal Das Mädchenerziehungsheim Fuldatal im ehemaligen Kloster Breitenau bestand seit 1952 und umfasste Land- und Forstwirtschaft, eine Gärtnerei sowie eine Bäckerei. Des Weiteren gab es dort eine Wäscherei, eine Puppenwerkstatt, eine Kartonage und eine Lehrküche, wo die 150 Mädchen und jungen Frauen im Alter von 14 bis 21 Jahren arbeiteten. Ende der 60er Jahre wurde ihre Anzahl halbiert.

Seit dem Sommer 1969 stand das Heim massiv in der öffentlichen Kritik. Ausgelöst hatte dies eine im August diesen Jahres vom Marburger Institut für Sonderschulpädagogik durchgeführte Studie über Legastheniker. Ausgehend von den Lese- und Schreibschwächen der Mädchen, wurden massive Vorwürfe gegen das Heim laut.

> Der untersuchende Lehrer war zu dem Ergebnis gekommen, dass die meisten der dort untergebrachten Jugendlichen mehrfach geschädigt seien. Sie hätten zum Teil stärkste psychische Störungen, und es kämen laufend Selbstmordversuche vor

so die „Frankfurter Rundschau" vom 16. Oktober 1969.

Der Alltag der Mädchen im Heim war von katastrophalen Bedingungen durch die Heimleitung bestimmt. Die Oberstufenschüler der Geschwister-Scholl-Schule in Melsungen brachten diese Missstände in einem Flugblatt auf den Punkt:

> Wussten Sie, dass im Erziehungsheim Fuldatal jeder eingelieferte Fürsorgezögling sieben Tage lang in einer Isolierzelle eingesperrt wird, wo ihm jede Kontakt- und Betätigungsmöglichkeit entzogen wird?

Wussten Sie, dass die dort eingelieferten Mädchen ihr persönliches Eigentum abgeben müssen, sogar Verlobungsringe und Fotos von Eltern und Geschwistern?

Wussten Sie, dass es in Guxhagen eine „Besinnungszelle" (Konzentrationszelle?) gibt, deren Fenster vergittert und deren einziges Inventar eine Holzpritsche ohne Matratze ist?

Wussten Sie, dass dort Brotentzug (über eine Woche) und Redeverbot „normale" und „milde" Strafen sind?

Wussten Sie, dass dort – alle 14 Tage – Briefe nur den Eltern und Großeltern geschrieben werden dürfen, und dass diese Briefe sogar noch zensiert werden?

Wussten Sie, dass in diesem Heim verboten ist: pfeifen, rauchen, lautes reden beim Essen, die Tagesschau sehen? Sogar Weinen ist verboten!

Die Bilanz der Schüler lautete: „Die Zustände in diesem Heim sind beschämend für den Kreis Melsungen!"

Im Oktober 1969 kam der Untersuchungsbericht an die Öffentlichkeit, wo er zum Teil sehr emotional diskutiert wurde. Nicht nur der „Spiegel" oder die „Frankfurter Rundschau" berichteten, die Missstände brachten auch eine angesehene politisch linke Journalistin dazu, sich näher mit dem Zustand solcher Heime zu beschäftigen: Ulrike Meinhof. Sie recherchierte vor Ort, quartierte sich mehrere Tage in Guxhagen ein. Ihre Bilanz hörte sich niederschmetternd an:

> Wer immer in Deutschland dieses Heim kennt, dort war, damit zu tun hatte, davon gehört hat, dem graust, der wird ernst, der sagt nur noch: Ja – ich weiß.

Ulrike Meinhof bei der Pressekonferenz in Guxhagen am 13. November 1969

Ihre Ergebnisse fasste sie in einer einstündigen Radio-Sendung unter dem Titel „Guxhagen – Mädchen in Fürsorgeerziehung. Ein Heim in Hessen" am 7. November 1969 im Hessischen Rundfunk zusammen. Ursprünglich hatte sie geplant, „ein Portrait einer Heimleiterin" zu produzieren. Stattdessen bezog sie aber gegen diese massiv Stellung wegen ihres enorm autoritären Führungsstils. „Macht alles mit, ist BDM-geprägt", so Meinhof. Die Erziehungsmethoden und Ziele fasste sie in der Radiosendung so zusammen:

> Der Erziehungsprozess, der [...] in Gang gesetzt werden soll, zielt darauf, dass das Verhalten, das im Heim durch Gewalt, durch totale Kontrolle, durch Strafen und Verbote erzwungen wird, mit der Zeit verinnerlicht wird. Wird die Fügsamkeit des Zöglings zunächst durch Gewalt und Zwang hergestellt, so soll am Ende der Heimzeit sich eben diese Fügsamkeit verselbstständigt haben.

Ihr Feature wurde zur besten Sendezeit ausgestrahlt und war sehr erfolgreich. Für das Medium Hörfunk hatte sie eine eigene Form der Präsentation entwickelt, eine Mischung aus szenischer Schilderung und sachlicher Analyse. Dabei klagte Meinhof nicht nur an, sondern entwickelte auch ein Bild von Kindheit,

> wie es sein soll. Jede Erziehung, selbst die in Heimen, müsse sich an der Familie orientieren, nur dort gebe es dauerhafte Beziehungen und Zuwendungen.

Das Ergebnis war frappierend: Spontan organisierten sich Schüler und Studenten, um Informationsveranstaltungen durchzuführen. Dabei entstand das „Schülerkomitee" an der Melsunger Geschwister-Scholl-Schule, welches im Dezember 1969 eine Podiumsveranstaltung zum Thema Erziehungsmethoden mit „faschistoidem Charakter in sogenannten geschlossenen Erziehungsheimen" im alten Casino organisierte. Dazu wurde auch Ulrike Meinhof eingeladen, die die Gesprächsrunde eröffnete

Nicht eingeladen wurde sie dagegen zu einer Pressekonferenz des Landeswohlfahrtsverbandes am 13. November 1969 im Heim selbst. Die Begründung: Meinhof habe genügend Gelegenheit gehabt, sich über das Heim zu informieren und ihre Meinung öffentlich kundzutun. Die Journalistin passte einfach nicht zur Veranstaltung, die das Ziel der „Wiederherstellung des schönen Scheins" des Heimes hatte. Dass dieses Ziel nicht gelang, lag auch daran, dass Meinhof erneut – mit Staffelberger Jugendlichen – vor Ort war. Astrid Proll, die an der Pressekonferenz teilnehmen durfte, hielt Meinhof draußen immer auf dem Laufenden. Währenddessen trafen an diesem Donnerstag kurz vor 15 Uhr etwa 150 bis 200 Schüler der Geschwister-Scholl-Schule aus Melsungen in Breitenau zu einer vorher angemeldeten Demonstration ein und solidarisierten sich rasch mit Ulrike Meinhof.

> Die Demonstranten begaben sich zunächst an die Rückseite des Heimgeländes und versuchten, dort Zutritt zum Heim zu bekommen. Einige Zeit später fanden sie sich wieder auf der Straße vor dem Haupteingang ein, verteilten ein Flugblatt [...] und verlangten Zutritt zum Heim. Gegen 16 Uhr wurden fünf Sprecher der Demonstranten, darunter eine APO-Angehörige aus Frankfurt, in das Heimgelände eingelassen

berichtete der Landesassessor Hörtreiter am 25. November 1969 in einem „Situationsbericht". Nach rund einer Stunde wurde die Demonstration beendet. Erst jetzt war die Heim-

Guxhagen, 13. November 1969: Schülerdemonstration vor dem Mädchenheim Fuldatal anlässlich der Pressekonferenz mit Ulrike Meinhof

leiterin Ingeborg Jungermann zu einem Gespräch mit Meinhof bereit, dessen Verlauf die Journalistin so beschrieb:

> Das erste Kontaktgespräch [...] war gar kein Kontaktgespräch, es war ein Monolog. Ich habe dabeigesessen. Geredet, und zwar energisch, hat nur die Frau Direktor.

Vielleicht deshalb trat Meinhof immer energischer in der Öffentlichkeit auf, wenn es um Heimerziehung ging. „Die war unverfroren frech", so der spätere Heimleiter des Beiserhauses. Gestandene Männer (Heimleiter) hätten nach einer Sitzung im Landesjugendamt in Frankfurt/M. geweint, so hätte sie diese in einem „entschiedenen Tonfall" niedergemacht, ohne irgendeine „Rücksicht". Inhaltlich aber, da hatte die Meinhof „völlig recht".

Michael Bauer, ein ehemaliger Schüler der Geschwister-Scholl-Schule in Melsungen, hat diesen Tag als damaliger Student so in Erinnerung. Er lebte in Frankfurt/M., wo er sich um während der „Heimkampagne" entflohene Heiminsassen kümmerte.

> Ich habe drei Jugendliche aus Berlin, Marburg und Schwaben betreut. Sie wohnten in einer Wohngemeinschaft und sprachen mich an, ob ich mit ihnen was machen wolle. Sie wollten eine Freundin haben, aus ihrem Milieu. Ich sagte: ‚Da schlagen wir zwei Fliegen mit einer Klappe, in Guxhagen gibt es ein Mädchenerziehungsheim'. Dann bin ich mit denen nach Melsungen gefahren, wir haben bei meiner Mutter übernachtet. Wegen abschätziger Bemerkungen gab es dann Randale in Melsungen mit den Oberschülern. Der Berliner hatte ein Mes-

ser dabei, und ich hab den Schülern gesagt ‚Kommt, verpisst Euch, zieht Leine'. Dann gab es an der Scholl-Schule diese Versammlung, dieses Teach-in, am nächsten Tag die Schülerdemo in Guxhagen. Die Ulrike Meinhof – wahrscheinlich mit der Schulsprecherin oder dem -komitee – ging rein ins Heimgelände, sprach mit ausgewählten Heimzöglingen, die aber sehr ablehnend oder zurückhaltend waren. Es gab Streit mit der Heimleiterin. Es hat nichts ergeben. Jemand vermittelte uns Kontakte zu fluchtbereiten Mädchen. Der Sohn eines Bauern, drei Jusos und andere APO-Studenten waren dabei. Wir sind auf die Mauer geklettert, aber es hat sich nichts gezeigt, da war kein Zeichen. Das war aber eine einmalige Aktion.

Herbert Preissler, ein anderer Zeitzeuge, der ebenfalls früher auf die Geschwister-Scholl-Schule gegangen war, erinnert sich:

Ich kannte die Meinhof vom Frankfurter SDS her. Da ist sie mal aufgetreten mit Baader und Ensslin. Da haben die drei – allerdings vergeblich – versucht, den SDS von ihrer out-group-Strategie, also der Heimerziehungsstrategie zu überzeugen, also einem Revolutionskonzept, in der nicht mehr das klassische Proletariat das revolutionäre Subjekt darstellt, sondern die ‚outgroups'. Da wusste ich noch nicht, dass Meinhof bereits in praktischer Absicht in Sachen ‚Heimkampagne' unterwegs war. Ihre Recherchen in Guxhagen bildeten die Grundlage für ein überzeugendes Rundfunk-Feature. Ich hab das aufnehmen lassen und weitergegeben an die Melsunger Genossen, auch an die Schule, und der Schulsprecherin ist es gelungen, dieses Band in der ganzen Oberstufe über Lautsprecheranlage abspielen zu lassen. Am nächsten Tag gab es eine große Demo der Melsunger Gymnasiasten in der Breitenau. Etwa eine Woche später haben wir im ehemaligen Amerikahaus, dem Casino in der Rotenburger Straße gegenüber dem alten Gymnasiumsgebäude (Realgymnasium), dann das erste Teach-in, glaube ich, von Melsungen durchgeführt. Das war sehr gut besucht, 'ne ganze Menge Lehrer und die Meinhof natürlich. Sie machte eine sehr überzeugende und eindrucksvolle Figur. Es wurde spät, war sehr frostig und eisig, und sie kam nicht mehr weg und hatte auch kein eigenes Auto dabei. Da hat sie bei uns (meinen Eltern in Körle) übernachtet, und ich habe sie am nächsten Morgen mit meinem VW-Käfer über eine vereiste Autobahn nach Hannover zum Flieger nach Berlin gefahren.

Etwa zur gleichen Zeit, als sie sich in Guxhagen engagierte, arbeitete Ulrike Meinhof an einem Drehbuch für einen Fernsehfilm zur gleichen Thematik. Die Dreharbeiten begannen am 19. Februar 1970 und dauerten bis März. Das Schicksal von drei Mädchen, die Meinhof im Berliner Erziehungsheim Eichenhof kennen gelernt hatte, diente dabei als exemplarische Grundlage der Kritik am Heimalltag.

Mit Fürsorgeerziehung wird proletarischen Jugendlichen gedroht, wenn sie sich mit ihrer Unterprivilegiertheit nicht abfinden wollen.

Der vom Südwestfunk produzierte Film sollte im Mai 1970 in der ARD gesendet werden. Doch mittlerweile wurde Meinhof steckbrieflich gesucht. Auch ein zweiter Sendetermin im April 1971 wurde abgesagt. „Bambule", so der Titel des Films, wurde dann erst ein Vierteljahrhundert später ausgestrahlt.

Welche Fachkompetenz Meinhof mittlerweile in Sachen Heimerziehung erworben hatte, zeigte auch die Tatsache, dass sie am 6. Mai 1970 zu einer 45-minütigen Rundfunksendung des Zweiten Bayerischen Rundfunks eingeladen wurde, welche den Titel „Fürsorgeziehung in der Diskussion" trug. Mit ihr diskutierte damals Dr. Werner Weiland, der Direktor des Waberner Karlshofes. Meinhof prangerte in der Diskussion auch die Verhältnisse im Waberner Erziehungsheim an, in die sie sich ebenfalls eingearbeitet hatte. Sie kritisierte massiv den Karzer, die Prügel und die dort geschlossene Abteilung. Sie fragte Direktor Weiland direkt: „Was im Karlshof so an Terror passiert, warum schaffen Sie es nicht einfach ab?" Doch der reagierte ausweichend, zudem stritt er einige Vorwürfe ab. Weiland war „stockkonservativ, Beamter, von Haus aus Psychologe, kurzum ein glatter, ein angepasster Typ", so ein Zeitzeuge.

> Er hat sie nicht ernst genommen, fühlte sich ihr wohl auch überlegen, schließlich hat er Psychologie studiert und sie war ja nur eine Journalistin mit entsprechendem Studium.

Meinhofs weitere Argumentation zeigt aber profunde Kenntnisse über das Jugendheim Karlshof. Daher kann man nicht ausschließen, dass sie auch vor Ort in Wabern war.

Nur acht Tage nach dieser Sendung ging Meinhof in den Untergrund. Zutiefst frustriert, dass Veränderungen in dieser Republik auf friedlichem Weg wohl nicht möglich sind, beteiligte sie sich an der Befreiungsaktion für Andreas Baader, der seit April 1970 erneut in Haft saß. „Befreiung war für Meinhof ein magisches Wort. Hatte sie nicht auch die Mädchen aus den Heimen befreien wollen?" Bei den Dreharbeiten zu „Bambule" hatte sie sogar Drahtscheren in die Heime geschmuggelt. Nicht nur ihre für viele Zeitgenossen fundierte journalistische Arbeit gab sie damit auf, sondern auch ihre Kinder. Nun wurde sie neben Baader und Ensslin zur meistgesuchten Person der Republik, zur großen Staatsfeindin. So gab sie auch indirekt der Gruppe ihren Namen: Seit dem 14. Mai 1970 war die „Baader-Meinhof-Bande" in aller Munde.

Auch dank Ulrike Meinhofs Einsatz wurde das letzte geschlossene Erziehungsheim in Hessen drei Jahre später, im Dezember 1973, aufgelöst, da es als „unreformierbar" galt.

Ulrike Meinhof, am 7. Oktober 1934 in Oldenburg geboren, verbrachte sie den Großteil ihrer Schulzeit im mittelhessischen Weilburg, wo sie auch ihr Abitur ablegte. Zwischen 1954 und 1959 studierte sie in Marburg und Münster Philosophie, Pädagogik, Soziologie und Germanistik. Während des Studiums engagierte sich Meinhof politisch im „Arbeitskreis für ein atomwaffenfreies Deutschland". Bald darauf trat sie dem SDS bei. Von 1960 bis 1964 war sie Chefredakteurin der linken Zeitschrift „konkret". Bis zum Bruch mit dieser Zeitschrift schrieb sie weiterhin Kolumnen, parallel dazu war sie als Journalistin u. a. für das ARD-Magazin „Panorama" und 1969/70 als Lehrbeauftragte für Publizistik in Berlin tätig. Seit drei Jahren im Untergrund und bei der RAF, wurde Meinhof am 15. Juni 1972 in Hannover-Langenhagen festgenommen. Ihre Haft kennzeichneten besonders harte Bedingungen. Hungerstreiks, die das verändern sollten, bestimmten die nächsten Jahre. Im Mai 1975 begann die Hauptverhandlung, die Anklage lautete u. a. auf fünffachen Mord und 54-fachen Mordversuch. Am 9. Mai 1976, noch während des Prozesses, wurde Meinhof erhängt in ihrer Zelle in Stuttgart-Stammheim aufgefunden. Laut Aussage der Staatsanwaltschaft beging sie Selbstmord, was RAF-Sympathisanten in der Folgezeit immer wieder in Zweifel zogen.

Quellenverzeichnis

unveröffentlicht:
Archiv des Karlshofes in Wabern: „Protokoll einer Rundfunksendung des zweiten Bayerischen Rundfunks am 6.6.1970", in: Ordner „Jugendheim Karlshof – 100 Jahre 1886–1986" (maschinenschriftliches Manuskript)
Gespräch mit Hans-Hermann Kleem, 3.1.2008
Interview mit Michael Bauer, 19.6.2010
Interview mit Herbert Preissler, 2.7.2010
Peter-Jürgen Boock, *Abgang*, Reinbek bei Hamburg 1990

veröffentlicht:
Arbeitsgruppe Heimreform (Hg.), *Aus der Geschichte lernen: Analyse der Heimreform in Hessen (1968–1983)*, Frankfurt/M. 2000
Stefan Aust, *Der Baader Meinhof Komplex*, München 1998
Flugblatt der Oberstufenschüler der Geschwister-Scholl-Schule in Melsungen vom 13.11.1969
Frankfurter Rundschau, 15.11.1969
Hessische Nachrichten, 31.10., 14.11. und 16.12.1969
Hörtreiter (Landesassessor), *Situationsbericht über die Pressekonferenz im Jugendheim Fuldatal/Guxhagen und die Schülerdemonstration vor dem Heim am 13.11.1969*, Kassel, den 25.11.1969
Gerd Koenen, *Vesper, Ensslin, Baader – Urszenen des deutschen Terrorismus*, Frankfurt/M. 2005
Ulrike Marie Meinhof, *Bambule*, Berlin 2002
Ulrike Marie Meinhof, *Guxhagen – Mädchen in Fürsorgeerziehung. Ein Heim in Hessen*, o.O. 1970
Alois Prinz, *Lieber wütend als traurig – Die Lebensgeschichte der Ulrike Meinhof*, Frankfurt/M. 2005
Gunnar Richter (Hg.), *Breitenau. Zur Geschichte eines nationalsozialistischen Konzentrations- und Arbeitslagers*, Kassel 1993
Der Spiegel, Nr. 47/1969
Klaus Stern, Jörg Herrmann, *Andreas Baader. Das Leben eines Staatsfeindes*, München 2007
Peter Wensierski, *Schläge im Namen des Herrn – Die verdrängte Geschichte der Heimkinder in der Bundesrepublik*, München 2007

Wabern

Ende 1969, Anfang 1970: Rupert von Plottnitz verteidigt drei Fürsorgezöglinge in Kassel vor Gericht Ende 1969 begann vor der III. Strafkammer des Kasseler Landgerichts unter Landesgerichtsdirektor Ludwig Geissler ein Prozess gegen drei Jugendliche, die im Karlshof gelebt hatten. Sie wurden angeklagt, Ende April 1969 mit zwei weiteren Insassen ihren Erzieher mit einer Decke und Stricken gefesselt und eingesperrt zu haben, um aus der geschlossenen Abteilung fliehen zu können. Zudem hatten sie Geld und den Autoschlüssel des Erziehers geraubt. Zur Not wollten die Jugendlichen – was dann aber nicht geschah – ihren Erzieher auch mit einer Eisenstange „vor den Kopf hauen":

> Wir haben gewusst, dass ein Schlag tödlich sein könne, aber X sagte auch, wenn sich der Erzieher nach dem ersten Schlag noch bewege, dann werde er eben weiter draufhauen.

Und das, obwohl sie dem Mann persönlich nichts vorzuwerfen hatten. Glück hatten die Jugendlichen bei ihrem Fluchtversuch aber keines: Vier wurden sofort, der fünfte nach kurzer Zeit gefasst. Warum nur drei von ihnen angeklagt wurden, ist unklar.

Rupert von Plottnitz, der sich gerade 29-jährig frisch in Frankfurt/M. als Rechtsanwalt niedergelassen hatte, übernahm in Teilen ihre Verteidigung. (Später machte er eine politische Karriere: 1991 bis 1994 Fraktions-Vorsitzender der „Grünen" im hessischen Landtag, wurde er 1995 bekannt als hessischer Minister für Umwelt, Energie und Bundesangelegenheiten. Dabei trat er die Nachfolge von Joschka Fischer an. 1995 bis 1999 war er hessischer Minister für Justiz- und Europaangelegenheiten.)

Die Wahlverteidiger von Ulrike Meinhof, Gudrun Ensslin und Jan Carl Raspe auf dem Weg zum Prozess: Rupert von Plottnitz, Helmut Riedel, Marie Luise Becker und Otto Schily (v. l. n. r.)

Scharf und aggressiv verteidigte er die Angeklagten in seinem Plädoyer am sechsten Verhandlungstag. An diesem 16. Januar 1970 versuchte er, dem Prozess eine gesellschaftspolitische Dimension zu geben. Staatsanwalt Hans-Görge Grössel entgegnete er laut „Hessischer Allgemeiner" vom 17. Januar 1970:

> Dem Staatsanwalt ging's nach bester Tradition deutscher Juristen um Straftaten, nicht um gesellschaftliche Missstände oder um die mittelalterlichen Zustände im Karlshof: unerträgliche hygienische Verhältnisse, Fertigungsarbeiten ohne berufsbildenden Wert, Prügel, Gebet vor dem Essen und Sprechverbot bei Tisch, nächtliche Einschließung, Unterbringung in menschenunwürdigen Räumen mit unzureichender Belüftung bei offenem Kübel. Auf die Anklagebank gehören die hierfür Verantwortlichen.

Zuvor hatte Grössel in seinem Plädoyer erklärt:

> In den letzten drei Jahren sind insgesamt 54 Insassen der geschlossenen Karlshof-Abteilung einzeln entwichen. Für einen Massenausbruch und für diese Extratour der Angeklagten besteht kein Rechtfertigungsgrund.

Er fügte hinzu:

> Eine direkte Gefahr war nicht gegeben; die Angeklagten haben sich auch gar nicht, wie ihre Verteidiger das tun, auf ‚Heimterror' berufen.

Darauf erwiderte von Plottnitz, dass er im Raub eine legitime „Notwehr gegen permanent gesetzwidrige Zustände" sehe. „Die Angeklagten hatten das Recht, sich jederzeit dagegen zu wehren."

Am ersten Tag musste der Sitzungssaal polizeilich geräumt werden:

> Die Verhandlung gegen die drei Karlshof-Lehrlinge fand auch starkes überörtliches Interesse. Vor dem wegen Überfüllung geschlossenen Gerichtssaal versammelten sich zeitweilig über 30 zumeist Jugendliche, unter ihnen Frankfurter Kommune-Mitglieder und verteilten Flugblätter

so die „Hessische Allgemeine" am 6. Dezember 1969. Drinnen herrschten „Störungen durch Zwischenrufer". Um die Räumung des Gerichtssaal zu verhindern, bildeten einige Gerichtsbesucher eine Kette in den Sitzen und weigerten sich, den Saal zu verlassen. Zum passiven Widerstand wurde lautstark „die Internationale" gesungen.

Von Plottnitz stützte sich bei seiner Argumentation auch auf die Aussagen von Peter Brosch vom fünften Verhandlungstag. Brosch von der „Kampfgruppe ehemaliger Fürsorgezöglinge" berichtete über seine Erlebnisse im Heim „Staffelberg". Seine abschließende Bilanz war eindeutig: „Wabern wurde für strenger gehalten als Staffelberg." Brosch war zuvor am zweiten Verhandlungstag mit einer Ordnungsstrafe belegt worden, weil er gefordert hatte, Staatsanwalt Grössel „in eine Strafanstalt zu schicken".

Auch Meinhof war selbstverständlich an diesem Prozess beteiligt.

> Dass die von der Verteidigung als Sachverständige benannte Ulrike Meinhof vom Gericht wegen prozessbezogener Parteinahme als befangen abgelehnt wurde, ist ebenfalls auf Äußerungen vom zweiten Verhandlungstag zurückzuführen. Frau Meinhof hatte damals zum Angeklagten gesagt: ‚Sag du zu mir, wir sind ja schließlich Genossen' und ‚Ich gehöre nicht zu denen, die dich hier verurteilen wollen, sondern zu denen, die dich herausboxen wollen'

so die „Hessische Allgemeine" am 10. Januar 1970.

Wohl deshalb zitierte Rechtsanwalt Armin Golzem am sechsten Verhandlungstag mehrfach Meinhof:

> Was für die bürgerliche Jugend die Internate, das sind für die proletarischen Jugendlichen die Erziehungsheime. Diese Jugendlichen verwahrlosen, weil die proletarische Familie durch die kapitalistische Produktionsweise arbeitsmäßig ausgebeutet wird und überbelastet ist.

Diese Aussagen von Meinhof übertrug er anschließend auf den Werdegang seines Mandanten.

> Der Vater meines unehelich geborenen Mandanten hat sich als Bergmann eine Staublunge geholt, weil man im Interesse des Profits keine Absauganlage in den Schacht gebaut hat. Danach begann der Vater, getreten und verletzt, zu trinken und dann selbst zu treten und zu verletzen. Auch er verwahrloste. Die Mutter malte Gartenzwerge an und arbeitete für das tägliche Brot

so der Bericht der „Hessischen Allgemeine" vom 17. Januar 1970.

Am siebten Verhandlungstag wurden die drei Angeklagten wegen gemeinschaftlich begangenen Raubes (zwei davon zusätzlich wegen Diebstahls bzw. mehrerer Eigentumsdelikte) zu Jugendstrafen von 15 und 18 Monaten verurteilt, der dritte Angeklagte erhielt eine Jugendstrafe von unbestimmter Dauer. Die Untersuchungshaft wurde angerechnet. Schließlich, so das Gericht sinngemäß, gab es andere Möglichkeiten, dem Karlshof zu entweichen. Das hatte einer der Angeklagten wenige Wochen vor dem gemeinschaftlichen Fluchtversuch selbst vorgemacht und simpel die Fenstergitter auseinander gebogen.

Die Verteidiger, die mit einem Freispruch gerechnet hatten, kündigten an, sofort in Revision zu gehen. Zwei weitere Reaktionen auf das Urteil sind interessant. Zwei Verurteilte drohten, nachdem das Gericht den Schwurgerichtssaal verlassen hatte: „Wenn ich 'rauskomme, kaufe ich mir 'ne Kanone, und gearbeitet wird überhaupt nicht mehr." Und: „Jetzt wird nur noch mit der Knarre kassiert." Der Initiator des Fluchtversuchs bot dem anwesenden Direktor des Karlshofes Schläge an. Die zweite Reaktion, die kaum gegensätzlicher sein kann, stammt von einem Kommentator der „Hessischen Nachrichten" vom 22. Januar 1970.

> Zu den von jungen Soziologen, Politikern und Erziehern vorangetriebenen Umwandlungsprozess

leistete der gestern in Kassel beendete Strafkammerprozess keinen Beitrag, obwohl nahezu das jüngste Gericht aufgeboten worden war: als Vorsitzender amtierte der jüngste hiesige Landgerichtsdirektor, der Staatsanwalt war vom Jahrgang 1934, der jüngste von den drei Verteidigern zählte gar erst 29 Lenze. Das Recht aber, das gesprochen wurde, mutete greisenhaft an. Fleißig, aber vergeblich hatten die Rechtsanwälte modernste wissenschaftliche Erkenntnisse unterbreitet, um die Not ihrer Mandanten darzutun. Tapfer, aber ebenfalls vergeblich war der Jugendgerichtshelfer Sturm gelaufen gegen das, was ‚im Namen des Christentums' an den Angeklagten gesündigt worden sei.

An diesen Widersprüchen scheiterte letztendlich Ulrike Meinhof, die ein Leben in der Illegalität und den bewaffneten Kampf aufnahm. Rupert von Plottnitz entschied sich anders, er kämpfte auch in Zukunft als Rechtsanwalt und später als Politiker für eine bessere Welt mit legalen Mitteln.

Der Prozess hinterließ in Kassel auch noch andere Spuren. In der Nacht vom 4. auf den 5. Dezember wurde am Marmorbad in der Karlsaue mit roter Farbe Freiheit für die Angeklagten gefordert, darunter stand die Freiheitslosung Venceremos („Wir werden siegen"). Nebenan war ein roter Stern angebracht. Parallel dazu befand sich am Haupteingang zum Justizgebäude ein Hakenkreuz. Dies fiel noch in der Nacht einem Kraftfahrer auf, der gegen 2.30 Uhr die Polizei alarmierte. Die herbei geeilten Beamten entdeckten in unmittelbarer Tatnähe an der Schönen Aussicht den Kasseler Bernd Lunkewitz und den aus Frankfurt/M. stammenden 18-jährigen Baldur Volz.

Lunkewitz hatte eine Lacksprühdose in der Hand, die die Farben enthielt, mit der die Schmierereien vorgenommen worden sind

so Kassels größte Tageszeitung am 6. Dezember 1969. Beide bestritten allerdings, damit etwas zu tun zu haben. Dennoch wurde ein Ermittlungsverfahren eingeleitet.

Quellenverzeichnis
veröffentlicht:
Hessische Allgemeine, 30.12.1969, 10.1.1970, 17.1.1970 und 22.1.1970

SDS und RCDS

Interview mit Dr. Wulf Schönbohm, dem konservativen Ex-68er

Dr. Schönbohm passt so gar nicht in das Klischee vom „klassischen, also linken 68er", weil er ein bekennender CDU-Mann und ehemaliger Zeitsoldat der Bundeswehr, also in den Augen seiner politischen Gegner ein „Militarist" ist. Gerade das macht ihn aber so interessant, weil er das Phänomen von der anderen, konservativen Seite aus betrachtet und sich dabei selbst auch als „68er" sieht. Zudem ist er ein überaus prominenter Zeitzeuge, war er doch seinerzeit Bundesvorsitzender des RCDS (Ring Christlich-Demokratischer Studenten) und somit Widerpart des Sozialistischen Deutschen Studentenbundes.

Dr. Schönbohm studierte Politologie, Soziologie, Staatsrecht und Neuere Geschichte in Berlin und Bonn. Promotion bei Prof. Dr. Karl Dietrich Bracher. Er war 1971 bis 1974 Bundesvorstandsmitglied der Jungen Union, zudem Chefredakteur der Zeitschrift „Sonde". Er arbeitete bei der CDU-nahen Konrad-Adenauer-Stiftung und der CDU-Bundesgeschäftsstelle in Bonn, war von 1974 bis 1978 Mitglied der CDU-Grundsatzprogrammkommission. Zuletzt leitete er bis 2004 das Auslandsbüro der Konrad-Adenauer-Stiftung in Ankara. Er wohnt in Homberg-Steindorf, ist verheiratet und hat drei Kinder.

Bitte stellen Sie sich kurz persönlich vor.
Ich bin 1941 in der Nähe von Berlin geboren. Gegen Kriegsende ist meine Mutter mit fünf Kindern geflüchtet über die Altmark und Boitzenhagen bei Wolfsburg nach Wolfhagen und Kassel. Dort bin ich zur Goetheschule und in die Waldorfschule gegangen. Meine Eltern gehörten zum höheren Bildungsstand. Mein Vater war Handelsvertreter. Er war in der Frühzeit Nazi, aber nach der Pogromnacht 1938 hat er gemerkt, was los war, ist ausgetreten und hat sich nicht mehr politisch betätigt. Auch nach dem Krieg wollte er mit Politik nichts zu tun haben und hat auch uns das geraten. Für mich als jungen Menschen spielte die Nazizeit aber nicht die große Rolle.

Der junge Dr. Wulf Schönbohm

Unser Thema ist ja die APO, das Jahr 1968. Würden Sie sich selbst als „68er" bezeichnen?
Ja. Schon als Schüler habe ich in Kassel SPD-Diskussionsveranstaltungen zum Thema „Kampf dem Atomtod" durch Zwischenrufe gestört und bin dafür rausgeworfen worden. Also war ich damals schon politisch aktiv, aber noch nicht politisch organisiert. Das kam erst nach dem Abitur, als ich zwischen 1961 und 1964 Zeitoffizier bei der Bundeswehr wurde. Wir diskutierten im Unterricht für innere Führung Themen wie den Vietnamkrieg, die Große Koalition, die Wirtschaftspolitik. Im Sommersemester 1964 begann ich in Berlin am Otto-Suhr-Institut Politologie zu studieren, war 1965 bis '66 Vorsitzender des RCDS an der Freien Universität Berlin. Da fingen gleich die ersten Auseinandersetzungen an. Die Linke kam mir so arrogant und intolerant vor, sie begrüßten mich immer mit „Faschist Schönbohm". Da sagte ich: „Da müssen wir was gegen machen." 1966/67 war ich dann stellvertretender, 1967/68 Bundes-Vorsitzender des RCDS. Aber wer am Otto-Suhr-Institut war schon RCDS-Mann? Das kann man vergessen.

Der RCDS scheint in den Studien über „68" unterrepräsentiert. Welche Rolle spielte er damals, welche Haltung hatte er zum SDS?
Wir waren die einzige politische Organisation, die den SDS kritisiert hat, die gegen die Linke war, also die einzige Opposition. Obwohl wir an allen großen Universitäten aktiv waren, wurden wir von den Medien praktisch nicht zur Kenntnis genommen. An der juristischen und medizinischen Fakultät in Berlin war der RCDS relativ stark, aber an der philosophischen Fakultät hatten wir überhaupt keine Chance. Wir sagten: „Das, was der SDS an politischen Zielen hat, ist illusionär und wird sich nie durchsetzen." Diese Position war aber einfach nicht so interessant wie der SDS. Erst als der SDS sich Ende der 60er Jahre auflöste und etwa in Maoisten und Trotzkisten zerfiel, hatten wir mehr Einfluss.

Wie würden Sie die Ziele und Strömungen im RCDS damals zusammenfassen? Wo standen Sie?
Am bekanntesten von uns ist Gerd Langguth, der mehrere Jahre nach mir Vorsitzender war und heute Politik-Professor in Bonn ist. Hochschulpolitisch waren wir kategorisch gegen die Drittel-Parität (danach sollen die Entscheidungsgremien einer Universität von Professoren, Assistenten und Studenten zu je einem Drittel besetzt sein, somit ist die Vorherrschaft der Professoren stark eingeschränkt, Anm. d. Verf.). Forderungen nach direkter Demokratie, „kritischen" Universitäten oder Schulen haben wir ebenso abgelehnt wie die Vorstellung, dass Revolutionen von der Dritten Welt in die industriellen Ballungszentren überspringen. Die Adenauerpolitik wie Westintegration und Wiederbewaffnung haben wir ebenso für richtig gehalten wie später die Notstandsgesetze. Auch den Vietnamkrieg haben wir zunächst befürwortet. Manche innenpolitischen Dinge kamen uns dagegen altmodisch vor, etwa der „Kuppeleiparagraph", auf den ich nachher noch eingehen möchte. Unterschiedliche Auffassungen innerhalb des RCDS gab es höchstens bei einzelnen Themen, aber gegensätzliche ideologische Strömungen gab es nicht.

Am Anfang, als der SDS noch gemäßigt war und nicht die Systemfrage stellte, war die Hochschulreform ein gemeinsames Anliegen mit uns vom RCDS. Noch 1965/66 habe ich ein Grußwort beim SDS-Bundeskongress gesprochen, man ließ mich immerhin reden. Aber das war das letzte Mal. Auch wir hatten den SDS immer eingeladen, aber danach nicht mehr.

Sie kannten Rudi Dutschke vom SDS persönlich. Beschreiben Sie seine Persönlichkeit. Galt und gilt er zurecht als Vorbild, als eines der Gesichter von „68"?

Da unterscheide ich mich von früheren RCDS-Kollegen, die behaupten, Dutschke habe Gewalt befürwortet und praktiziert. Für mich war er von der ganzen Linken der einzig sympathische Mensch, den man ernst nehmen musste, der liebenswert war, zuverlässig, glaubwürdig und freundlich. Ich erinnere mich an eine Veranstaltung mit dem südvietnamesischen Botschafter, die ich in Berlin zum Thema Vietnamkrieg geleitet habe. Wir haben die Mikros besonders gesichert: Vorne haben wir kräftige Jungs von uns hingesetzt, um eine Stürmung des Podiums durch den SDS zu verhindern. Eine halbe Stunde nach Veranstaltungsbeginn kam dann die Linke rein. Sie haben geschrien, die Veranstaltung gestört. Ich hab den Dutschke bewusst nicht drangenommen, obwohl er sich dauernd meldete. Denn ich wusste: Wenn der redet, redet er mindestens eine halbe Stunde, und außerdem ist die Veranstaltung danach gleich beendet. Als ich ihn dann doch drannahm und Dutschke fertig war, kam es wie befürchtet: Sie stürmten das Podium, der Botschafter verschwand im Hintereingang, mir hat man das Mikro weggerissen, und dann war Schluss. Ab dann hatte ich immer zwei kräftige Freunde als Bewacher dabei, die verhinderten,

dass man von hinten gepackt und einfach weggetragen wurde. Trotzdem: Dutschke war untypisch für den SDS: Er hatte keine langen Haare, trug keinen Parka, war verheiratet (statt freie Liebe zu praktizieren), hatte ein Kind und war eigentlich spießig. Er hatte Charisma, Sendungsbewusstsein, Idealismus, war nie bösartig. Ein netter junger Mann. Er diskutierte mit einem, während andere im SDS herablassend waren – etwa Rabehl oder Lefevre, ein eiskalter Typ, scharfsinnig, unsympathisch, aggressiv.

Die Linke war immer ein Schreichor. Es gab verhältnismäßig viele engagierte Frauen bei der Linken. Die fühlten sich oft unterdrückt und nicht ernstgenommen von den SDS-Männern. Diese Frauen waren bei den Protesten während der Großveranstaltungen besonders aktiv in Form von regelrechten Schreiorgien. Eine rationale Auseinandersetzungen mit linken Frauen habe ich überhaupt nicht erlebt. Generell gilt für die SDS-Männer: Was sie in der Theorie erzählt haben, und wie sie dann in der Realität ihre Gegner oder eigenen Frauen behandelt haben, das hatte nichts miteinander zu tun.

Welches Mobilisierungspotential und welche Handlungsformen hatte „68"?

Der SDS machte immer Themenkampagnen, um erfolgreich provozieren zu können und Unterstützung zu bekommen. Er orientierte sich bei den Methoden an der amerikanischen Bürgerrechts- und Studentenbewegung, nämlich neben Teach-ins auch Sit-ins (also Vorlesungsstörung) und Go-ins (Besetzungen von Instituten). Wir lehnten so was ab, weil wir damit niemanden schädigen würden außer uns Studenten selbst, die wir an der Uni was lernen wollten. Die nächste Phase bestand darin, den Protest von der Universität in die Stadt, also z. B. nach Berlin, zu tragen. Das galt erst recht nach dem Tod von Benno Ohnesorg. Die Berliner waren im Kalten Krieg stramm gegen die ganzen „linken Spinner", die Springer-Presse trug ihren Teil dazu bei. Zunächst protestierte der SDS am Ku'damm, das wurde aber verboten. Dann haben sie in kleinen Gruppen agiert, setzten sich auf Schienen oder Straßen, aber bei Ankunft der Polizei waren sie schnell wieder weg. Die Universität war ein ständiger Unruheherd. Die gewollte Trennung von Gewalt gegen Sachen und gegen Personen war eine rein theoretische Diskussion und scheiterte an der Realität.

Warum sprang der revolutionäre Funke der APO kaum auf Bürger und Arbeiter über? Warum also blieb „68" ein Minderheitenphänomen, das die Massen und die Landbewohner wenig erreichte?
Die Linke war eine sehr akademisch-theoretische Bewegung. Wenn man die Schriften des SDS liest oder Dutschke zuhört, müssen Sie mindestens Soziologie studiert haben, und dann verstehen sie immer noch nicht alles. Auch wenn sie zu den Arbeitern in die Betriebe gingen, haben sie an den meisten völlig vorbeigeredet. Und die Proteste gegen die Springer-Presse stießen bei den Bürgern auf Widerstand, weil man sich nicht gefallen lassen wollte, dass der SDS bestimmte, welche Zeitung man lesen darf. Themen wie die Notstandsgesetze oder der Vietnamkrieg beschäftigten die Leute nicht wirklich. Aber auf der intellektuellen Ebene haben sie ziemlich viel mobilisiert, etwa in Theater und Literatur.

Viele der „68er" stammten aus intellektuellen, gutbürgerlichen Elternhäusern, aus der Mitte der Gesellschaft – und entfremdeten sich durch die APO davon, schlossen sich sektiererischen Zirkeln, der Gewalt oder esoterischen Parallelwelten an. Kann man da gar von einer verlorenen Generation sprechen?
Für die Politik und das normale bürgerliche Engagement sind sie in der Regel verloren gegangen, manche sind später bei der SPD gelandet. Sie haben sich verirrt, verrannt in einer Sackgasse, hatten große psychische Probleme, damit fertig zu werden, das weiß ich aus persönlichen Gesprächen. Da sind viele gute, begabte Leute verloren gegangen, aber sie haben auch eine ganze Menge gegen sich mobilisiert, die sonst vielleicht gar nicht aktiv geworden wären.

Vielleicht kann man „68" und die Folgen als Eskalation, als Spirale von Gewalt und Gegengewalt bezeichnen. Halten Sie daher das damalige Verhalten von Teilen der Polizei, Presse und etablierter Politik für angemessen?
In Berlin waren Polizei und Politik anfangs völlig überfordert, weil sie mit dieser Art von Opposition, dieser Infragestellung aller Spielregeln der Demokratie noch nie was zu tun hatten. Da wurde sehr stark überreagiert. Sie haben manchmal geprügelt, wo kein Grund war, und manchmal nicht geprügelt, da wäre ein Grund gewesen. Da war eine völlige Unsicherheit, wie man darauf reagieren sollte. Die Polizei war vollkommen unzureichend ausgerüstet, ganz anders als heute. Bundestagsabgeordnete, die an der Universität sprachen, haben gar nichts kapiert, weil sie die prinzipielle Herausforderung nicht erkannten, etwa zu begründen, wieso sie überhaupt legitimiert sind, für dieses Volk zu entscheiden.

Wie bewerten Sie Ihr damaliges Verhalten aus heutiger Sicht? War Ihr Engagement oder eher das des SDS erfolgreich?
Ob man generell erfolgreich war, darauf kommt es meiner Meinung nach nicht an, sondern auf die grundsätzliche Haltung: Macht man das mit, oder hält man sich aus allem raus? Das ging mir gegen den Strich, da musste man was dagegen tun. Das war Erfolg genug. Ich hab durch diese Auseinandersetzung unheimlich viel gelernt in Rhetorik und Taktik. Das kam mir später in der Jungen Union zugute. Ich würde alles noch einmal genau so tun.

„68" ist generell ein Signum für den Wandel der Gesellschaft, die offener, toleranter, emanzipierter geworden ist. Ich denke da an die Infragestellung von Autoritäten wie Lehrern, die Gleichberechtigung der Frau, die Akzeptanz der Homosexualität. Es gab den völlig abwegig interpretierten „Kuppeleiparagraphen", dem zufolge es strafbar war, wenn ich nach 22 Uhr noch weiblichen Besuch in meinem Studentenzimmer hatte. Allerdings hat „68" diesen Wandel nicht allein bewirkt. Überhaupt hat der SDS keines seiner großen politischen Ziele erreicht und ist in viele Splittergruppen zerfallen.

Konservative Politiker geben den „68ern" oft eine Mitschuld an Werteverfall, Zersplitterung der Gesellschaft und einem falsch verstandenen Pazifismus. Teilen Sie diese Kritik?
Die Linke begann, den Pazifismus hoffähig zu machen. Aber der wäre vielleicht sowieso gekommen. Im Bildungs- und Erziehungssystem sind jede Menge Dinge falsch gemacht worden, weil man vom (alternativen) Kindergarten an alles laufen lässt und keine Grenzen setzt. Diese Ideen waren inspiriert von den „68ern".

Sie gehen „68" anders an, arbeiten es historisch auf. So hielten Sie Vorträge an der Theodor-Heuss-Schule in Homberg/Efze. Ist die Situation junger Menschen heute noch vergleichbar mit „68"? Gibt es also noch Gründe für ein Aufbegehren?
Ich halte den Vergleich mit „68" für abwegig. Die Schüler und Studenten heute sind ganz anders, schwer zu mobilisieren. Und die Schule reagiert auf Protest ganz anders, also nicht mehr mit Schulverweisen wie damals. Hätte es allerdings bei uns damals solch eine Verschulung an den Universitäten gegeben wie heute, dann hätte ich auch mit demonstriert, da sehe also ich großen Anlass für Protest. Zudem ist der Notendruck heute viel größer, damals hat uns das gar nicht interessiert. Die Berufsaussichten stehen heute viel mehr im Vordergrund. Und es gibt viel mehr Studenten und Akademiker. Nicht alle können erwarten, einen adäquaten Job zu finden. Wir hatten da viel mehr Freiheit. Meine Botschaft an die jungen Menschen lautet: Man darf sich nicht alles gefallen lassen, selbst wenn man riskiert, zwischenzeitlich Probleme zu bekommen. Man sollte kein Fachidiot sein.

War der Terror der RAF Ihrer Meinung nach ein Teil von „68"? Und wie soll man damit umgehen?
„68" umfasst ein breites Spektrum, und es gab immer einen Teil, der Gewalt legitimierte. Die RAF wäre nie entstanden, wenn es die APO nicht gegeben hätte. Das darf nicht unter den Tisch gekehrt werden.

Ihre Äußerungen zu „68" und zum EU-Beitritt der Türkei sind für CDU-Verhältnisse durchaus nicht alltäglich. Wo würden Sie sich in der Union positionieren?

Dr. Wulf Schönbohm heute

Was ist Ihr Wunsch in Bezug auf dieses Buch?
Zunächst wäre eine saubere Aufarbeitung dessen nötig, was hier in der Provinz stattfand. Zum zweiten sollte deutlich werden, dass die Ziele und Aktivitäten weit übers Ziel hinausschossen, dass sie oft spielerisch, aber auch problematisch waren. Also nicht nur beschreiben, sondern auch bewerten.

In den 60er Jahren galt ich in der CDU als der Linke, von den linken Studenten wurde wir dagegen als „Faschisten" beschimpft. In der CDU behielt ich das Image des Reformers und habe eng mit Heiner Geißler zusammengearbeitet. Ich hatte Auseinandersetzungen mit den Konservativen in der CDU und mit Helmut Kohl. Eigenartig ist, dass ich heute für mehr Gewicht der Konservativen in der Partei plädiere. Denn die Bandbreite der CDU muss groß genug sein, wir müssen eine Volkspartei mit verschiedenen Strömungen und allen Flügeln bleiben. Wenn das auf Dauer nicht gelingt, entsteht rechts von uns eine Partei, die mindestens zehn Prozent erhält.

Vermissen Sie es als „Politiker im Ruhestand", nicht mehr im Rampenlicht zu stehen?
Manchmal fehlt mir das schon, dass ich nicht mehr die Möglichkeiten habe, mich einzubringen. Das stimmt, aber so ist das eben.

Quellenverzeichnis
unveröffentlicht:
Interview mit Dr. Wulf Schönbohm, 7.6.2010

veröffentlicht:
Johannes Grötecke, „‚Der Gegenspieler' von Rudi Dutschke berichtet über das Jahr 1968", in: *Jahresbericht der Theodor-Heuss-Schule*, Jg. 2006/07, S. 55–56
Wulf Schönbohm, „Die 68er – politische Verirrungen und gesellschaftliche Veränderungen", in: *APuZ*, Nr. 14–15/2008
Ders., *Die Thesen der APO. Argumente gegen die radikale Linke*, Mainz 1969
„Wie sehen damalige Gegner die ‚68er-Bewegung' heute? Die Bundestagsabgeordnete Krista Sager (Bündnis 90/Die Grünen) und der CDU-Politiker Wulf Schönbohm zum Thema", in: *www.bpb.de/themen*

RAF

Kassel

15. Januar 1971: Astrid Proll und zwei Banküberfälle auf Filialen der Stadtsparkasse Als 20-Jährige fuhr Astrid Proll erstmals 1967 heimlich zu ihrem Bruder Thorwald nach West-Berlin. Die kleine Schwester besuchte ihren großen Bruder, den einzigen, der ihr in ihrer Familie noch etwas bedeutete. Thorwald wurde dann rasch bekannt, schließlich war er am 3. April 1968 einer der Kaufhausbrandstifter von Frankfurt. Sie wollte unbedingt wissen, warum ihr Bruder so etwas gemacht hat,

> was ihr Bruder gemeint hatte in jener Nacht, als er in das Kaufhaus einstieg und mit Matratzen einen Brand zu entfachen versuchte, der das Bewusstsein entzünden sollte – und sie geriet mit atemraubender Geschwindigkeit in eine andere Welt. Sie hatte gar keine Zeit, eine eigene Position zu dem zu finden, was in Berlin geschah

so Ulrike Edschmid. Zwei Wochen nach dem Attentat auf Rudi Dutschke fuhr sie trotz des väterlichen Verbots erneut nach West-Berlin. Doch eine befriedigende Antwort auf ihre Fragen bekam sie nicht.

> Noch immer verstand sie ihn nicht. Sie hatte auch sein Leben in Berlin nicht verstanden, selbst wenn es sie angezogen hatte

so Edschmid.

Trotzdem fuhr sie alle vier Wochen nach Frankfurt, um ihren Bruder im Gefängnis zu besuchen. Sie besuchte auch Ensslin und Baader, die ebenfalls in Frankfurt einsaßen. Dazu Ulrike Edschmid:

> Sie brachte Grüße und nahm Grüße mit zwischen ihr und Andreas Baader, wurde Botin, wurde Vertraute und erlebte den Beginn einer Bindung, die für sie nach und nach eine Ortsbestimmung wurde.

Diese führte sie geradlinig in den engsten Kreis der späteren RAF.

Das hörte sich dann später bei Astrid Proll selbst so an:

> Wir wollten Ende der sechziger Jahre Teil und Avantgarde einer weltweiten Jugendrevolte sein. Uns erschütterten und erregten die Bilder des Krieges in Vietnam, so wie das Foto des Saigoner Polizeichefs, der auf offener Straße einen verhafteten Vietcong liquidierte. Die meisten Deutschen nahmen den Vietnamkrieg teilnahmslos hin. Wir identifizierten uns dagegen mit Ho Chi Minh, Che Guevara und den Befreiungsbewegungen in der Dritten Welt. Unsere Eltern waren in Nazi-Deutschland an einem hässlichen, verachtenswerten Platz der Geschichte gestrandet. Wir wollten ihrer Schuld und ihrem Alptraum entkommen – und ihrer fortdauernden Liebe zu Recht und Ordnung.

In ihre Heimatstadt Kassel kam Astrid Proll erst 1970 zurück. Zum einen war sie am 21. September beim Treffen von Bundeskanzler Willy Brandt mit dem Staatsratsvorsitzenden

Willi Stoph anwesend, des Weiteren gilt es als sicher, dass Astrid Proll auch im Dezember 1970 in der Stadt verweilte. Möglicherweise spähte sie dabei mit Holger Meins die beiden Sparkassenfilialen aus, die am 15. Januar 1971 von der RAF überfallen wurden. Einen Tag vor dem Überfall will sie ein Sparkassengestellter vor einer der beiden Filialen „mit 200prozentiger Sicherheit" erkannt haben. Aber auch Baader spähte einen Tag zuvor eine Bank in Kassel aus. Sein schwarzer Mercedes Heckflosse mit laufendem Motor war Hauptwachtmeister Hans-Joachim Lehmann aufgefallen.

> Am Lenkrad ein junger Mann, den er irgendwie aus seinem Beruf als Gefängnisaufseher in der JVA Kassel-Wehleiden kennt [...]: Andreas Baader

so Spiegel Online. Aber die Kripo reagierte zu spät auf seinen Hinweis.

Um 9.33 Uhr schlug die RAF an diesem Freitagmorgen zu. Die Stadtsparkassenfilialen am Kirchweg und in der Akademiestraße wurden gleichzeitig überfallen. Es sollte sich lohnen, weil viele Hausfrauen den Lohn ihrer Ehemänner abholen wollten. „Alles schien auf die Sekunde geplant", so Bastian Ludwig in der HNA. Beteiligt waren daran auch Baader, Ensslin, Meins, Ulrike Meinhof und Jan-Carl Raspe. Fünf Mitglieder fuhren mit einem in Göttingen gestohlenen Mercedes in der Akademiestraße vor. Ein Mitglied blieb im Wagen, die anderen vier betraten dunkel gekleidet und maskiert den Schalterraum. Einer nahm neben dem Eingang mit gezogener Waffe Stellung. Nach Stefan Aust rief jemand: „Überfall! Nehmen Sie die Hände hoch, verhalten Sie sich ruhig! Es geschieht Ihnen nichts!" Anschließend wurden zwei Warnschüsse in die Decke abgegeben. Danach lief aus der Sicht der Terroristen alles reibungslos. 54.185,– DM betrug die Beute.

Gleichzeitig hielt ein in Frankfurt gestohlener BMW 2000 vor der Filiale am Kirchweg. Hier verlief alles nach dem gleichen Muster.

> Bis der Schuss fiel, glaubten die Kunden an einen Jungenstreich. Die waren alle so klein. Man hat's im ersten Moment nicht ernst genommen

erinnert sich Wolfgang Vollmar. Alles ging blitzschnell. „Einer sprang über den Tresen in den Kassenraum und stopfte 60.530 Mark in eine Tasche", so Aust. Die Flucht wurde in einem normalen Tempo angetreten, um im Verkehr möglichst nicht aufzufallen. Wenige hundert Meter vom Tatort entfernt wechselten die Terroristen anschließend jeweils ihr Fluchtfahrzeug. Mit ihnen verschwand die Beute, die in Kollegmappen, Aktentaschen und einem roten Plastikbeutel verstaut war. Später ermittelte die Polizei, dass das Kasseler Kennzeichen des BMW von einer Frau Schöffler gekauft wurde. Zeugen meinten dazu, dass sie mit Meinhof identisch sei.

Schon in einem Bericht vom 16. Januar 1971 bilanzierte die „Hessische Allgemeine" die Ereignisse in Kassel unter dem Titel: „Die neunköpfige Bankräuberbande arbeitete auf die Sekunde genau wie nach einem Generalstabsplan." Und in der „Bild"-Zeitung las man am gleichen Tag:

> Masken-Bande raubte in zwei Minuten zwei Banken aus. [...] Das war das schnellste und raffinierteste Superding, das je eine Bankräuberbande in Deutschland schaffte: Nach der Stoppuhr ging es Schlag auf Schlag – und das gleich in doppelter Ausführung.

Rasch wurde klar, wie gut die Überfälle vorbereitet waren. Nur diese beiden Zweigstellen der Stadtsparkasse waren noch nicht mit Sicherheitsglas ausgestattet gewesen.

> Hatten das die Täter gewusst, oder aus welchem anderen Grunde suchten sie sich gerade diese Zweigstellen aus?

fragte die „Hessische Allgemeine". Und weiter:

> Ein Kasseler Glaser sollte gestern Abend mit der Montage des Sicherheitsglases in der Zweigstelle Akademiestraße beginnen. Einen Tag zu spät ...

Bereits im August 1970 war das Panzerglas bestellt worden, welches 30 Minuten nach dem Überfall von einer Kasseler Firma angeliefert wurde.

Deshalb zielten die polizeilichen Ermittlungen zunächst auf einen vor Monaten in Kassel entlassenen Sparkassen-Mitarbeiter, Heinz-Werner Hildebrandt. Dieser war Mitglied der DKP.

> Der Kasseler hatte vor seiner Entlassung Flugblätter verteilt, in denen er anprangerte, dass die Sparkassendirektoren große Wagen und große Gehälter auf Kosten der kleinen Angestellten beziehen. Der 22-jährige Kasseler, der vorher in einer Kasseler Kommune lebte, soll jetzt angeblich in Ost-Berlin studieren

so die „Bild"-Zeitung am 18. Januar 1971. Bereits einen Tag später kam Hildebrandt nach Kassel, um zu den Vorwürfen Stellung zu nehmen. Bei den polizeilichen Verhören wies er jede Beteiligung an den Überfällen zurück. Stattdessen erstattete er Anzeige gegen ein Vorstandsmitglied der Stadtsparkasse und stellte Schadensersatzansprüche.

Wohl auch deshalb konzentrierten sich danach die Ermittler wieder auf Astrid Proll. Die „Bild"-Zeitung titelte am 19. Januar: „APO-Astrid sah sich in der Bank um." Paradoxerweise arbeitete ihr Vater Konrad, ein angesehener Kasseler Nachkriegsarchitekt, gerade am Umbau einer Niederlassung eben der Kasseler Stadtsparkasse. „Wer hat Astrid Proll nach dem 14. Januar gesehen? Wer hat sie beherbergt?" fragte die Polizei laut „Hessischer Allgemeine".

Die Kasseler Überfälle hatten noch ein kurioses Nachspiel, über das das Magazin „Stern" berichtete:

> Jetzt reagierte Bundesinnenminister Genscher. Er beauftragte eine Sonderkommission der Sicherheitsgruppe Bonn mit der zentralen Fahndung. Genschers erster Erfolg: ein Chaos im Dienstgebäude der Sonderkommission. Drei Tage ruhte die Fahndung völlig, da die schon zu normalen Zeiten kaum ausreichenden 10 Telefonleitungen nun völlig blockiert waren. Und als dann neue Leitungen zugeschaltet waren, gab Generalbundesanwalt Ludwig Martin ‚nach reiflichem Entschluss' bekannt, dass er das Verfahren leiten werde. Anschließend fuhr er gleich darauf mit seinem Dienstwagen in den Winterkurort Hindelang zum Urlaub.

Historische Ereignisse strahlen manchmal über einen langen Zeitraum aus. Diese Erfahrung musste der Kasseler SPD-Politiker Horst Peter im Bundestagswahlkampf 1980 machen. Die Kasseler CDU veröffentlichte in der „Hessisch-Niedersächsischen Allgemeinen" eine Anzeige, in der neben Peter ein Bild der RAF-Terroristin Astrid Proll zu sehen war mit der Überschrift: „Rosi, Ben und Horst". Dazu wurde gefordert:

> Heute brauchen wir Wähler alle Informationen über die Kandidaten. Heute sind wir zum Urteilen aufgefordert. Und vorher zum Nachdenken.

Wolfgang Blieffert hat die Hintergründe dieser Affäre aufgearbeitet: Seit Ende der 60er

„Rosi", „Ben" und Horst

Winter 1970/71 in Kassel. Am Samstag, dem 21. Februar 1971, berichtete eine große deutsche Zeitung:

»Horst Peter (34), SPD-Stadtverordneter und Mitglied des Bezirksvorstandes der Jungsozialisten, hat am Freitag auf Anfrage unserer Zeitung bestätigt, daß in der Nacht vom 28./29. Dezember 1970 Astrid Proll und ein Begleiter in seiner Kasseler Wohnung übernachtet haben. Peter bestreitet allerdings energisch: „Ich wußte zu diesem Zeitpunkt nicht, daß die junge Frau Astrid Proll war. Auch den Begleiter habe ich nicht gekannt. Beide haben sich bei mir vorgestellt als Rosi und Ben mit der Empfehlung einer Frau aus der Wohngemeinschaft im Haus Baunsbergstraße 14."

Damals wurde Astrid Proll u. a. beschuldigt, an der Befreiung des Kaufhausbrandstifters Baader in Berlin und an den Überfällen auf zwei Filialen der Kasseler Stadtsparkasse beteiligt gewesen zu sein. Seit Juni 1970 bestand gegen sie, die seinerzeit flüchtig war, ein Haftbefehl wegen gemeinschaftlich versuchten Mordes und Gefangenenbefreiung.

Unter der Zwischenüberschrift „Gewisse Ähnlichkeit festgestellt" berichtete die Zeitung weiter:

«Peter sagte, erst nach der Festnahme von Frau Läsker-Bauer am 22. Januar habe er seine Schlafgäste mit Astrid Proll in Verbindung gebracht und eine gewisse Ähnlichkeit mit den in unserer Zeitung am 19. Januar veröffentlichten Tanzstundenfotos von Astrid Proll festgestellt. Der Polizei habe er davon jedoch keine Mitteilung gemacht. Seine Vernehmung sei erst im Zusammenhang mit den Aussagen von Frau Läsker-Bauer erfolgt. Peter fügte noch hinzu, daß „Rosi" seines Wissens am 28. oder 29. Dezember 1970 vor Mitgliedern der Wohngemeinschaft Baunsbergstraße 14 über Fragen antiautoritärer Erziehung gesprochen habe.»

Laut Presseberichten gab Horst Peter zu den Vorgängen damals folgende Erklärung ab:

„In bezug auf mein Verhalten kann ich mir weiterhin keine Vorwürfe machen. Ich habe unter den Schlafgästen Astrid Proll nicht erkannt, sonst hätte ich die Polizei verständigt. Ich begreife, daß Unklarheiten über mein Verhalten entstanden sind, die einer Klärung bedürfen. Ich habe deshalb gegen mich ein innerparteiliches Verfahren beantragt und erwarte eine schnelle Klärung der Angelegenheit. Bis zur Klärung werde ich mich mit der Ausübung meiner politischen Funktionen enthalten. Es ist für mich immer selbstverständlich gewesen, daß Gewalt kein Mittel der Politik sein kann und notwendige gesellschaftliche Veränderungen auf demokratischem Wege durchzusetzen sind."

Der damalige SPD-Unterbezirksvorsitzende Hans Krollmann teilte der Öffentlichkeit mit, er werde für eine „umgehende Durchführung des von Peter beantragten Verfahrens Sorge tragen".

Die „Hessische Allgemeine" schloß ihren Bericht vom 21. Februar 1971 so:

«Polizeipräsident Ahlborn, auf den Vorgang angesprochen, gab keinen Kommentar. Er verwies darauf, daß allein die Sicherungsgruppe Bonn zuständig sei und daß Innenminister Genscher eine absolute Nachrichtensperre verhängt habe. Sämtliche Ermittlungsakten über den Überfall auf die Bankfilialen und damit zusammenhängende Vernehmungen seien über die Staatsanwaltschaft an die Sicherungsgruppe Bonn gegangen.»

Heute ist Horst Peter
SPD-Kandidat im
Wahlkreis Kassel.

Heute brauchen wir
Wähler alle Informationen
über die Kandidaten.

Heute sind wir zum
Urteilen aufgefordert.
Und vorher zum Nachdenken.

CDU
sicher
sozial
und frei

Astrid Proll    Horst Peter

Anzeige der Kasseler CDU im Bundestagswahlkampf 1980

Jahre war Horst Peter Lehrer an der Albert-Schweitzer-Schule in Kassel und gleichzeitig SPD-Stadtverordneter. In seiner Wohnung in der Schönfelder Straße übernachteten vom 28. auf den 29. Dezember 1970, also kurz vor den beiden erwähnten Banküberfällen, zwei Personen, die sich als Rosi und Ben vorstellten. Solch ein Vorgang war im studentischen

Zur Sache:

Lassen wir uns von den empörten Ausbrüchen dieser Tage nicht irre machen. Was zum Kasseler SPD-Kandidaten Horst Peter und seinem Gesinnungsanhang — z. B. an der Hochschule, bei vielen Lehrern und inzwischen leider auch unter manchen Richtern — pflichtgemäß zu sagen war und zu sagen bleibt, ist dies:

- Dieser Kandidat steht am linken Rand der SPD.
- Wenn in Kassel linke Aktivitäten stattfanden: Horst Peter war fast immer dabei.
- Während selbst der SPD-Kultusminister noch zögert: Horst Peter reicht dem umstrittenen österreichischen Linkssozialisten Daxner schon die Hand für neue Kasseler Hochschulexperimente. Bremer Modell?
- Und eben dieser Horst Peter war damals mit seiner Wohnung auch eine offensichtlich vertrauenswürdige Adresse für die seinerzeit mit Haftbefehl gesuchte Astrid Proll, als sie mit ihrem Begleiter als „Rosi" und „Ben" ein Nachtquartier brauchte und bekam. Nicht mehr und nicht weniger wurde und wird zu dieser Tatsache gesagt.

Aber wir Wähler müssen trotzdem weiter darüber nachdenken: Wie kommt es denn, daß man aus der damaligen Wohngemeinschaft Baunsbergstr. 14 der Frau Proll ausgerechnet die Adresse des Stadtverordneten Horst Peter empfahl?

Darüber soll man heute in Kassel nicht mehr sprechen dürfen. Obwohl außerhalb Kassels bei Peters Bewerbung um die Bundestagskandidatur ganz offen darüber gesprochen und geschrieben wurde. So in der „Frankfurter Rundschau" vom 22. 11. 1979:

„Er" (Peter)" hat zudem ein Päckchen Vergangenheit mit sich herumzutragen. Vielen Altgenossen könnte er wegen einer unglücklichen und inzwischen auch gelösten Berührung mit der Terroristenszene doch noch suspekt sein. ... Das Ermittlungsverfahren, das man daraufhin gegen ihn eröffnete, verlief jedoch im Sande..."

Es ist doppelte Moral, wenn man solche Aussagen als „ohne Anstand" bezeichnet und wenn gleichzeitig Schmidt und die SPD landauf, landab Franz Josef Strauß und die ganze CDU/CSU maßlos schmähen.

Mit ihren Formeln „Deutsche gegen Deutsche" und „Kandidat des Unfriedens" malen sie praktisch das Gespenst des Bürgerkriegs an die Wand.

W i r spalten unser Volk nicht. **W i r** warnen nur mit Karl Steinbuch: Unser Land wird „gegenwärtig mit Routine und Raffinesse in den Sozialismus geführt".

Sozialismus aber ist nach Winston Churchill „die Philosophie des Versagens, das Credo der Ignoranz und das Glaubensbekenntnis des Neides".

Darum geht es also: Den Sozialismus verhindern. Den SPD-Staat stoppen.
Am 5. Oktober CDU wählen.

CDU
sicher
sozial
und frei

Anzeige der Kasseler CDU im Bundestagswahlkampf 1980, in der gegen Horst Peter wegen der Ereignisse Ende 1970 in Kassel polemisiert wird

Milieu normal, auch Peters Frau studierte Sozialarbeit an der Gesamthochschule. Nach dem gemeinsamen Frühstück verließen die beiden Gäste die Wohnung.

Bei der Fahndung nach den Kasseler Bankräubern wurde rasch klar, dass es sich bei „Rosi" und „Ben" in Wahrheit um Astrid Proll und Holger Meins gehandelt hatte. Sobald Peters

Name in der Presse in Verbindung mit diesen RAF-Terroristen auftauchte, begann ein Telefon-Terror. „Ist da das Hotel Peter?" lautete eine noch harmlose anonyme „Anmache". Wüste Beschimpfungen und Drohungen, z.T. mit Brandstiftung und Mord, folgten. Die nächsten Wochen konnte Peters sechsjähriger Sohn nur unter Polizeischutz zum Kindergarten in Wehlheiden gebracht werden.

Die Bundesanwaltschaft ermittelte gegen Peter, der beteuerte, Proll nicht persönlich gekannt zu haben, und der seine politischen Ämter zunächst ruhen ließ. Das Verfahren widerlegte jeden Tatverdacht, ebenso wie ein von Peter selbst angestrengtes innerparteiliches Prüfverfahren, das der SPD-Unterbezirksvorsitzende Hans Krollmann geleitet hatte (später war Krollmann 1974 bis 1984 Hessischer Kultusminister, 1987 bis 1989 SPD-Landesvorsitzender). Blieffert fasst es so zusammen: Horst Peter „hatte mit dem Terror nie etwas am Hut". Der grundlos Beschuldigte drückte es selbst 2007 so aus:

> Unser Thema waren Erziehungsfragen, nicht der bewaffnete Kampf. Und im Übrigen hätten die RAF-Leute uns damals doch für ‚revisionistische A...löcher' gehalten.

Ironie der Geschichte: Die erwähnte CDU-Anzeige erreichte genau ihr Gegenteil. „Diese fast zehn Jahre alte Geschichte" wurde 1980 „zur ‚heißen story' im Kasseler Wahlkampf und zog zahlreiche Sympathie-Anzeigen für Horst Peter nach sich." Rasch distanzierten sich auch viele CDU-Mitglieder von der Anzeige, Peter wurde erstmals direkt in den Bundestag gewählt, wo er bis 1994 blieb. Sein Ergebnis war besser als das seines Vorgängers – und das war Holger Börner, von 1976 bis 1987 Hessischer Ministerpräsident.

Quellenverzeichnis

Stefan Aust, *Der Baader-Meinhof-Komplex*, München 1998
Wolfgang Blieffert, „Ein Klima der Verdächtigungen", in: *Hessisch-Niedersächsische Allgemeine*, 31.3.2007
Baader-Meinhof, „Der Löwe los", in: *Der Spiegel* Nr. 9/1971
Bild-Zeitung, 16.1., 18.1, 19. und 20.1.1971
Ulrike Edschmid, *Frau mit Waffe*, Frankfurt/M. 2001
Hessische Allgemeine, 16.1.1971, 19.1.1971, 21.1.1971, 21.2.1971, 22.2.1971; 29.9.1980, 30.9.1980, 2.10.1980, 3.10.1980
Bastian Ludwig, „Um 9.33 kam der Doppelschlag, 1971 raubte die RAF zwei Sparkassenfilialen aus", in: *Zeitgeschehen Spezial 3*, Beilage zur Fritzlar-Homberger Allgemeine (Hessisch-Niedersächsische Allgemeine), 31.3.2007
Butz Peters, *Tödlicher Irrtum. Die Geschichte der RAF*, Frankfurt/M. 2007
Astrid Proll, *Hans und Grete. Bilder der RAF 1967 bis 1977*, Berlin 2004
Till Schwarze, „Die Geburtshelferin, Astrid Proll aus Kassel war bei der Befreiung Baaders dabei – der Beginn der RAF", in: *Zeitgeschehen spezial 3*, Beilage zur Fritzlar-Homberger Allgemeine (Hessisch-Niedersächsische Allgemeine), 31.3.2007

Oberaula

2. April 1972: Ulrike Meinhof und die gesamte Führung der RAF „besorgen" sich die Zünder für ihre „Mai-Offensive" 1972 Jutta Ditfurth präsentiert in ihrem Buch neben der „Heimkampagne" 1969 in Guxhagen eine weitere Spur von Ulrike Meinhof (und nicht nur von ihr) in Nordhessen. Dieses Mal führt diese nach Oberaula, ebenfalls im Schwalm-Eder-Kreis gelegen.

Am Morgen des 2. April 1972, dem Ostersonntag, war Meinhof mal wieder in der Bundesrepublik unterwegs. Gestartet in Hamburg, war Frankfurt/M. ihr Ziel. Mit ihr saß Klaus Jünschke in „ihrem" metallgrauen Opel Manta Coupé mit gefälschtem Darmstädter Kennzeichen. Jünschke gehörte ebenfalls zur RAF, er erledigte „Einkäufe" für die Gruppe, d.h., er besorgte KfZ-Kennzeichen und Wohnungen. Gudrun Ensslins Codename für ihn lautete „Spätlese". Am Kirchheimer Dreieck verließen die beiden wahrscheinlich spontan die Autobahn A7 und fuhren auf der Bundesstraße B 454 in Richtung Oberaula. Meinhof saß selbst am Steuer, weil sie als die bessere Fahrerin galt.

Anschließend fuhren sie tief in einen Wald, um Schießübungen zu machen. Nachdem sie zehn Minuten lang auf Bäume geschossen hatten, entdeckten sie am Ortsrand von Oberaula einen von den Kasseler Basaltwerken betriebenen Steinbruch. Sie betraten das Gelände. Ein Bunker mit einer Stahltür machte sie neugierig. „Sprengstoff?", so Jutta Ditfurth. Meinhof beschloss, zunächst weiter nach Frankfurt zu fahren und abends im Schutz der Dunkelheit noch einmal hierher zurückzukehren.

Mit Meinhof und Jünschke kamen abends Andreas Baader, Gudrun Ensslin, Holger Meins und Jan-Carl Raspe nach Oberaula. Damit war im Grunde die gesamte Spitze der RAF an diesem Abend im Schwalm-Eder-Kreis anwesend.

> Sie knackten das Schloss der Schranke, drangen in das Gelände ein, fanden in einer Werkstatt der Firma DEUTAG ein Schweißgerät und brachen, ‚fachmännisch', wie die Polizei später feststellte, in mehrere Gebäude der Basaltwerke ein

so Ditfurth. Die Bilanz der Terroristen konnte sich sehen lassen. In einem Gebäude fanden sie Sprengkapseln, im Munitionsraum Sprengsätze.

> Alles in allem stahlen sie 7 Patronen Amongelit 22 Millimeter, 13 Momentzünder, 51 Millisekundenzünder, (Zeitstufe 20 Millisekunden), außerdem 370 Meter Sprengschnur Dynacord und 187 8-Millimeter-Sprengkapseln.

Dabei ging man extrem vorsichtig zu Werke. Planen deckten die Lampen ab, damit niemand den Lichterschein erkennen und somit Verdacht schöpfen konnte.

Welchen Wert die Beute für die Terroristen hatte, bekam schon bald die bundesdeutsche Gesellschaft zu spüren. Hier hatte man sich die Zünder besorgt, die für die so genannte Mai-Offensive der RAF fünf Wochen später so wichtig waren. Sie begann am 11. Mai 1972 mit einem Bombenanschlag auf das Hauptquartier der US-Armee in Frankfurt/M. Dabei wurden ein Soldat getötet und 13 Personen zum

Teil schwer verletzt. Nur einen Tag später erfolgten die nächsten Bombenanschläge, jetzt auf eine Polizeidirektion in Augsburg und das Landeskriminalamt in München. 17 Personen wurden dabei verletzt. Am 15. Mai war der Wagen des Bundesrichters Wolfgang Buddenberg Ziel eines Anschlags, hierbei wurde eine Frau schwer verletzt. Vier Tage darauf rückte das Axel-Springer-Gebäude in Hamburg ins Visier. Auch hier gab es 17 verletzte Personen zu beklagen. Am 24. Mai schließlich war das in Heidelberg gelegene Hauptquartier der US-Streitkräfte in Europa Ziel eines Anschlags der RAF. Drei US-Soldaten wurden dabei getötet, fünf weitere verletzt. Wahrscheinlich wurden bei allen Anschlägen die in Nordhessen erbeuteten Zünder eingesetzt.

Die Großfahndung nach Mitgliedern der RAF führte innerhalb von nur fünf Wochen zur Festnahme des größten Teils der Terroristen. Baader, Meins und Raspe wurden am 1. Juni 1972 in Frankfurt/M., Ensslin am 7. Juni 1972 in Hamburg, Brigitte Mohnhaupt und Bernhard Braun am 9. Juni 1972 in West-Berlin, Meinhof und Gerhard Müller am 15. Juni 1972 in Hannover-Langenhagen, Jünschke und Irmgard Möller am 7. Juli 1972 in Offenbach verhaftet.

Quellenverzeichnis
veröffentlicht:
Jutta Ditfurth, *Ulrike Meinhof*, Berlin 2009

Schwalmstadt

Februar 1973 bis November 1974: Andreas Baader in der JVA – ein Interview mit dem Filmemacher Klaus Stern

In Röhrenfurth bei Melsungen besuchte Andreas Baader als Kind mehrfach die Familie seines Onkels Walter Kroecher, der dort eine Metzgerei und ein Lokal betrieb. Seine Verwandten beschreiben Baader als klugen Kopf mit technischer Begabung, der gerne und rasch Elektrogeräte reparieren konnte.

Mehrfach kehrte Baader auch später nach Nordhessen zurück, neben der „Heimkampagne" auch als Mittäter der Kaufhausbrände in Frankfurt/M., weswegen er 1968/69 in der JVA Kassel-Wehlheiden inhaftiert war. Zwischenzeitlich wieder freigekommen, saß er nach der erneuten Festnahme dann von Februar 1973 bis zu seiner Verlegung nach Stuttgart-Stammheim im November 1974 in der JVA Schwalmstadt in Ziegenhain ein. Dort waren übrigens auch die RAF-Mitglieder Rolf Gerhard Heißler, Heinrich ‚Ali' Jansen, Helmut Pohl, Thorwald Proll, Lutz Manfred Taufer und Rolf-Clemens Wagner inhaftiert.

Kurz nach der Einlieferung Baaders in Schwalmstadt und nochmals im Mai 1973 hielten etwa 15 Personen der „Roten Hilfe Frankfurt" sowie aus Norddeutschland unangemeldete Demonstrationen auf dem großen Paradeplatz direkt vor der JVA ab. Sie forderten mit geballten Fäusten „Freiheit für Andreas Baader und alle Gefangenen" und riefen durch ein Megaphon mehrfach „Freundschaft". Zu dieser Zeit befand sich Baader mehrfach im Hungerstreik und wurde im Mai 1973 sogar zwangsernährt, was dessen Verteidiger als „Folter" kritisierten. Ein Ziel des Hungerstreiks war es, gegen die so genannte „Isolationshaft" zu protestieren, die auch Beschränkungen des Besuchs- und Briefverkehrs umfasste. Ein Grund für diese Maßnahme sei, so die „HNA", dass „Besuche dazu mißbraucht werden, in verschlüsselter Form Mitteilungen über Befreiungspläne zu überbringen".

Aus Schriftstücken, die im Frühjahr 1974 in konspirativen Wohnungen der RAF gefunden

Andreas Baader (rechts) mit seinem Cousin in Röhrenfurth, um 1953

wurden, geht hervor, dass Baader von der JVA in Ziegenhain aus die noch in Freiheit verbliebenen Terroristen instruierte, „alle kräfte" darauf zu konzentrieren, „die gefangenen aus dem knast rauszuholen". Auch an seiner eigenen Befreiung plante er intensiv und schlug fünf Varianten vor, etwa mittels Sprengstoffanschlägen und Handgranaten oder Flucht über die Dächer der JVA. Baader gab exakte Anweisungen für die Herstellung des Sprengstoffs, die Bewaffnung, die Kleidung und sogar für den günstigsten Wochentag der Befreiung: „Sonntag nacht – montag morgen wäre wahrscheinlich am besten." Er war sich seiner Sache wohl recht sicher: „hier ist alles sehr ländlich – von wegen der sicherste knast. das ist quatsch"; die „bullen aus dem kaff sind schlafmützen".

Probleme bezüglich Schwalmstadt sah er allein in der großen Entfernung „zur nächsten sicheren stadt" und in der Bereitstellung eines Fluchtfahrzeugs: Es sei „sicher nicht leicht in diesem kaff nachts auch nur ein fremdes auto zu parken. muss jedenfalls marburger oder alsfelder nummern haben". Aber auch für den Fall einer Flucht zu Fuß war Baader zuversichtlich und dachte dabei an die Erfahrungen der „Heimkampagne" in Guxhagen, Rengshausen und Wabern: „Immerhin gabs ne menge lehrlinge die von den heimen um kassel nach frankfurt gelaufen sind – eine woche."

Andreas Baader ist Mittelpunkt des Films „Der Staatsfeind" von Klaus Stern, der auch ein Buch über den RAF-Terroristen schrieb. Stern lebt heute in Kassel. Er drehte Filme über den CDU-Politiker Peter Lorenz („Der Austausch – Die vergessene Entführung des Peter Lorenz"), Tan Siekmann („Weltmarktführer"), Werner Koenig („Lawine") und den

Baader bei seiner Entlassung aus der JVA Kassel-Wehlheiden

Bürgermeister von Hofgeismar, Henner Sattler („Henners Traum – Das größte Tourismus-Projekt Europas"). 2003 wurde er für „Der Staatsfeind" mit dem Deutschen Fernsehpreis ausgezeichnet, zudem erhielt er zwei Mal den Adolf-Grimme-Preis, den Herbert-Quandt-Preis und 2009 für „Henners Traum" den Hessischen Filmpreis. Im Interview äußert er sich über Baader, den Film und seinen Beruf.

Stellen Sie sich kurz persönlich vor.
Ich bin Jahrgang 1968, habe die Realschule in Treysa besucht, bin aufgewachsen auf einem Bauernhof in Schwalmstadt-Wiera und habe

beim Postamt Stadtallendorf eine Ausbildung zum Briefträger hinter mich gebracht. Nach der Fachoberschule habe ich meinen Zivildienst bei der Deutschen Blindenstudienanstalt in Marburg abgeleistet.

Ich hatte nie Pläne, Regisseur zu werden, bin nie mit einer Super-8-Kamera durch die Gegend gelaufen. Ich war neugierig, aber nicht zielgerichtet. Erst mit 24 Jahren habe ich mein erstes Praktikum gemacht beim Hessischen Rundfunk in Frankfurt/M., parallel Wirtschaft und Politik an der Uni in Kassel studiert und mich daneben als Autor für „Live aus dem Schlachthof" verdingt. Aus der Diplomarbeit ging dann auch gleich das Drehbuch zu meinem ersten Dokumentarfilm hervor. Thema: Die Entführung des CDU Politikers Peter Lorenz 1975 durch die „Bewegung 2. Juni". Ich bin Autodidakt, habe bis heute keine genaue Schablone oder Masterplan im Kopf, wie ein Film funktionieren muss. Es funktioniert oder nicht. Momentan betreue ich als Vetretungsprofessor eine Filmklasse an der Kunsthochschule in Kassel.

Sie haben einen Film und ein Buch über Baader veröffentlicht. Wie kam es zu Ihrem Interesse für Baader, warum gerade er?
Mich haben schon immer größenwahnsinnige Menschen und Charaktere interessiert, soziale Brüche oder Leute, die am Rande standen. Bei Baader kam noch etwas hinzu: Mein Fußballtrainer hat Baader in der JVA Schwalmstadt betreut. Er erzählte, was für ein cleverer Typ das gewesen wäre, und wie klug man sich mit ihm streiten konnte. Baader war damals in der Schwalm so eine durchaus zwiespältige Legende. Beim Vorbeifahren hat mein Vater immer

auf das Gefängnis gedeutet: „Da sitzt der Baader." Der Mythos, den er selbst heraufbeschworen hat, ist dann auch auf die Landbevölkerung übergeschwappt.

Andreas Baader: Wie würden Sie ihn charakterisieren? Was war das für ein Typ Mensch?
Er war ein mittelpunktsüchtiger, cholerischer, gewaltbereiter junger Typ, der durchaus liebenswürdig sein konnte, sehr schnell die Schwächen seiner Mitmenschen erkannt hat, der literarische Qualitäten hatte und größenwahnsinnig war. Ein Beispiel dafür: In seinen Briefen an seine Freundin Ello Michel ist er ganz fürsorglich, zugewandt. Im nächsten Moment konnte er Orgien von Beschimpfungen und Verwünschungen auf sie niederprasseln lassen. Ich glaube, sein Leben war geprägt von Aggression, aber auch von Angst, nicht anerkannt zu werden.

Die RAF und Baader umgibt ja bis heute eine Art Mythos. Worin genau besteht dieses Faszinosum?
Der Mythos ist selbst geschaffen und gewollt. Etwa Baaders Schreiben an die dpa, sinngemäß: „Man kann mich nur fassen, wenn man mich erschießt. Wir werden uns niemals stellen, nie aufgeben." Der Mythos kommt auch daher, weil viele, die damals bei der RAF waren, bis heute keine Aussagen machen. Tathergänge sind also tabu.

Man bezeichnet die RAF auch als „Baader-Meinhof-Gruppe". Welche Bedeutung hatte Baader für die RAF?
Er war das Element, warum es die RAF überhaupt gegeben hat. Baader wollte nicht theoretisch arbeiten, sondern „auf die Kacke hauen",

der raum … lo ist ein abstellraum der kammer in dem
in einem labyrinth von regalen die koffer und kleider der gefangenen
lagern.Weil hier die fluktuation gleich null ist (nur über 1o jahre +
lebenslänglich) wird er so gut wie nie benutzt.Die regale stehen so
dass man von der tür aus die fenster nicht sehen kann.
betreten wird er (falls das zufällig so sein sollte) von einem taperigen
kammerbeamten und dem gefangenen der das zeug trägt.
dass ihr denen begegnet bzw sie das loch entdecken ist praktisch
auszuschliessen.

die aussenmauern sind 7o cm dick
die innenmauern zwischen den
räumen 2o cm.

falls die ziegeln auf brettern
und nicht auf einem lattengerüst
liegen müsst ihr sägen.Vermutlich
könnte man dabei auf dem schneegitter dachrinne stehen. Die luken
falls da welche sind,sind gar
nicht so einfach zu knacken,auch
wenn sie nicht durch schlösser
verschlossen sind.seht euch
das mal irgendwo an.

das schloss ist ein bks rund-
schloss mit klinke.

Skizze Baaders für die geplante Flucht aus der JVA Schwalmstadt

wie es Holm von Czettritz in meinem Film bezeichnet. Er hatte keine Beißhemmung, keine moralischen Skrupel, Menschen für die „politische" Sache zu opfern. Er war aber nicht der plumpe Draufhauer, sondern der, der strategisch geführt hat, der die Kampagnen, Hungerstreiks, Städte, Ziele und Methoden von Angriffen festgelegt hat. Er hatte die Kraft und intellektuelle Anstrengung, all dies zu koordinieren. Das war eine echte logistische Leistung. Die Bekennerschreiben formulierte oft Ulrike Meinhof, aber der Redakteur war Baader, der die Texte überarbeitete und Passagen strich.

In Ihrem Buch beschreiben Sie, wie Baader aufwächst ohne Vater, bei Oma und Tante, dass er ein Schulversager war. Er bewegt sich in Kneipenwelten und der Schwulenszene, ist ein Kleinkrimineller und -dealer, ein Schlägertyp. Baader als schwache Persönlichkeit, als Suchender ohne Bindung. Kann das seinen späteren Weg in Gewalt und Terror erklären?
Nein, das würde ich nicht sagen. Es gab einen recht starken Familienverbund. Er war auch nicht unbeliebt. Ein Mitschüler sagte mir, Baader sei eher schüchtern gewesen, habe abseits gestanden. Er war eher ein Außenseiter, der Angst hatte, von den anderen vermöbelt zu werden. In der Kindheit finden sich also überhaupt keine Gründe, die erklären könnten, warum Baader in der RAF landete. Auch seine Teilnahme an den Schwabinger Krawallen sagt eigentlich nichts aus. Er war gleichwohl gefallsüchtig und wollte im Mittelpunkt stehen, wollte Anerkennung, wie viele von uns, aber bei ihm war das sehr ausgeprägt.

Binnen weniger Jahre wird Baader von der APO-Randfigur zum „Staatsfeind", vom Schulversager zum „Topterroristen". Wie kann man diesen Aufstieg erklären?
Schon Rainer Langhans von der Kommune 1 sagte: „Das ist der Mann, der hat tolle Sachen drauf, der hat technisches Verständnis." Auch sein Cousin in Röhrenfurth, wo Baader quasi immer seine Sommerfrische machte, sagte, dass er ein technisches Händchen hatte, elektrische Geräte reparierte. Später schreibt Baader in den Kassibern aus dem Gefängnis, dass ganz bestimmte Teile und Radiotypen zu besorgen seien. Erst damit konnte die RAF ein Kommunikationssystem in den Gefängnissen aufbauen.

Zudem waren die Zeiten anders, das wäre heute unmöglich. Der Feind war klar zu identifizieren: Ein Großteil der bundesrepublikanischen Nachkriegsgesellschaft hatte noch faschistisches Gedankengut im Kopf und hat das auch im Alltag gelebt: Leute, die lange Haare hatten oder gammelig herumliefen, wurden an den Ohren gezogen, angespuckt, angepöbelt: „Euch sollte man vergasen", „Macht Euch doch rüber".

Ist die Bezeichnung „Staatsfeind" gerechtfertigt?
1971 bis 1977 war er Staatsfeind Nr.1, ja. Der Staat fokussierte sich auf Baader, wertete ihn als „most wanted" auf. So bekam Baader die PR, die er auch wollte. Und das hat er auch leidlich genutzt.

Vergleichen Sie Baader mit Ensslin, Meinhof, Proll.
Jeder hatte seine Funktion in der RAF. Astrid Proll ist ja schon 1971 festgenommen worden und hat sukzessive abgeschworen. Meinhof dagegen hatte eine berufliche Karriere hingelegt,

war bekannt als Chefredakteurin und durch Diskussionsrunden im Fernsehen. Sie war für den Zusammenhalt der Gruppe wichtig und für die Öffentlichkeit eine Identifikationsfigur, bei der viele sagten: „Wenn die dabei ist, dann muss schon was dran sein." Sie war privat unglücklich und einige Jahre älter als die anderen. Ensslin war die intellektuelle Planerin mit Baader, sie konnte gut formulieren und antreiben, sie war eine Top-Psychologin, die auch die Schwächen von Menschen rasch erkannte.

Baader tauchte am Rande von Kommune 1 und SDS auf. Würden Sie ihn als politischen Menschen beschreiben?
Er hat sich das Politische erst nachher angeeignet. Ich glaube, bis 1967/68 hat ihn Politik nicht großartig interessiert. Er hat sich in Berlin beschäftigt mit Kneipen, Schlägereien, Kleindealereien. Ello Michel sagte, er hatte keine Lust „auf normale doofe Arbeit". Er war Schlafwagen-Schaffner bei der Deutschen Bundesbahn. Das war wohl seine längste Anstellung.

Baader starb mit 34 Jahren, Ensslin mit 37, Raspe mit 33. Hätten sie ein „normales Leben" geführt, wären sie heute zwischen 65 und 70 Jahre alt. Halten Sie einen anderen Lebensverlauf dieser drei für möglich? Was hätte aus ihnen – bei einer anderen Weichenstellung in ihrem Leben – auch werden können?
Manche sagen ja, Baader würde wie Horst Mahler leben. Vielleicht würde er heute seine Rolle aber auch immer noch spielen, so wie Rainer Langhans. Viele aus dem Umfeld von APO und SDS landeten später, in den 70ern, ja in sehr komfortablen, aber wenig spektakulären Positionen als Lehrer oder in Ministerien, Universitäten. Vielleicht wäre Baader ja auch bei der Deutschen Bundesbahn einer mit dem roten Bändchen, also Oberschaffner geworden (Klaus Stern lacht).

Sie waren schon mehrfach an der Theodor-Heuss-Schule in Homberg/Efze und haben dort Ihren Film vor Jugendlichen gezeigt. Was meinen Sie: Warum sollte man sich mit dem Leben von Andreas Baader beschäftigen? Welcher Sinn, welcher Lernerfolg liegt darin begründet?
Es ist auch eine Art „Coming of Age"-Geschichte. Außerdem kann man lernen, wie in einer Krisenzeit Gewalt entstehen kann, und wie sich Hysterie auf beiden Seiten hochschaukelt, so wie das auch heute beim Terrorismus der Fall ist. Interessant ist: Viele Dinge, die die RAF dem Kapitalismus ins Stammbuch geschrieben hat, sind in den letzten Jahren eingetreten. Unsere Zeit ist geprägt durch die Banken- und Finanzkrise - all das, was die RAF in ihren Pamphleten damals vorhergesagt hat.

Baaders Leben kreuzt wiederholt Nordhessen. Welche Spuren hierhin haben Sie bei Ihren Recherchen entdeckt?
Baader war in seiner Kindheit mehrere Male in Röhrenfurth bei seinen Verwandten, auch mal fünf, sechs Wochen am Stück. Er mied aber die Dorfjugend. Später war er beteiligt an der „Heimkampagne" in Rengshausen und bei zwei Überfällen auf Kasseler Banken in der Nähe der Frankfurter Straße und am Stockplatz. Dabei haben die RAF-Leute mehrere Tage in Kassel verbracht und dort verschiedene Leute eingespannt, die sie aufgenommen und ihnen Requisiten aus dem Fundus des Staatstheaters besorgt haben.

Sie stammen selbst aus Schwalmstadt, wurden 1968 geboren. Das war genau die Zeit, in der die APO in Schwalm-Eder besonders aktiv war. Haben Sie mal etwas über diese Zeit in der Region gehört?
Baader war mehrfach in nordhessischen Gefängnissen inhaftiert, nämlich in der JVA Kassel-Wehlheiden und in der JVA Schwalmstadt. Mein Vater ist zwei, drei Mal von der Polizei angehalten und gefilzt worden, weil eigentlich jeder verdächtig erschien. Polizei, BKA, Staatsschutz waren in Schwalmstadt einquartiert und überwachten die ganze Zeit alles, sorgten vermeintlich für Ruhe, damit Baader nicht ausbrechen konnte. Anwälte, die die RAF-Häftlinge besucht haben, wurden von Ermittlern durch die ganze Bundesrepublik von Begleitautos verfolgt. Baader saß wohl in Ziegenhain, weil die JVA als besonders ausbruchsicher galt.

Die FAZ schrieb, Ihr Stil sei es, „den Hasardeuren an den Hacken" zu kleben, also „widersprüchliche Hauptfiguren" zu suchen. Würden Sie diese Charakterisierung teilen?
Ja, das ist schon so. Ich bin aber nicht der große Rächer der Enterbten, der das Unrecht dieser Welt anprangert. Dass ich mit Sattler, Siekmann, Göker häufiger Protagonisten aus Nordhessen zum Thema mache, das ist reiner Pragmatismus. Meine Filme brauchen viel Nähe, man muss nah dran und öfters vor Ort sein. Aber natürlich lebe ich auch gerne in Nordhessen. Ich habe zwar noch eine Wohnung in Berlin, aber in Kassel gibt es eine tolle Landschaft, ich habe hier mein Umfeld.

All diese Charaktere vereint auch, dass sie Grenzen sprengen, um Außergewöhnliches zu erreichen. Manchmal brechen sie dafür sogar Gesetz und Ordnung. Glauben Sie, dass das der Preis und die Voraussetzung dafür ist, um Erfolg zu haben?
Wenn Sie alles auf legalen Wegen machen, so wie alle anderen es schon machen, werden Sie es nie bis zum Vorsitzenden eines DAX-Unternehmens schaffen. Man muss bestimmte Gesetze übertreten, sich über Konventionen hinwegsetzen, um Erfolg zu haben. Man muss clever sein, sich durchschlängeln, auch mit Gewalt, Brutalität und Intelligenz, um es zu schaffen. Auch wenn man sieht, aus welchen sozialen Schichten Leute große Karrieren machen, da kommen die wenigsten aus einfachen Verhältnissen. Die sind in ein bestimmtes Milieu hineingeboren, und dieses Milieu reproduziert sich.

Ein weiteres Spezifikum Ihrer Arbeit sind gründliche, lange Recherchen sowie ein kommentarloses Aneinanderreihen der Statements von Zeitzeugen. Der Zuschauer soll sich sein eigenes Urteil bilden. Geht das wirklich immer, gerade bei so einem schwierigen Charakter wie Baader?
Na ja, bei „kommentarloses Aneinanderreihen" widerspreche ich jetzt, aber so einfach ist es nicht. Wenn man ihn und die Geschichte verstehen will, muss man wissen, wie es dazu kommt. Es geht nicht um Verständnis, sondern um Verstehen. Ich bin ein großer Gegner von didaktischen Filmen, die den Zuschauer an die Hand nehmen. Das ist totlangweilig. Ich will, dass man sich nach dem Film selbst Fragen stellt, und dass es dazu verschiedene Meinungen gibt. So sagten Zuschauer nach meinem Baader-Film zu mir, ich hätte ihn als Scheusal gezeigt, was doch gar nicht stimme, andere wiederum meinten, ich hätte ihn verherrlicht.

Natürlich habe ich auch eine eigene Meinung. Aber ich will sie ein bisschen weiter auffächern und nicht linear aufbauen.

Die APO und RAF haben recht viele Spuren in Nordhessen hinterlassen. Haben Sie eine Erklärung dafür?
Da war einmal die räumliche Nähe zu Frankfurt. Dort haben viele APO-Aktivisten aus Nordhessen studiert, und sie kamen dann wieder zurück. Nach Frankfurt kamen auch viele der geflohenen Jugendlichen aus den Heimen. Und in Nordhessen waren auch einfach viele solcher Jugendheime. Dass dort Misshandlungen und Zwangsarbeit von Jugendlichen stattfanden, hat die Gesellschaft einfach nicht sehen wollen. Die APO hat zurecht auf diese Missstände hingewiesen. Zum einen wollten sie mit ihrer „Heimkampagne" neue Leute an Land ziehen, Nachwuchs rekrutieren, zum anderen gab es da auch das echte humanistische Interesse, das unterstelle ich der RAF einfach mal, das Unrecht zu bekämpfen und die Leute zu befreien.

Es geht immer auch um biografische Bezüge. Baader und die Geschwister Proll aus Kassel kannten sich in der Region einfach gut aus. Es geht um Heimat, auch Astrid Proll hatte eine Heimat. Und sicher war Nordhessen auch abgeschnitten, eingekesselt durch die innerdeutsche Grenze.

Wie waren die Reaktionen bei Ihren Recherchen zu Baader in Nordhessen?
Insgesamt gab es recht wenige Rückmeldungen. Aber ich bin 2007 festgenommen worden! Ich habe Abzüge machen lassen von Bildern, die auch im Buch vorkommen. Als ich sie abholen wollte, hieß es, ich solle in 15 Minuten noch mal wiederkommen. Und dann kamen zwei nette Herren vom Staatsschutz in Kassel, zeigten mir ihre Dienstmarken, fragten mich, ob ich Herr Stern sei und nahmen mich fest. Das hört sich recht lustig an im Nachhinein, aber damals wurde mir ganz anders. Die dachten wohl, ich wolle die RAF in Nordhessen wiederbeleben. Die haben mich eine halbe Stunde durch die Mangel gedreht, anstatt einfach zu recherchieren im Internet, was ich mache. Als ich sagte, wer ich bin, meinte der eine: „Ja, die Doku hab ich neulich bei Phoenix gesehen, die ist doch von Ihnen, hat mir total gut gefallen." Der andere hat dann aber weiter den „bad cop" gespielt. Unglaublich, so was. So viel zum Thema, was die RAF auch heute noch für Hysterie, für Ängste auslöst.

Sehen Sie heute wieder eine Gefahr für politischen Extremismus in Nordhessen, dieses mal aber von rechts (Freie Kräfte Schwalm-Eder, Manfred Roeder)?
Ja, auf jeden Fall. In der Schwalm gibt es eine ganz extreme Klientel. Überfälle auf Jugendliche sind keine Einzelfälle, die betreiben breite Netzwerke, die auch schon neue Gesellschaftsschichten erreichen. Da gibt es eine große Gefahr, dass noch mehr daraus erwächst. Das sind strukturschwache Gebiete, die viele zu Verlierern gemacht haben.

Sie sind vielfach ausgezeichnet worden. Was reizt Sie noch daran weiter zu machen bzw. Ihre Art zu arbeiten beizubehalten – statt sich neue Herausforderungen zu suchen?
Der Oscar fehlt mir noch zum Beispiel (Klaus Stern lacht). Ich versuche, mich weiterzuentwickeln, aber mich treibt es zum Beispiel nicht da-

Filmemacher Klaus Stern

Quellenverzeichnis
unveröffentlicht:
Interview mit Klaus Stern, 9.6.2010

veröffentlicht:
Bundesministerium des Innern (Hg.), *Dokumentation über Aktivitäten anarchistischer Gewalttäter in der Bundesrepublik Deutschland*, Bonn 1974
Johannes Grötecke, „Wer war Andreas Baader?", in: *Jahresbericht der Theodor-Heuss-Schule*, Jg. 2004/05, S. 99–100
Hessische Nachrichten, 8.2., 9.2., 19.2., 11.5., 18.5., 25.5., 28.5., 1.6., 2.6.1973
Birgit Ochs, „Den Hasardeuren an den Hacken", in: *www.faz.net.de* (24.5.2010)
Klaus Stern, *Andreas Baader – Das Leben eines Staatsfeindes* (Film), neue Version 2010
Klaus Stern, Jörg Herrmann, *Andreas Baader. Das Leben eines Staatsfeindes*, München 2007

hin, unbedingt einen Spielfilm machen zu wollen. Toll, wenn ich für meine Stoffe weiterhin Geldgeber finde, die das finanzieren.

Reizt es Sie vielleicht, zurück zu Ihren Wurzeln zu gehen (Sie sind gelernter Briefträger und Dipl.-Handelslehrer)?
Nein, kein Weg. Nur in die Schwalm, die mag ich weiterhin gerne.

Ich las, wie „uncool" Sie sich fühlten, als Sie als 16-Jähriger verlacht wurden, weil Sie „nur" Realschüler und Briefträger waren. Hat sich das bis heute etwas gelegt?
Es kam bei Mädchen nicht so gut an. Meinte ich. Ich habe damals damit gehadert und mich sehr unkomfortabel damit gefühlt. Doch langsam wird's besser ... (Klaus Stern lacht).

Mogadischu

16. Oktober 1977: Jürgen Vietor übernimmt die Verantwortung für die entführte Lufthansa-Maschine „Landshut" Am 13. Oktober 1977 kaperten vier palästinensische Terroristen die Lufthansamaschine „Landshut" auf dem Weg von Palma de Mallorca nach Frankfurt/M. Mit der Entführung sollte der Druck erhöht werden, die in Stuttgart-Stammheim einsitzende erste RAF-Generation um Baader und Ensslin freizulassen. Für die Bundesregierung ging es um die Frage, ob der Staat erpressbar ist. Der Terror des Herbstes 1977 erreichte eine neue Dimension: Das Flugzeug war voller Urlauber, jeder Bürger der Bundesrepublik konnte zum Ziel von Terroristen werden.

Mittendrin saß Jürgen Vietor, geboren in Kassel und aufgewachsen in Hann. Münden. Er war der Co-Pilot. Sein Leben war in diesen Tagen mehrfach gefährdet, und er wurde unfreiwillig zum Helden. Dabei hätte er, der Bereitschaftsdienst hatte, um ein Haar den Flug verpasst. Hans-Jörg Vehlewald recherchierte, dass eine Kollegin ihn mit den Worten weckte:

> Glückwunsch, Sie haben einen Freiflug gewonnen. Palma de Mallorca, hin und zurück [...] Vietor schnappte sich die fertig gepackte Tasche, sprang in seinen blauen Peugeot 304, raste zum Flughafen. Geradewegs ins Unglück! Fünf Tage Terror und Mord!

Wenig später begann das Martyrium für die Flugzeuginsassen. Zu Beginn der Entführung jagten die Terroristen Vietor unter Schlägen und Tritten aus dem Cockpit. Besonders „Captain Muhamed" alias Mahmud, der psychopathische Anführer der Terroristen, hatte es auf ihn abgesehen. Vietor schildert die Situation nach der Zwischenlandung in Bahrein am Persischen Golf:

> Er schrie mich an: ‚In vier Minuten sind die Soldaten weg, oder ich erschieße dich!' Dabei drückte er mir die Kanone direkt an den Kopf, zählte weiter runter: drei Minuten, zwei Minuten. Ich habe den Tower angefleht. Noch zwei Minuten, noch eine. Da endlich tauchte ein Jeep auf, sammelte die Soldaten ein. Ich war um 30 Sekunden dem Tod entronnen.

Kaum hatte sich Vietor beruhigt, eskalierte die Situation erneut. „Captain Muhamed" entdeckte auf dessen Armbanduhr das Logo des Herstellers „Junghans". Für Muhamed war klar, dass dies ein Davidstern und Vietor damit Jude war. Vehlewald schildert den weiteren Verlauf so:

> ‚Welche Religion hast Du?', brüllt er Vietor auf Englisch an, fuchtelt mit dem Revolver. ‚Evangelic', stammelt Vietor nur. ‚Ich kam einfach nicht auf das richtige Wort', erinnert er sich. Im letzten Moment hilft Kapitän Schumann aus: ‚He is protestant! Don't shoot him!' (‚Er ist Protestant, erschießen Sie ihn nicht'). Mahmud gibt sich zufrieden, zwingt Vietor jedoch, die Uhr vor seinen Augen zu zerstören. ‚Ich trat verzweifelt auf dem Ding herum, aber sie ging einfach nicht kaputt.' Am Ende holte Mahmud eine Notfall-Axt aus dem Cockpit, zerschlägt damit das Uhrenglas. ‚Die Überreste drückte er mir in die Hand', erzählt Vietor, ‚jahrelang hatte ich die auf jedem Flug bei mir, als Glücksbringer.'

Die große Bewährung sollte aber erst noch kommen. Nachdem Kapitän Jürgen Schumann ermordet worden war, musste Vietor die Maschine von Aden nach Mogadischu (Somalia) fliegen, obwohl er diesen Flugzeugtyp kaum kannte. Er nannte diese zweieinhalbstündige Tour durch schwere Unwetter „einen Horror-Trip par excellence". Dazu Vietor selbst:

Wir hatten keinerlei Reserven mehr, keine Feuerlösch-Automatik für die Turbinen. Der kleinste Funke an den Triebwerken konnte zur Katastrophe führen.

Vietor flog ohne Funkkontakt. Die Somalis sollten so nicht ahnen, was da auf sie zukommt, sonst hätten sie die Landebahn gesperrt. Dieser Flug mit einem Terroristen im Cockpit gilt als fliegerische Meisterleistung. Das sahen auch die Entführer so:

> Selbst Mahmud, sein Peiniger der letzten Tage, ist beeindruckt und dankbar. Er bietet Vietor die Freiheit an: ‚Du kannst gehen, wenn Du willst.' Vietor blieb. ‚Ich konnte die Leute ja nicht im Stich lassen. Ich hatte doch die ganze Verantwortung.'

Nach der Befreiung der Lufthansa-Maschine durch die GSG 9 (Spezialkommando des Bundesgrenzschutzes) am 18. Oktober, nach 105 Stunden Geiselhaft, bekam Vietor erst einmal sechs Wochen Urlaub. Doch rasch saß er wieder als Co-Pilot im Cockpit. Als ersten Einsatz flog er von Hannover nach London. Dazu Vehlewald: „‚Und nun raten Sie mal, auf welcher Maschine'", lacht Vietor, „‚natürlich auf der Landshut!'"

Diese verfolgte ihn immer wieder. So war er 2007 dabei, als die Maschine erneut von der GSG 9 gestürmt wurde. Dieses Mal aber in Casablanca, Marokko, und nur für den Film „Mogadischu". Vietor beriet den Regisseur und die Schauspieler bei den Dreharbeiten. Besonders kümmerte er sich um Simon Verhoeven, den Sohn von Senta Berger, der den damals 35-jährigen Co-Piloten spielte.

Ein Jahr später holte Vietor die Vergangenheit nochmals ein. Anlass war die bevorstehende Begnadigung von Christian Klar, einem ehemaligen RAF-Terroristen. Vietor packte ein an das Bundespräsidialamt adressiertes Päckchen. Inhalt war das Bundesverdienst-

Jürgen Vietor und Stewardess Gabi Dillmann kommen zusammen mit den anderen befreiten Geiseln in Deutschland an

kreuz, welches ihm nach der Befreiung der „Landshut" verliehen worden war. Vietor gab die Auszeichnung zurück aus Protest gegen einen Staat, der neunfache Mörder wie Klar auf freien Fuß setzte. „Das ist unerträglich für die Opfer [...]", so Vietor gegenüber der HNA.

Der Pilot, der ursprünglich bei der Marine das Fliegen erlernt hatte und 25 Jahre in den Diensten der Lufthansa stand, ging 1999 in den Ruhestand. Er lebt heute in Quickborn bei Hamburg und bereist mit dem Wohnmobil die Welt.

Quellenverzeichnis
veröffentlicht:
Peter Ketteritzsch, „Die Angst ist mitgeflogen", in: *Hessisch-Niedersächsische Allgemeine*, 29.11.2008
Hans-Jörg Vehlewald, „Co-Pilot Jürgen Vietor: 30 Sek. trennten mich vom Tod", in: *Bildzeitung*, 26.11.2008
Gert Weimer, ‚Ich hatte Todesangst', *Interview von t-Online mit Jürgen Vietor am 21.2.2007*

LITERARISCHER RÜCKBLICK

Friedrich C. Delius und Peter O. Chotjewitz:
Nordhessische Schriftsteller über die 60er und 70er Jahre

In zahlreichen Romanen und Erzählungen hat sich Delius intensiv mit den Ereignissen zwischen den späten 60er Jahren und dem „deutschen Herbst" 1977 auseinandergesetzt, was in der Literatur der Bundesrepublik einzigartig ist. Zuletzt tat er dies 1997 mit der Erzählung „Amerikahaus und der Tanz um die Frauen", die „Die Woche" so besprach: „Berlin, 5. Februar 1966. Der Student Martin gerät unversehens in die erste Demonstration gegen den Vietnamkrieg. Hin- und hergerissen zwischen Angst und Auflehnung, der Verachtung für alle Bürger, die satt und zufrieden aus dem Cafe Kranzler glotzen, sowie seiner unerwiderten Liebe zu zwei Mädchen sucht der stotternde und unerfahrene Pfarrerssohn aus der Provinz seinen Weg. ‚Amerikahaus' ist eine einfühlsame, oft auch sehr humorvolle Erzählung über die Sehnsucht nach Liebe in einer Zeit des Auf- und Umbruchs."

In Berlin erlebte Delius während seines Studiums der Literaturwissenschaft an der Freien bzw. an der Technischen Universität die Jahre 1963 bis 1970 intensiv mit. Zuvor aber gibt es in Delius' Biografie interessante Bezüge zur nordhessischen Region: Hier verbrachte der am 13. Februar 1943 in Rom Geborene seine Kindheit und Jugend. Delius, ältestes von vier Geschwistern, wuchs als Pfarrerssohn in Wehrda, Kreis Hünfeld, auf, wo er von 1944 bis 1958 lebte. Er besuchte seit 1949 die Volksschule in Wehrda, ab 1953 das Gymnasium Alte Klosterschule in Bad Hersfeld und seit 1957 in Steinatal die Melanchtonschule. Ein Jahr später verzog die Familie nach Korbach, wo Delius 1963 an der Alten Landesschule das Abitur bestand. Noch in Korbach versuchte sich Delius literarisch, in der Schülerzeitung und in der „Waldeckischen Allgemeinen" veröffentlichte er erste Arbeiten.

Das Studium schloss er mit seiner Promotion in Germanistik ab. Anschließend arbeitete er bis 1973 als Lektor im Verlag von Klaus Wagenbach, ehe er zum Rotbuch-Verlag wechselte, den er mitbegründete, und wo er bis 1978 in gleicher Funktion tätig war. Seitdem lebt er als freier Schriftsteller, zuletzt in Berlin und Rom.

Zu Delius' wichtigsten Veröffentlichungen gehört der Roman „Ein Held der inneren Sicherheit" von 1981. Dazu schrieb Lothar Baier am 24. April 1981 in „Die Zeit":

Delius hat andersherum gefragt: nicht, wie die Bundesrepublik auf die Entführung Schleyers reagierte, sondern wie der Betrieb, dessen Chef gekidnappt worden war, mit dem Verlust fertiggeworden war, nein, fertiggeworden sein könnte; denn Delius' ‚Verband der Menschenführer' ist nicht der Deckname für den Bundesverband der deutschen Arbeitgeberverbände, sondern eine

Friedrich Christian Delius im Oktober 2010 bei einer Lesung in Berlin

Neukonstruktion aus der Werkstatt des Autors, ebenso wie der entführte Büttinger, zwar unverkennbar den Zügen Hanns Martin Schleyers nachgebildet, eine Modellfigur ist und kein literarischer Abklatsch. ‚Der Held der inneren Sicherheit' ist kein Enthüllungsroman, der endlich einmal ausplaudert, was hinter den Glasfronten der BDI- und BDA-Zentrale ausgeheckt wird; das Geheimnis des ‚Verbandes der Menschenführer' in Delius' Roman ist gerade seine Geheimnislosigkeit. Alles, was in ihm vorgeht, hat der Autor aus öffentlichen Materialien rekonstruiert, aus dem Sprachmaterial der Industrie-Pressechefs, der Werbeagenturen, der Wirtschaftsdienste.

In dem Roman „Mogadischu Fensterplatz" geht es Delius um die Entführung der Lufthansa-Maschine „Landshut" am 13. Oktober 1977, die die erste Generation der RAF-Terroristen aus ihrer Haft freipressen sollte. Der Klappentext des Rowohlt-Verlages 1987 dazu lautet:

Die Geschichte einer jungen Frau, die fünf Tage und Nächte als Geisel mit über achtzig anderen Lufthansa-Passagieren in einem entführten Flugzeug gefangen sitzt. Es kommt hier eine strikt fiktive Figur zur Sprache, die junge Biologin Andrea Boländer, die sich auf ihrem Fensterplatz Reihe 10 im Zentrum der Erpressung befindet, gezwungen zur Passivität und zum Beobachten. Ohne Informationen kann sie über den politischen Zusammenhang, in den sie ‚hinauf katapultiert' wurde, nur spekulieren. Provoziert von einem skandalös bürokratischen Fragebogen des deutschen Versorgungsamtes an die ‚Opfer von Gewalttaten' nach ihrer Befreiung, nimmt sich Andrea vor, die erlebten Schrecken minutiös zu beschreiben, noch einmal zu erinnern und in der Erinnerung zu wiederholen. Sie schreibt nur das auf, was sie in der Kabine beobachtet und empfunden hat – und zieht den Leser damit in die Gruppe der Geiseln hinein, auf den engen Sitz, zur Bewegungslosigkeit und zum Schweigen verurteilt; zieht ihn in die Beklemmungen hinein, in die Wut und die Scham, sich nicht gewehrt zu haben; in die Aggressionen zwischen den Geiseln und die emotionalen Annäherungen der Opfer an die Entführer; in Todesängste, Hitzenächte, Phantasien, die Ungewissheit der ablaufenden und verlängerten Ultimaten, bis hin zur unglaublichen Befreiung; in das ganz absurde, blutige Theater des Terrorismus. Delius protokolliert den Alptraum einer modernen Gefangenschaft – zwischen Terror, Politik und Medien.

Im dritten Roman „Himmelfahrt eines Staatsfeindes" versucht Delius

in seiner Mischung aus dokumentarischen und fiktiven Elementen und aus verschiedenen Perspektiven die bis zur Unkenntlichkeit vernebelten Ereignisse von 1977 aufzuhellen – faktennah und facettenreich. Es ist eine spöttische Bilanz der Beziehung zwischen Staat und Terroristen – ‚gegen die rechte und linke Rechthaberei, gegen die offiziellen Lügen und die Selbst-Belügungen der RAF' (F.C. Delius). Deutschland im Herbst 1977: In einem fröhlich-überbordenden Festzug durch Wiesbaden werden die drei toten RAF-Gefangenen zu Grabe getragen, vorn die schwarzrotgold geschmückten Särge und die auf roten Ordenskissen präsentierten ‚höchsten Reliquien des Terrors', die Selbstmordwerkzeuge der Stammheimer Staatsfeinde, dahinter Polizeikapellen, Trachtengruppen, Kegelclubs und schwarz vermummte Sympathisanten. Alle sind angetreten zu diesem Akt der Versöhnung mit ihren Lieblingsfeinden, zur Würdigung der Verdienste der RAF um den Zusammenhalt der Nation. Denn der Staat und seine Terroristen, sie haben einander so sehr gebraucht so der Rowohlt-Verlag 1992 in einer Besprechung.

Peter O. Chotjewitz bei einer Lesung

Der zweite Literat mit Bezügen nach Nordhessen, Peter O. Chotjewitz, verteidigte Andreas Baader 1970 als Wahlverteidiger. Diese Erfahrungen verarbeitete der studierte Jurist 1978 in seinem Werk „Die Herren im Morgengrauen" und 2007 im Roman „Mein Freund Klaus", in dem er sich mit dem RAF-Anwalt Klaus Croissant auseinander setzte.

Chotjewitz wurde am 14. Juni 1934 in Berlin-Schöneberg als Sohn eines Malermeisters und einer Kontoristin geboren. Ende 1945 zog die Familie nach Schachten, einem Stadtteil von Grebenstein im Landkreis Kassel. Hier und in Meimbressen wuchs Chotjewitz die nächsten zehn Jahre auf und besuchte ein Realgymnasium. Von 1948 bis 1950 ging er bei seinem Vater in Lehre, arbeitete danach als Geselle und besuchte in Kassel ein Abendgymnasium für Berufstätige, welches er 1955 mit dem Abitur abschloss. Danach studierte Chotjewitz Jura in Frankfurt/M., 1965 legte er seine zweite juristische Staatsprüfung erfolgreich ab und arbeitete als freier Schriftsteller.

Als solcher ging er 1967 nach Rom, wo er ein Stipendium der Deutschen Akademie Villa Massimo erhalten hatte. Im Dezember 1969 besuchten ihn Gudrun Ensslin und Baader, die sich auf ihrer Flucht ebenfalls in Italien aufhielten. Letzteren hatte Chotjewitz 1966 in Berlin als Kneipenbekanntschaft und Freund kennen gelernt. Zeitweilig wohnten die beiden bei ihm und versuchten, Chotjewitz für den bewaffneten Kampf zu gewinnen. Doch dazu und für Banküberfälle hatte der Literat nicht die Nerven. Er erinnerte sich später, wie Baader Ende der 60er Jahre in Berlin mit einem Schiffskoch zwei Künstler „plattgemacht" hat. Einer davon war Markus Lüpertz. Zu Baaders 25. Todestag schrieb Chotjewitz über ihn:

Zum ersten Mal erlebte ich ihn 1966 in dieser lesbischen Abfüllstation am Savignyplatz [...]. Er war voller Widersprüche. Intellektuell und spontan, sanft und zupackend, witzig und flink, ungeduldig und cool. Ziemlich sexy. Outfit normal [...] Muskulös, schlank, schmalhüftig, immer auf dem Sprung. Mal abweisender, mal zärtlicher Blick. Meistens neugierig, manchmal gelangweilt, zuweilen spöttisch [...] Der Typ war schweig- und wachsam wie ein Bodygard.

1970 kam Chotjewitz in Rom eine ganz besondere Aufgabe zu. Am 5. Februar erhielt er ein Telegramm von Horst Mahler für Baader und Ensslin, in dem der mitteilte, dass der hessische Justizminister Karl Hemfler deren Gnadengesuch abgelehnt hatte. Damit war klar, dass beide nun in den Untergrund gehen mussten und der Kampf beginnen konnte. Als Baader am 4. April 1970 in Berlin verhaftet wurde, trug er einen Personalausweis und einen Führerschein auf den Namen Peter Chotjewitz bei sich.

Im Juli 1974 besuchte Chotjewitz den in Schwalmstadt einsitzenden Baader. Dorthin gingen auch Schallplatten, die der Rechtsanwalt Klaus Croissant im Sommer 1974 bei einem Musikversand in Frankfurt/M. auf Rechnung von Chotjewitz bestellte. 1973 oder 1975, die Angaben variieren, ging Chotjewitz zurück ins Hessische, nach Kruspis in der Marktgemeinde Haunetal im Kreis Hersfeld-Rotenburg. Beim Amtsgericht Bad Hersfeld eröffnete er eine Anwaltskanzlei und meldete sich auch beim Oberlandesgericht in Stuttgart, u. a. um Baader als Wahlverteidiger zu vertreten. Allerdings arbeitete er nur temporär als Anwalt.

Anfang 1978 erhob die Staatsanwaltschaft Fulda beim Schöffengericht Bad Hersfeld Anklage gegen Chotjewitz. Der Vorwurf lautete auf „Verbreiten von Schriften zum bewaffneten Widerstand gegen Vollstreckungsbeamte und zur Bildung ein kriminellen Vereinigung". Chotjewitz soll im April 1977 die Hungerstreikerklärung von Gudrun Ensslin an 30 bis 40 Schriftstellerkollegen weitergeleitet haben. Darin werden die Haftbedingungen im Hochsicherheitstrakt von Stuttgart-Stammheim geschildert, verbunden mit dem Aufruf:

> Den Widerstand bewaffnen. Die Illegalität organisieren. Den antiimperialistischen Kampf offensiv führen.

Zudem soll Chotjewitz dem dreiköpfigen Beirat eines „Rechtshilfefonds für die Verteidigung politischer Gefangener" angehört haben, dessen Treuhänder Croissant war.

Anfang 1980 verließ Chotjewitz seinen Wohnort Haunetal. Er starb am 15. Dezember 2010 76-jährig in Stuttgart.

Quellenverzeichnis

Friedrich Christian Delius, *Amerikahaus und der Tanz um die Frauen*, Reinbek bei Hamburg 1999

ders., *Ein Held der inneren Sicherheit*, Reinbek bei Hamburg 1981

ders., *Himmelfahrt eines Staatsfeindes*, Reinbek bei Hamburg 1992

ders., *Mogadischu Fensterplatz*, Reinbek bei Hamburg 1987

http://www.fcdelius.de/biografie.html, Stand August 2010

Hessische Allgemeine, 6.1.1978, 18.11.1989, 17.12.2010

Internationales Biographisches Archiv 15/2005 vom 16.4.2005

Norbert Niemann, Eberhard Rathgeb (Hg.)., *Inventur. Deutsches Lesebuch 1945 bis 2003*, München und Wien 2003

Butz Peters, *Tödlicher Irrtum. Die Geschichte der RAF*, Frankfurt/M. 2007

Klaus Stern, Jörg Herrmann, *Andreas Baader. Das Leben eines Staatsfeindes*, München 2007

68ER-AKTIVISTEN IM GESPRÄCH
EINIGE EINDRÜCKE

Welche Übereinstimmungen, welche Unterschiede zeigen sich in den Lebensläufen der hier interviewten Zeitzeugen? Fast alle wurden in den letzten Jahren des Zweiten Weltkrieges geboren und erlebten das Elend der Nachkriegsgesellschaft, aber auch das so genannte Wirtschaftswunder. Die Schulen, die sie besuchen, erlebten sie als autoritär und gesellschaftlich selektierend, was für die 1950er und die erste Hälfte der 60er Jahre nicht ungewöhnlich ist. Zucht und Ordnung, Disziplin und Drill waren wichtiger als Reformen. Unter den Lehrern gab es neben Altnazis und Unfähigen nur wenige jüngere, progressive Pädagogen, zu denen sie Vertrauen fassten. In ihren Lebensläufen deutet nichts auf eine Revolte, auf Brüche und Kontroversen hin. Am ehesten zeigen sich bei Auseinandersetzungen rund um die Schülerzeitungen Ansätze eines Aufbegehrens gegen den restaurativen Mief in der Provinz der 50er Jahre.

Die Schülerzeitungen und die „Junge Presse Hessen" waren neben der Schülermitverwaltung (SMV) das Band, das fast alle einte. Hier lernten sie, sich verstärkt für Politik zu interessieren und über den nordhessischen Tellerrand zu schauen. Sie definierten sich – mit einer Ausnahme – als kulturell und politisch links. Letztlich handelte es sich aber um einen Kreis von Jugendlichen, der nicht repräsentativ war für die Gesamtheit der Schülerschaft.

Nach dem Abitur begannen sie ihr Studium in Frankfurt/M., das damals – neben Berlin – eine Hochburg der „68er" war. Hier hörten sie bei den renommierten Professoren Adorno, Horkheimer und Marcuse. Sie wurden intellektuell geschult und motiviert zu politischem Engagement – man könnte auch sagen: radikalisiert. Sie wurden Teil einer – dem Selbstverständnis nach – revolutionären Bewegung. Einige machten dort sogar „Karriere" bis in den Bundesvorstand des SDS hinein (der sich damals als intellektuelle Kaderschmiede und Speerspitze der Revolution sah) – und das als „nordhessische Landeier".

Keiner kehrte dauerhaft in seine alte Heimat zurück. Gründe dafür gibt es viele: Frankfurt bot mehr Lebensqualität und erfolgversprechendere Möglichkeiten des politischen Engagements, Nordhessen erschien als zu rückständig und spießig. Einige wagten vorübergehend den Sprung zurück und beteiligten sich während ihrer Studentenzeit an Aktionen in Eschwege, Homberg und Melsungen. Dort stießen sie auf heftige Proteste der Bevölkerung, was sie in ihren Urteilen und in ihrem Eifer aber noch bestärkte. Letztlich jedoch blieben ihre Erfolge eher begrenzt.

Ab 1969 ebbte die revolutionäre Bewegung an den Universitäten ab und zerfiel in unzählige Unterströmungen, die sich mitunter heftig befeindeten. Auch die „Karrieren" der meisten Nordhessen endeten hier, die Lebenswege wurden brüchig. Einige suchten Orientierung und Halt, etwa bei Trotzkisten, vertraten die Stamokap-Theorie (wonach es zu einer Verschmelzung des imperialistischen Staates mit der Wirtschaft kommt), waren Mitglieder im Marxistischen Studentenbund Spartakus (einem der DKP eng verbundenen und in den 1970er und 80er Jahren bundesweit einflussreichen Studentenverband), oder sie verstanden sich als Straßenkämpfer. Das führte für einige zu Berufsverboten und zu beruflich unsicheren Existenzen mit langen Phasen der Arbeitslosigkeit, Umschulungen und unsteten Beschäftigungsverhältnissen. Andere wechselten ins gemäßigt-sozialdemokratische Milieu, fanden dort auch berufliche Möglichkeiten, was sie aber in den Augen der Radikalen zu „Karrieristen" und Verrätern der revolutionären Ideale abstempelte. Ein erfolgreicher „Marsch durch die Institutionen" glückte wohl keinem. Was die beiden Gruppen der Interviewten noch heute eint, ist ihre politische Grundeinstellung: Man definiert sich als „links", aufgeteilt in Spielarten von „unorthodox marxistisch" über „sozialistisch" bis „antifaschistisch".

Insgesamt handelt es sich um eine Generation, die nur zu verstehen ist vor dem speziellen Zeitgeist der 60er Jahre mit internationaler Rebellion und Protest, aber auch mit wirtschaftlichem Wohlstand und Optimismus. Heute erscheinen solche Lebenswege wohl eher undenkbar. Strittig bleibt, auch im Selbstverständnis der Beteiligten, ob sie denn mit ihrem Engagement erfolgreich waren. Manche sprechen und denken noch wie damals, sie wirken fast wie „ewiggestrig".

Fast alle gehen offen mit ihrer Vergangenheit um und waren zu einem Interview bereit. Über ihre Erlebnisse und Erfahrungen berichten sie gelegentlich amüsiert und lächeln, wenn sie sich daran erinnern. In ihrer Mimik erkennt man, dass sie durchaus stolz auf das Erreichte sind. Kritik an ihrer eigenen Vergangenheit, an damaligen Aktionen und Disputen in Nordhessen kommt wenigen über die Lippen. Noch heute sehen sie ihre damaligen Gegner im Unrecht. In ihrer Selbsteinschätzung sagen sie: „Wir sind unserer Überzeugung treu geblieben." Kritiker und Gegner ihrer Aktionen stellen wohl eher fest: „Ihr ward und seid stur." So stellt sich also die Frage: Bleiben sie von ihrer Sache überzeugt – oder sind sie nach wie vor blind? Sind sie bis heute politisch engagiert – oder verblendet? Die Antwort und das Urteil über ihr Handeln hängt davon ab, auf welcher Seite man steht.

Aus heutiger Sicht wirken viele der Konflikte und Aktionen, die in den 60ern für große Furore sorgten, recht harmlos und witzig. Wie wenig damals reichte, um zu provozieren! Kann man heute noch mit Protest ähnliches Aufsehen erregen? Und das in einer Welt, die längst nicht mehr so bipolar aufgeteilt ist in „rechts" und „links", Alt und Jung, Ost und West? Und in der die Probleme so komplex und international geworden sind? Und in der Gemeinschaften, Kollektive schwinden und den Einzelnen zunehmend ratlos zurücklassen?

Zum Fazit der Beteiligten gehören aber auch die „Kosten": Manche fanden kaum ein geregeltes Einkommen, es gab Drohungen, Anfeindungen und Gerichtsverfahren. Die Verluste bleiben – sind sie das Resultat einer (zu?) starken Politisierung in der Jugendzeit? Es scheint, als ob man darüber im Alter – sie sind jetzt Mitte 60 – offener und ehrlicher darüber berichten kann. Und das macht diese Menschen und Zeitzeugen sympathisch.

ZUSAMMENGEFASST: ERGEBNISSE UND THESEN

Bereits zu Beginn der 6oer Jahre kam es vereinzelt zu Vorfällen an nordhessischen Schulen. Sie ereigneten sich zunächst zufällig, spontan. Anlass waren alltägliche schulische Ereignisse wie Elternabende oder Schulfeiern.

Zunächst verstanden sich die beteiligten Jugendlichen eher als kulturell „links" und definierten dies durch die von ihnen gehörte Musik, getragene Kleidung und gelesene Literatur. Erst allmählich setzte ein Politisierungsprozess „nach links" ein. Obwohl mitunter als „Kommunist" verschrien, kann man wohl keinen als solchen einstufen.

Waren schulische Konflikte anfangs noch Ausnahmefälle, erlangten sie (Beispiel Homberg, Melsungen) ab 1967/68 ein größeres Ausmaß, sie erreichten mehr Schüler und hatten ein stärkeres öffentliches Echo. Das hing sicher auch zusammen mit einem allgemeinen „Zeitgeist" und jenen Ereignissen, die diese Epoche anheizten – etwa dem Tod von Benno Ohnesorg, dem Vietnamkrieg, den Notstandsgesetzen, der „sexuellen Revolution". Die Verknüpfung von regionalem Geschehen und überregionalen Zusammenhängen wird hier – etwa an den Inhalten der Schülerzeitungen – deutlich ablesbar.

Diese Konflikte eskalierten rasch und führten zu teils heftigen Auseinandersetzungen zwischen Schülern, Eltern, Lehrern und Schulleitung. Es kam zu Maßnahmen der Zensur, Schulverweisen und Gerichtsverfahren. So entwickelte sich eine neue Erscheinungsform des Generationenkonflikts, den auch die ansonsten liberalen Vorbilder (Schulleiter Dr. Clément in Homberg, Kultusminister Prof. Schütte) nicht schlichten konnten.

Als Informationsquellen nutzten die rebellierenden Jugendlichen neben dem Rundfunk und dem Fernsehen Zeitschriften wie „Stern" oder „Spiegel". Wichtig waren darüber hinaus Seminare verschiedener Träger, die „Junge Presse Hessen" und schließlich Studenten aus den hessischen Universitäten. Mit diesen waren sie auch personell vernetzt und konnten gemeinsam gegen die Autoritäten in Gemeinden und Schulen vorgehen. Sie profitierten also, wenn auch erst allmählich, von gesamtgesellschaftlichen Phänomenen wie der Verbreitung der Massenmedien, dem durch das Wirtschaftswunder gewachsenen Volksvermögen und der steigenden Mobilität.

Getragen wurde der Protest in Nordhessen, anders als in den Universitäts- und Großstädten, von Gymnasiasten, weniger von Studenten. Die dabei aktiven und federführenden Jugendlichen waren in der Regel gute, interessierte Schüler aus kleinbürgerlichem Hause, die sich in Gremien wie SMV oder Schülerzeitung zusätzlich engagierten. Sie blieben bei allen Konflikten zahlenmäßig aber in der absoluten Minderheit. Selbst die Homberger Gegenschule umfasste nie mehr als 40 Schüler. Allerdings erweckten ihre Aktionen Aufsehen und durch die geschickte Nutzung von – auch überregionalen – Medien gerade ab Mitte der 60er Jahre einen anderen, die tatsächlichen Verhältnisse verfälschenden Eindruck.

In einer teils personellen Kontinuität, aber zeitlich verzögert zu den Schülerprotesten trugen die im SDS und anderen linksradikalen Organisationen aktiven Studenten ab 1969 zur weiteren Eskalation in Nordhessen bei. Die Kritik an konkreten gesellschaftlichen Missständen, aber auch die personelle Rekrutierung „revolutionärer Potentiale" (Heimzöglinge, Arbeiter, Jugendliche) waren Motive, die die Studenten aus Marburg und vor allem aus Frankfurt nach Nordhessen führten. Kurzfristig war den Aktionen wenig Erfolg beschieden: Sie fanden weder gesellschaftliche Mehrheiten noch eine Akzeptanz seitens der Behörden. Einige dieser APO-Aktivisten tauchten kurze Zeit später in den Untergrund und den Terror ab.

Wenn auch alle Versuche der Rebellion durch Schulleitung, Polizei und Justiz letztlich gebrochen wurden, so ließ sich langfristig gesehen ein Reform- und Liberalisierungsprozess nicht aufhalten. Dieser stellte die überkommenen Autoritäten und die Legitimation ihres Verhaltens mehr und mehr in Frage. Dieser Wandel ist sicher nicht ausschließlich, aber doch in großem Maße den zuvor beschriebenen „Jugendprotesten" zuzuschreiben. Davon profitieren die heutige Gesellschaft und vor allem die jungen Menschen – ablesbar an Phänomenen wie der Einrichtung von Jugendhäusern, der von elitären Bindungen losgelösten Popkultur, der aufgeklärten, von Zwängen und Prüderie befreiten Sexualität, einem demokratischeren Verhältnis in Elternhäusern und Schulen, der gewachsenen Mobilität und der Globalisierung.

Die Zeitschrift „Pro-Regio-Online" fasste 2008 treffend zusammen: „Es war eine Jugendrevolte, die mitten aus der Kleinstadtgesellschaft heraus kam und deshalb die Kleinstadthonoratioren so unerwartet und schmerzhaft traf. Was hier rebellierte, waren nicht ‚aufgehetzte Studenten', sondern Provinzjugendliche, die die große Schere zwischen dem Schein und Sein der noch in großen Teilen undemokratischen Gesellschaft der 1968er-Zeit anprangerten."

Es bleibt am Schluss die Frage, warum sich dieser Protest, der das Signum „1968" trägt, doch recht häufig in Nordhessen niederschlug. Gibt es – neben allgemeinen Gründen – für die Revolte auch Ursachen, die speziell in dieser Region liegen? Auf der Suche nach solchen Gründen können wir hier nur einige Thesen formulieren, die teilweise auch ineinander greifen. Um diese auf ihre Richtigkeit zu überprüfen, bedarf es weiterer genauerer Studien.

Als mögliche Ursachen kommen in Betracht: Ein ländlich-agrarisch dominiertes, industriell vergleichsweise zurückgeblieben es, dörflich-kleinstädtisch geprägtes Nordhessen, dessen kulturelle und geistige Angebote den Ansprüchen der Jugend nach Freiheit, Mobilität, Spaß und Internationalität oft nicht genügten, bildete eine Fessel, die in sich aber zugleich die Kraft zu ihrer Überwindung trug.

Die Nähe zur DDR, zur Grenzbefestigung, die Nordhessen noch mehr isolierte und im Vergleich zu anderen Regionen zurückwarf, förderte die Sehnsucht und den Drang nach draußen.

Der Kalte Krieg, Nordhessen als möglicher Schauplatz eines neuen, Dritten Weltkrieges und damit verbunden ein strammer, undifferenzierter Antikommunismus, der von oben verordnet, im Alltag gelebt und rigide angewandt wurde, forderte die Jugendlichen zu Widerspruch heraus.

Die räumliche Nähe zu Frankfurt und dessen Universität wirkte durch die Studenten, die zurück in ihre Heimat kamen, auf Nordhessen zurück.

Die Missstände in einigen nordhessischen Jugenderziehungsheimen, derer sich die Frankfurter Studenten in besonderem Maße annahmen, bildeten einen Auslöser für den gesellschaftlichen und politischen Protest.

Die Biographien, etwa bei den Familien Proll und Baader, standen in einer engen Beziehung zur nordhessischen Region.

Erwachsene Vorbilder, etwa die Lehrer Hoffmann in Melsungen, Thümer und Modes in Homberg/Efze, sowie die „Junge Presse Hessen" unterstützten die politische Sensibilität und das kritische Bewusstsein der Jugendlichen.

Eventuell förderten auch Besonderheiten unter den federführenden Jugendlichen die Entwicklung kritischen Denkens, etwa der protestantische Glaube, das Dasein als Einzelkind oder die Zugehörigkeit zur Mittelschicht (Aufsteigermilieu).

Deutlich wird: Es bleibt viel Raum für weitere Forschungen. Wir hoffen, dieses Buch kann dafür Grundlagen und Anreize bieten.

Quellenverzeichnis
veröffentlicht:
Pro-Regio-Online, Zeitschrift für den ländlichen Raum, Heft Nr. 5 (2008)

Von den Autoren selbst mit einem „Zensiert"-Stempel versehenes Cover der Homberger Schülerzeitung „Schulecho", Ausgabe 3/1966

ANHANG

Die 60er Jahre und ihre Auswirkungen auf die 70er Jahre in der Bundesrepublik

Deutschland: Die Jugend erhebt sich und rebelliert

Eine kommentierte Chronik der bundesdeutschen 68er-Bewegung äußert, diese sei

> Teil einer internationalen Jugendbewegung, in der die Generation der während des Zweiten Weltkriegs oder kurz danach Geborenen die im Kalten Krieg erstarrten politischen, gesellschaftlichen und kulturellen Ordnungen erschüttert. Sie knüpft aber auch an eine eigenständige Tradition des sozialen und politischen Protestes in der Bundesrepublik an.

Aus Platzgründen beschränkt sich dieser Überblick auf den nationalen Kontext, der zudem äußerst umfangreich ist. Nur die wichtigsten eines ganzen Bündels von Ursachen für 1968 sollen hier vorgestellt werden. Anschließend wird skizziert, wie aus der Radikalisierung des Jahres 1968 der Weg einiger in den Terror führt.

Ein ganz wichtiger Grund, der zu 1968 führte, war der Vietnamkrieg. Vietnam war seit 1954 ein geteiltes Land. Im Norden regierte das kommunistische Regime von Ho Tschi Minh, der die Unabhängigkeit von der alten Kolonialmacht Frankreich erkämpft hatte. Im Süden regierte ein von den USA abhängiges Regime, schließlich hatten diese am 1. Dezember 1963 einen Militärputsch in Südvietnam initiiert. Dagegen lehnten sich Teile der Bevölkerung auf, so dass es zu einem Guerillakrieg der „Nationalen Befreiungsfront" (Vietcong) kam, der von Nordvietnam unterstützt wurde. Nachdem die USA 1964 direkt in den Krieg eingriffen, beschlossen sie 1965, auch Nordvietnam anzugreifen. Der Krieg, der bis zum 30. April 1975 dauern sollte, veränderte auch Teile der westlichen Gesellschaften: Das Grauen dieses ersten Medienkrieges der Geschichte wurde jeden Abend pünktlich um 20 Uhr durch die Tagesschau der ARD in alle bundesdeutschen Wohnzimmer direkt übertragen. Mittlerweile hatte das neue Massenmedium schon viele Haushalte erreicht. So konnte man „live" Erschießungen sehen, dazu das unmenschliche Bombardement der US-Piloten, die über Vietnam sieben Millionen Tonnen Bomben abwarfen (zum Vergleich: Im Zweiten Weltkrieg waren es insgesamt zwei Millionen Tonnen). Dazu sah man die Wirkung von Napalm-Bomben und Agent Orange, einem Entlaubungsmittel, das die Amerikaner einsetzten, um den Guerilla-Kämpfern ihren natürlichen Schutz im Urwald zu nehmen. Studenten und Schüler gingen nun massenhaft auf die Straße und protestierten gegen diesen Krieg. So erschienen 1967 im Homberger „Schulecho", der Schülerzeitung des Theodor-Heuss-Gymnasiums, zahlreiche Artikel über den Krieg in Vietnam (vgl. Kapitel Schülerbewegung/Homberg/

„Internationale Vietnam-Konferenz" im Februar 1968 in West-Berlin

Efze). Den Höhepunkt der Proteste in der Bundesrepublik bildete hierbei der 17./18. Februar 1968: In West-Berlin fand der „Internationale Vietnamkongress" statt; 12.000 Demonstranten gingen hier auf die Straßen. Das war die letzte große Aktion der APO.

Das Verhältnis der Jugend gegenüber den USA blieb ambivalent. Politisch lehnte man diesen Staat als demokratisches Vorbild nun zwar ab, Amerikaskepsis machte sich breit. Aber kulturell waren die USA weiterhin ein Vorbild. Was in den 50er Jahren mit Marylin Monroe, James Dean und Elvis Presley begann, setzte sich auch in den 60er Jahren fort. Die Bürgerrechtsbewegung der USA hatte ebenso Vorbildcharakter für die deutsche Jugend wie die Hippies und die Flower-Power-Bewegung. Zentral war dabei die Musik, die vor allem ein Mittel der jungen Generation war, um gegen den Materialismus des Wirtschaftswunders aufzubegehren. Udo Lindenberg brachte es 1980 auf den Punkt:

> Elvis hatte es drauf: Mit eingebauten Kugellagern in den Gelenken und dem verträumt-trotzig-verletzbaren Erosblick hat er sogar den aufrechten Westfälinnen meiner kleinen Heimatstadt Gronau in die Unterkleider geguckt. Er hat uns gegen unsere Eltern, denen ja sonst alles gehörte, etwas Eigenes gegeben. Bis jetzt hatten wir immer zu hören bekommen: ‚Dafür bist du noch zu jung'. Mit Elvis in den Ohren konnten wir jetzt zurückbrüllen: ‚Dafür seid ihr schon zu alt!'.

Man konnte immer mehr von Jugendkultur sprechen, was Kleidung, Frisur und Musik betraf. Und auch das strahlte deutlich in die 60er Jahre aus.

Im Jahr 1963 kam aber auch noch ein anderes Thema auf die Agenda der kritischen Öffentlichkeit: Die lange verdrängte Auseinandersetzung mit der NS-Vergangenheit. Am 20. Dezember 1963 wurde in Frankfurt/M. der so genannte Auschwitz-Prozess eröffnet. Dort wurden 21 ehemalige Angehörige des Bewachungspersonals im Vernichtungslager Auschwitz, allerdings nur Täter aus der zweiten Reihe, angeklagt. Erst am 19. August 1965 endete der Prozess, der für ein Novum in der Geschichte der bundesdeutschen Justiz gesorgt hatte. Ein Großteil des Gerichts besichtigte vom 14. bis zum 16. Dezember 1964 im Rahmen eines Lokaltermins das Konzentrations- und Vernichtungslager Auschwitz.

Dieser Prozess führte nun verstärkt zu Auseinandersetzungen. Die Kinder fragten ihre Eltern, was diese in der NS-Zeit gemacht, wie sie sich gegenüber dem Regime verhalten haben. Dieser Konflikt kam einem Erdbeben gleich, durch viele Familien ging ein Riss, der Alt und Jung trennte. Symbolisch fand auch diese Ursache des Protestes ihren vorläufigen Höhepunkt im Jahr 1968: Am 8. November ohrfeigte die Antifaschistin Beate Klarsfeld Bundeskanzler Georg Kiesinger öffentlich wegen seiner NS-Vergangenheit: er war NSDAP-Mitglied gewesen.

So unterschiedlich vielleicht, oberflächlich betrachtet, der Vietnamkrieg und der Streit um die Aufarbeitung der NS-Vergangenheit erscheinen, so haben sie doch eines gemeinsam: Man kann sie als den Versuch verstehen, eine bessere Welt zu schaffen. Dabei blieb man nicht auf der nationalen Ebene stehen. Stattdessen solidarisierte man sich mit allen unterdrückten Völkern, vor allem denen aus der so genannten Dritten Welt. Das zeigte sich ebenfalls sehr früh. Am 18. Dezember 1964 protestierten der Sozialistische Deutsche Studentenbund (SDS) und andere Gruppierungen erstmals in West-Berlin gegen einen ausländischen Staatsgast. Ziel war der kongolesische Ministerpräsident Moise Tschombé, dem die Demonstranten vorwarfen, den sozialistischen Hoffnungsträger im Kongo, den frei gewählten Ministerpräsidenten Patrice Lumumba, 1961 umgebracht zu haben. Vierzig Jahre später bekannte ein belgischer Geheimdienstoffizier: „Wir haben den Körper in Stücke geschnitten. Der größte Teil wurde in Salzsäure aufgelöst, den Rest haben wir verbrannt." Da die Polizei die Demonstranten bei der Ankunft Tschombés austrickste, reagierten diese:

> Da stürmten sie rennend, schreiend, viele zum ersten Mal die Angst vor Verbotenem überwindend, die Bannmeile um das Schöneberger Rathaus.

Langsam und schleichend radikalisierte sich die Situation in West-Berlin. Nur vor diesem Hintergrund ist es auch zu verstehen, dass ein gebürtiger Argentinier – wie schon zuvor Ho Tschi Minh – zu einer Ikone der 68er werden konnte: Am 9. Oktober 1967 wurde Che Guevara in Bolivien gefangen genommen und ermordet. Neben Fidel Castro galt er als die Symbolfigur der kubanischen Revolution 1957/58. Che hatte sich immer wieder dafür eingesetzt, dass sich die südamerikanischen Staaten gegen ihre Unterdrücker zur Wehr setzten, allerdings geschah das bei Che auch mit dem Mittel der Gewalt.

Aber der Protest gegen Tschombé hatte noch eine ganz andere Folge: Am 28. Februar 1965 wurde Rudi Dutschke in den politischen Beirat des West-Berliner SDS gewählt. Dadurch wurde die antiautoritäre Richtung im SDS ein bestimmender Faktor.

> Der SDS wurde zu einer Art Jakobinerclub der Studentenbewegung: wenige Mitglieder, ungeheuren Einfluss auf Programm und Aktionen [Jürgen Busche].

Er hatte auf seinem Höhepunkt maximal 2.500 Mitglieder, aber mit Dutschke einen charismatischen Anführer, der die Protestierenden zusammenhielt, so unterschiedlich ihre Motive auch im Einzelnen waren.

Verstärkend kam hinzu, dass die Demokratie der Bundesrepublik als Folge der Notstandsgesetze vor einem rasanten Aushöhlungsprozess stand. Der Hintergrund: Die drei Westmächte hatten 1954 im Deutschland-Vertrag geregelt, dass sie im Fall eines Notstandes, wie Naturkatastrophen oder militärischen Angriffen, noch Sonderrechte über die Bundesrepublik besaßen. Diese konnten nur auf die Bundesregierung übergeben werden, wenn entsprechende Notstandsbestimmungen im Grundgesetz aufgenommen würden. Es formierte sich eine breite Opposition, die über Jahre aktiv war. So organisierten der SDS und andere Gruppierungen am 30. Mai 1965 in Bonn den Kongress „Demokratie vor dem Notstand". An einer ähnlichen Veranstaltung am 30. Oktober 1966 in Frankfurt/M. nahmen 3.000 Menschen teil. In dieser Frage war die Gesellschaft der Bundesrepublik tief gespalten, das war nicht nur eine Angelegenheit der jüngeren Generation. Am 11. Mai 1968 veranstaltete das Kuratorium „Notstand der Demokratie" einen Sternmarsch auf Bonn. Die Große Koalition aus CDU und SPD, die seit Dezember 1966 im Amt war, besaß für die Aufnahme der Notstandsgesetze ins Grundgesetz

Demonstration gegen die Notstandsgesetze 1968

die notwendige Zweidrittelmehrheit. Geplant wurde etwa die Einschränkung des Brief-, Post- und Fernmeldegeheimnisses durch deutsche Behörden bei Spionage-Verdacht; dazu wurde diskutiert, inwieweit Streik und Aussperrung unter solchen Umständen noch garantiert werden können, und ob die Bundeswehr auch im Inneren des Landes einsetzbar sei. Starke Proteste in der Bundesrepublik und in West-Berlin konnten nicht verhindern, dass die Notstandsgesetze mit 384 gegen 100 Stimmen passierten und am 28. Juni 1968 in Kraft traten.

Die Große Koalition war ein weiterer wichtiger Anlass, der zu 1968 führte. Schon am 1. Dezember 1966 kam es in West-Berlin und in Westdeutschland zu ersten Großdemonstrationen gegen diese neue Regierung unter Bundeskanzler Georg Kiesinger von der CDU. Faktisch bestand die Opposition im Parlament nun nur noch aus 49 Abgeordneten der FDP. Daraus zogen viele Zeitgenossen den Schluss, eine echte Regierungskontrolle sei so nicht mehr möglich. Zehn Tage später forderte Rudi Dutschke zum Abschluss der Vietnamwochen dazu auf, eine außerparlamentarische Opposition zu bilden. Politik wurde nunmehr verstärkt auf die Straße getragen, vor allem durch Schüler und Studenten. Ihr Ziel für West-Berlin war eine freie Räterepublik nach dem Vorbild der Commune in Paris 1871.

Der Bildungsnotstand, eine weitere Ursache für 1968, war bereits Mitte der 60er Jahre an den Schulen und Universitäten der Bundesrepublik spürbar. Dagegen demonstrierten am 1. Juli 1965 in West-Berlin 10.000 Studenten. Der Staat reagierte: Aufgrund von Reformbemühungen, z. B. die Gründung von neuen Universitäten und Gesamthochschulen, konnten in den nächsten Jahren immer mehr Abiturienten ein Studium aufnehmen. Die ehemalige Gesamthochschule, die 1971 in Kassel gegründet wurde, bildet dazu das Paradebeispiel in Nordhessen. Nichtsdestotrotz wurde 1972 erstmals die Zulassung für einige Studienfächer begrenzt. Allerdings bedeutete dies noch immer, dass so viele Studenten wie noch nie in Deutschland eingeschrieben waren. Am Ende der Republik von Weimar waren etwa 140.000 Studenten immatrikuliert, 1939 waren es 41.000, 1965 400.000 und 1980 über eine Millionen Studenten. Dies bedeutete auch, dass die ehemalige Garantie auf Führungspositionen in Staat und Gesellschaft nicht mehr vorhanden war. Freilich wurden noch immer gut bezahlte Positionen in Aussicht gestellt, die es durchaus ermöglichten, den Staat kritisch zu sehen, gegen ihn aufzubegehren. Das wurde 1968 auch zur Genüge getan.

Ein weiteres Phänomen bestand darin, dass alternative Lebensformen von der jungen Generation ausprobiert wurden. Als Synonym dafür steht die am 1. Januar 1967 gegründete K1, die erste Kommune West-Berlins und der Bundesrepublik, die aber nur zwei Jahre existierte. Ihr gehörten auch Dieter Kunzelmann, Rainer Langhans und Fritz Teufel an. Man wollte in besitzloser Utopie leben, alles wurde zur Sache der Gemeinschaft, selbst das Liebesleben der Mitglieder. Da seit Anfang der 60er Jahre die Antibabypille immer weitere Verbreitung fand, veränderte sich nämlich auch das Liebesleben der jungen Generation. Freie Liebe wurde proklamiert. Deutliche Spuren hat sie auch in Homberg/Efze hinterlassen, wo im Februar 1968 eine „Gegenschule" gegründet wurde (vgl. Kapitel

Schülerbewegung/Homberg/Efze). Sie kannte im Grunde nur ein Fach, nämlich Sexualkunde. Ob sie in Praxis aber je ausgeübt wurde, bleibt offen, allerdings wurde die „sexuelle Revolution" mehrfach im Homberger „Schulecho" thematisiert. Mit Oswald Kolle trat zudem der „Aufklärer" der Bundesrepublik immer mehr ins öffentliche Bewusstsein. Sein großer Durchbruch erfolgte 1967 mit der Serie „Das Wunder der Liebe" im Magazin „Neue Revue", 1968 konnte er die Serie verfilmen und ins Kino bringen – trotz großer Schwierigkeiten mit der Zensur.

Frauen wurden durch die „sexuelle Revolution" viel selbstbewusster. Als Paradebeispiele dafür stehen Uschi Obermeier von der K1 auf der einen, Gudrun Ensslin und Ulrike Meinhof von der späteren Rote Armee Fraktion auf der anderen Seite. Im SDS stellten die Frauen ein Viertel der Mitglieder, mehr als in jeder anderen politischen Organisation der Bundesrepublik.

Als weiterer Grund für das „magische Jahr 1968" kam der Kalte Krieg hinzu. Die ständige Aufrüstung machte sich auch in den Bundeswehrstandorten wie Fritzlar, Homberg und Schwarzenborn bemerkbar. In Treysa-Rörshain lagerten sogar Atomwaffen für die Artillerie (Panzerhaubitzen) sowie bis 1980 atomare Kurzstreckenraketen, um im Falle eines Angriffs des Warschauer Pakts die nicht weit entfernte „Zonengrenze" zu verteidigen.

Am 2. Juni 1967 demonstrieren in West-Berlin zuerst 1.000 Schüler und Studenten vor dem Schöneberger Rathaus gegen den Besuch des Schahs, später 2.000 vor der Deutschen Oper in der Bismarckstraße. Das persische Staatsoberhaupt war bekannt dafür, dass es die eigene Bevölkerung gnadenlos ausbeutete. Die West-Berliner Polizei und die angemieteten „Jubel-Perser" gingen an diesem Tag äußerst brutal gegen die Demonstranten vor. Die Folge: Erstmals gab es an diesem Tag ein Opfer zu beklagen. Der Kriminalobermeister Karl-Heinz Kurras erschoss den 26-jährigen Demonstranten Benno Ohnesorg, der erstmals an einer Demonstration teilgenommen hatte. Ohnesorg studierte Romanistik und Germanistik für das Lehramt an Gymnasien und war als Pazifist Mitglied in der evangelischen Studentengemeinde, wo er sich auch stark engagierte. Erst im April hatte er seine schwangere Frau Christa geheiratet.

Dieser Tod wurde „zu einem Fanal für die Studentenbewegung" (Edgar Wolfrum) und löste einen wütenden Proteststurm in West-Berlin und in der Bundesrepublik aus.

> Geschlagen, verzweifelt und voller Hass trafen sich viele der Demonstranten noch in der Nacht im Berliner SDS-Zentrum am Kurfürstendamm. Erregt wurde hin und her diskutiert, wie man auf den Tod Ohnesorgs reagieren sollte

so Stefan Aust. Er zitiert Gudrun Ensslin mit der Aussage:

> Dieser faschistische Staat ist darauf aus, uns alle zu töten. Wir müssen Widerstand organisieren. Gewalt kann nur mit Gewalt beantwortet werden.

„Sit-Ins" und „Go-Ins" legten wochenlang die Freie Universität (FU) in West-Berlin lahm.

Am 8. Juni 1967 wurde Ohnesorgs Leiche nach einer Trauerfeier im Auditorium Maximum der FU in seine Heimatstadt Hannover überführt. „Ein aus über 120 Fahrzeugen bestehender Trauerkonvoi mit dem Leichenwagen an der Spitze", so Edgar Wolfrum, setzte sich nun in Bewegung. Und weiter heißt es:

> Auf West-Berliner Gebiet säumten Tausende von Studenten den Weg. Die DDR-Grenzorgane ha-

ben aus diesem Anlass auf Kontrollen des Konvois verzichtet, auch Autobahngebühren müssen die Teilnehmer nicht bezahlen.

10.000 Menschen, nicht nur Studenten und Schüler, versammelten sich anschließend in Hannover aus Anlass seiner Beisetzung auf dem Stadtfriedhof Bothfeld. Wenige Monate später, am 21. November 1967, wurde Karl-Heinz Kurras von der 14. Großen Strafkammer des Landgerichts Moabit freigesprochen. Die fahrlässige Tötung konnte ihm angeblich nicht nachgewiesen werden. Auch eine Revision scheiterte. Am 22. Dezember 1970 wurde Kurras erneut freigesprochen, dieses Mal von der 10. Strafkammer des Landgerichts Berlin.

Diese Urteile hatten die weitere Radikalisierung der Studenten- und Schülerbewegung zur Folge. Maßgeblich trug dazu aber auch der West-Berliner Polizeiapparat unter Führung von Polizeipräsident Erich Duensing bei. Klaus Hübner, von 1969 bis 1987 Polizeipräsident von West-Berlin, schrieb in seinen Erinnerungen, dass der Polizeiapparat der „Frontstadt" des Kalten Krieges in einer Art Festungsmentalität erstarrt war. Die Polizei begriff sich eher als „Reserve der Streitkräfte". Die Polizeiführung bestand

> zur Hälfte aus ehemaligen Offizieren [...] und Unteroffizieren der ehemaligen Wehrmacht [...] Ganze Seilschaften aus der Division Herman Göring übten sich wieder in Befehlen.

Jutta Ditfurth brachte es auf den Punkt:

> Es war, als sollte der verlorene Kampf an der Ostfront hier und jetzt endlich gewonnen werden – und die APO, das waren die Partisanen.

Sebastian Haffner kommentierte die Ereignisse am 2. Juni 1967 damals im „Stern": „Es war ein systematischer kaltblütiger Pogrom, be-

Trauerkonvoi für den toten Benno Ohnesorg nach Hannover im Juni 1967

gangen von der Berliner Polizei an Berliner Studenten."

Diese Radikalisierung erreichte am 21. Februar 1968 vorläufig ihren Höhepunkt: Während einer Demonstration der „anständigen Bürger" in West-Berlin machten Teile der Demonstranten systematisch Jagd auf radikale Studenten. Ein Mann, den man für Rudi Dutschke hielt, kam gerade noch mit dem Leben davon. Einer rief: „Schlagt ihn tot! Hängt ihn auf!" Der „falsche" Dutschke konnte sich gerade noch in die Arme eines Polizisten retten. Dieser verfrachtete ihn geistesgegenwärtig in einen Polizeiwagen. Sofort versuchte die aufgebrachte Menge, den Polizeibus umzustürzen.

> Was ‚die Berliner' am 21. Februar kundtaten, war eine gnadenlose Pogromstimmung gegen alles, was irgendwie links aussah

so Jutta Ditfurth. Ungehindert konnten Transparente gezeigt werden mit Aufschriften wie: „Teufel zur Hölle, Dutschke über die Mauer", „Dutschke – Volksfeind Nr. 1" und „Politische Feinde ins KZ".

Nur knapp zwei Monate später waren die „anständigen Bürger" Berlins am Ziel. Am 11. April 1968 kam es auf dem West-Berliner Kurfürstendamm Nummer 140 zu einem Attentat auf Dutschke. Der 24-jährige Hilfsarbeiter Josef Bachmann verletzte den Studentenführer durch zwei Schüsse aus nächster Nähe in den Kopf und einen weiteren in die Schulter lebensgefährlich (an den Spätfolgen dieses Attentats starb Dutschke am 24. Dezember 1979 im dänischen Arhus). Als Bachmann morgens am West-Berliner Bahnhof Zoo ankam, trug er einen Ausschnitt der rechtsradikalen „Deutschen Nationalzeitung" vom 22. März 1968 mit sich. Darauf waren fünf Fotos von Dutschke als Steckbrief arrangiert mit der Überschrift: „Stoppt Dutschke jetzt! Sonst gibt es Bürgerkrieg."

> Mit Rudi Dutschke war eine Symbolfigur niedergeschossen worden, einer, den alle, über die verschiedenen Fraktionen hinweg, verehrt, geliebt hatten. Es war ein Anschlag auf sie selbst, auf alle, auf die gesamte außerparlamentarische Bewegung

so Stefan Aust.

Den Nährboden für diese Tat sahen viele Zeitgenossen von der „Bild"-Zeitung bereitet, da der Springer-Konzern mit seinen Medien die Studentenbewegung und Dutschke stark angeprangert und diffamiert hatte. Daher sollte die Auslieferung der Zeitungen für den nächsten Morgen verhindert werden. National wie international kam es zu großen Protestkundgebungen. Aber manches wurde schon weitergedacht. So überschrieb Ulrike Meinhof ihre Kolumne in „Konkret" nach dem Attentat: „Vom Protest zum Widerstand".

Schon zuvor wurde auch anders reagiert. Am 3. April 1968 legten in Frankfurt/M. Andreas Baader, Gudrun Ensslin, Horst Söhnlein und Thorwald Proll, allesamt Mitglieder der West-Berliner APO-Szene, nachts Brände im Kaufhaus Schneider und im Kaufhof. Menschen kamen nicht zu Schaden und der Sachschaden blieb verhältnismäßig gering, meist von Löschwasser verursacht. Aber die Emotionen auf beiden Seiten wurden so geschürt. Einen Tag später wurden die Brandstifter von der Polizei verhaftet, stümperhaft hatten sie im Auto zahlreiche Spuren hinterlassen. Sofort hieß es, sie seien Mitglieder des SDS, was aber nicht stimmte. Als Motiv gaben Baader und Ensslin im folgenden Prozess an, dass sie mit ihren Brandsätzen gegen die Gleichgültigkeit der Menschen in der Bundesrepublik protestieren wollten, mit dem diese den Vietnamkrieg hinnahmen. Das Frankfurter Landgericht verurteilte die Angeklagten am 31. Oktober 1968 zu drei Jahren Zuchthaus. Aufgrund eines Revisionsantrags kamen die Verurteilten aber nach 14 Monaten wieder auf freien Fuß.

So kamen Mitte bzw. Ende 1969 Baader, Ensslin, die Geschwister Thorwald und Astrid Proll (die wie ihr Bruder in Kassel geboren wurde) und auch Ulrike Meinhof mit Repräsentanten der Außerparlamentarischen Opposition, zumeist Frankfurter Studenten aus dem Umfeld des SDS, im Rahmen der „Heimkampagne" nach Nordhessen (vgl. Kapitel APO/Heimkampagne). Ihr Ziel waren die Fürsorgeheime der Region, das Beiserhaus in Rengshausen, der Waberner Karlshof

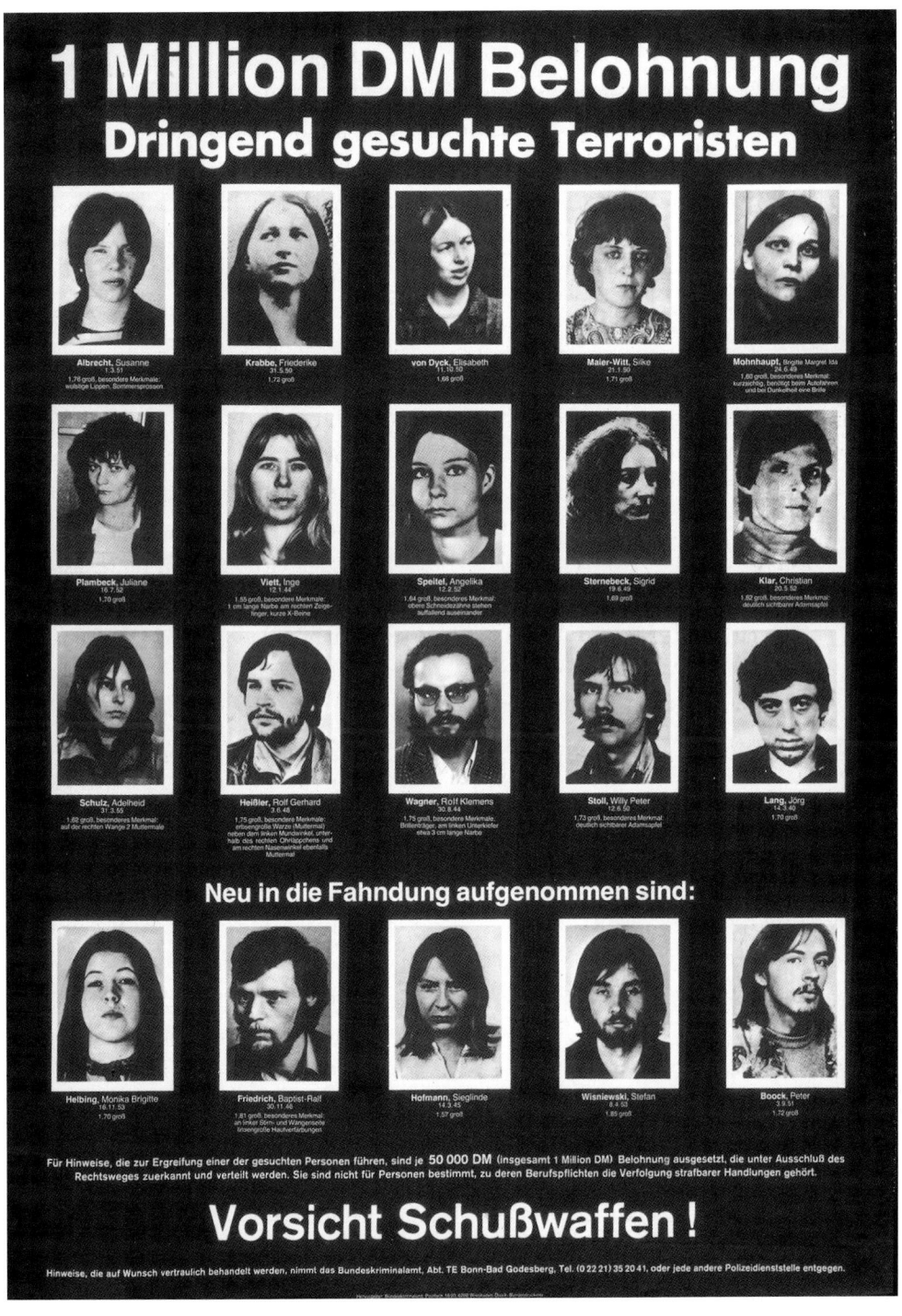

In den 80er Jahren allgegenwärtig und bis heute vielen in Erinnerung: die Fahndungsplakate, mit denen die RAF-Terroristen gesucht wurden. Auf diesem Plakat ist auch Peter Jürgen Boock zu sehen (unten rechts).

und das Mädchenerziehungsheim Fuldatal in Guxhagen.

Im November 1969 wurde der Revisionsantrag abgelehnt. Baader, Ensslin, Thorwald und Astrid Proll setzten sich daraufhin nach Frankreich ab. Dort kam es zu Konflikten, die dazu führten, dass sich Thorwald abwandte. Söhnlein hatte schon zuvor seine Haft angetreten. Zwischenzeitlich auch noch in Italien, kehrte die Gruppe in die Bundesrepublik zurück. Am 3. April 1970 wurde Andreas Baader in Berlin erneut verhaftet. Gudrun Ensslin schmiedete sofort Pläne, Baader zu befreien. In diese Pläne waren auch Ulrike Meinhof und Astrid Proll involviert. Am 14. Mai 1970 begann die Aktion. Unter dem Vorwand, im Deutschen Zentralinstitut für Soziale Fragen mit Meinhof für ein Buch zu recherchieren, gelang es Baader zu fliehen. Dabei kamen auch Schusswaffen zum Einsatz, die den Institutsangestellten Georg Linke schwer verletzten. Die Befreiung Baaders gilt allgemein als „die Geburtsstunde der RAF", die zu diesem Zeitpunkt aber noch Baader-Meinhof-Bande genannt wurde. Damit hatte ein kleiner Teil der 68er den Schritt in den Terror vollzogen.

Baader tauchte unter. Nachdem er und ca. 20 weitere Mitglieder der Gruppe von Mitgliedern der palästinensischen Befreiungsorganisation Al-Fatah in Jordanien im Umgang mit Waffen und Sprengstoff ausgebildet worden waren, kehrte man in die Bundesrepublik zurück. Das Leben im Untergrund, der bewaffnete Kampf, begann. Das nötige Geld besorgte man sich mit Banküberfällen, so am 15. Januar 1971 in Kassel (vgl. Kapitel RAF/Kassel). Sprengsätze besorgte man sich bei Einbrüchen, wie am 2. April 1972 in Oberaula (vgl. Kapitel RAF/Oberaula). Fahrzeuge stahl man wie im Juni 1971, als in Fritzlar ein Mannschaftswagen des Zivilen Bevölkerungsschutzes mit Blaulichtanlage und Funkgeräten entwendet wurde. Rasch gehörten die Mitglieder der Gruppe zu den meistgesuchten Straftätern der Bundesrepublik.

Am 2. Juni 1972 wurden die Mitbegründer der Rote Armee Fraktion, Andreas Baader, Holger Meins und Jan-Carl Raspe, in Frankfurt/M. verhaftet. Kurz darauf gingen auch Meinhof und Ensslin der Polizei ins Fahndungsnetz. Astrid Proll war bereits am 6. Mai 1971 in Hamburg verhaftet worden. Am 21. Mai 1975 begann im Hochsicherheitstrakt in Stuttgart-Stammheim, der eigens für die Terroristen erbaut wurde, der Prozess gegen die erste Generation der RAF. Am 28. April 1977 wurden Baader, Ensslin und Raspe zu lebenslanger Haft verurteilt, am 9. Mai 1976 erhängte sich Ulrike Meinhof in ihrer Zelle.

Am 24. September 1977 entführte die RAF den Arbeitgeberpräsidenten Hanns-Martin Schleyer. Am 13. Oktober 1977 verschärfte sich die Situation noch einmal dramatisch: Palästinensische Terroristen brachten zur Unterstützung ihrer RAF-Kollegen die Lufthansa-Maschine „Landshut" mit 91 Menschen an Bord in ihre Gewalt (Vgl. Kapitel RAF/Mogadischu). Das Ziel war klar: Sie forderten die Freilassung der führenden RAF-Köpfe in Stammheim. Doch der Staat ließ sich nicht erpressen. Am 17. Oktober 1977 gelang es der GSG 9, einer Spezialeinheit des Bundesgrenzschutzes zur Terroristenbekämpfung, die Entführten in der Lufthansamaschine in Somalias Hauptstadt Mogadischu zu befreien. Kurz darauf fand man den ermordeten Schleyer in Mühlhausen (Frankreich) im Kofferraum eines Autos. Die

Reaktion aus Stammheim folgte prompt: In der Nacht vom 18. auf den 19. Oktober 1977 verübten Baader, Ensslin und Raspe Selbstmord in ihren Zellen. So endete der Weg in den Terror für die erste Generation der RAF.

Insgesamt zerfiel die 68er-Bewegung in ein Konglomerat von Reformern und Revolutionären, in viele linke Strömungen und Gruppierungen wie Maoisten, Trotzkisten und Spontis. Andere hatten den „Weg durch die Institutionen" begonnen. Langfristig veränderte sich die Gesellschaft durch 1968. Das wurde in den 70er, verstärkt in den 80er Jahren deutlich: Die Frauen-, die Friedens-, die Anti-Atomkraft- und die Umweltbewegung trugen dazu maßgeblich bei. Selbstverständlich gehört auch die Gründung der Partei der Grünen dazu, die aus dem bundesdeutschen Drei- ein Vierparteiensystem machte und später zur ersten rot-grünen Bundesregierung unter Kanzler Gerhard Schröder führte.

Die Deutung des Jahres 1968 ist bis heute sehr umstritten: Die einen machen es verantwortlich für aktuelle Probleme wie die Bildungsmisere, den Zerfall traditioneller Familienstrukturen, das Hinterfragen aller Moral- und Wertvorstellungen. Für die anderen führte 1968 zur kulturellen Öffnung der Bundesrepublik an die westliche Kultur, zu einer Modernisierung und Liberalisierung der Gesellschaft.

Quellenverzeichnis

veröffentlicht:

Stefan Aust, *Der Baader-Meinhof-Komplex*, München 1998

Jürgen Busche, Die 68er, Berlin 2005

Jutta Ditfurth, *Ulrike Meinhof. Die Biografie*, Berlin 2009

Gretchen Dutschke, *Rudi Dutschke. Wir hatten ein barbarisches, schönes Leben*, Köln 2007

Götz Eisenberg u. a., *Fuffziger Jahre*, Gießen 1980

Ulrich Enzensberger, *Die Jahre der Kommune I, Berlin 1967 bis 1969*, München 2006

Tilmann Fichter u. a., *Kleine Geschichte des SDS*, West-Berlin 1977

Edmund Jacoby u. a. (Hg.), *1968 – Bilderbuch einer Revolte*, Frankfurt/M. 1993

Gerd Koenen, Das rote Jahrzehnt. Unsere kleine deutsche Kulturrevolution 1967 bis 1977, Frankfurt/M. 2006

Wolfgang Kraushaar, Achtundsechzig. Eine Bilanz, Berlin 2008

Butz Peters, *Tödlicher Irrtum. Die Geschichte der RAF*, Frankfurt/M. 2007

Edgar Wolfrum, *Die 60er Jahre. Eine dynamische Gesellschaft*, Darmstadt 2006

Bildnachweis

S. 15 mit freundlicher Genehmigung von Michael Bauer
S. 16 mit freundlicher Genehmigung von Herbert Preissler
S. 17 re. Foto: Johannes Grötecke
S. 18 Foto: Johannes Grötecke
S. 19 mit freundlicher Genehmigung von Monika Funken
S. 20 Privatarchiv Annette Kähler
S. 23 Foto: Johannes Grötecke
S. 24 Foto: Johannes Grötecke
S. 25, 28 mit freundlicher Genehmigung von Hartmut Holzapfel
S. 29 o. Archiv der Friedrich-Wilhelm-Schule, Eschwege
S. 31 Foto: Johannes Grötecke
S. 34 mit freundlicher Genehmigung von Sigrid Laabs
S. 35 Foto: Johannes Grötecke
S. 38 li. Fotograf Horst Hauschild, im Bestand des Schulmuseums der THS Homberg/Efze
S. 40 mit freundlicher Genehmigung von Sigrid Laabs
S. 41 aus: *Klasseaktion vom Juni 1969*, im Bestand des Schulmuseums der THS Homberg/Efze
S. 42 im Bestand des Schulmuseums der THS Homberg/Efze
S. 43 oben u. unten unbekannter Fotograf, im Bestand des Schulmuseums der THS Homberg/Efze
S. 44 aus: *Konkret*, Nr. 6/1968, S. 5
S. 45 aus: *Der Spiegel*, Nr. 15/1968, S. 92
S. 47 im Bestand des Schulmuseums der THS Homberg/Efze
S. 49, 50 mit freundlicher Genehmigung von Henner Reitmeier
S. 57 Foto: Johannes Grötecke
S. 58 u. 59 Bernd Herbold, im Bestand des Schulmuseums der THS Homberg/Efze
S. 60 mit freundlicher Genehmigung von Dr. Wolfgang Kraushaar
S. 66 Foto: Johannes Grötecke
S. 72 © dpa-Bildarchiv
S. 75 © dpa-Report

S. 80 Schülerzeitung *Der Geistesblitz*, Nr. 35/Juni 1961, S. 2
S. 85 © dpa-Bildarchiv
S. 89 mit freundlicher Genehmigung von Dr. Ralf Weskamp
S. 92–97 Archiv des Beiserhauses in Rengshausen
S. 102 © dpa-Bildarchiv
S. 104 © Erika Sulzer-Kleinemeier 1969
S. 106 © Erika Sulzer-Kleinemeier 1969
S. 110 © dpa-Report
S. 113 mit freundlicher Genehmigung von Dr. Wulf Schönbohm
S. 118 Foto: Johannes Grötecke
S. 122 Hessische Allgemeine vom 26. September 1980
S. 123 Hessische Allgemeine vom 3. Oktober 1980
S. 127 © Reimar Kroecher
S. 128 © ullstein bild – dpa
S. 129 aus: Bundesministerium des Innern (Hg.), *Dokumentation über die Aktivitäten anarchistischer Gewalttäter in der Bundesrepublik Deutschland*, Bonn 1974, S. 93
S. 135 mit freundlicher Genehmigung von Klaus Stern
S. 137 © dpa-Bildarchiv
S. 140 © picture alliance/schroewig
S. 141 © ullstein bild – Heinz Köster
S. 148 im Bestand des Schulmuseum der THS Homberg/Efze
S. 150 © picture alliance
S. 152 © dpa-Bildarchiv
S. 155 © dpa-Bildarchiv
S. 157 © Bundesarchiv – Plak 006-001-056